QICHE
BAOXIAN
YU
LIPEI

依据新专业教学标准

 高等职业教育汽车技术服务与营销专业
新形态一体化教材

汽车保险
与理赔

主　编　鲍婷婷　管倩倩
副主编　王靖玮
参　编　诸撄宁　张　晔
　　　　孙　伟　林　鼎
　　　　陈建良　任建国
主　审　陈　凯　姜钱军

中国教育出版传媒集团
高等教育出版社·北京

项目一
汽车保险认知

 **项目描述**

　　汽车在使用过程中存在着发生碰撞、火灾等意外事故以及遭遇暴雨、泥石流等自然灾害的风险，这些事故或灾害一旦发生，就会给人们带来一定的财产损失和人身伤害。从根本上说，保险就是一种风险管理制度。要切实认知汽车保险，必须掌握保险的定义、保险的种类、保险术语、风险辨识、风险管理、汽车保险发展历程、汽车保险市场、汽车保险原则等基础知识。

　　为了更好地完成相应学习目标，达成学习效果，本项目设计了两个典型的学习任务：风险与汽车保险和汽车保险原则。

学习目标

知识目标

1. 了解风险的定义和特征。
2. 熟知保险的定义、种类和特点。
3. 了解汽车保险的定义和发展历程。
4. 了解风险管理对汽车保险的影响。
5. 熟知常见保险术语和保险分类。
6. 熟知汽车保险的定义和汽车保险市场。
7. 理解保险基本原则。

能力目标

1. 能掌握风险的概念、特征、分类及管理办法。
2. 能结合背景进行风险分析。
3. 能掌握风险管理的程序。
4. 能掌握保险要素。
5. 能掌握汽车保险的特征。
6. 能进行汽车行业风险分析。

7. 正确运用保险基本原则，例如判定保险责任、合同有效性等。

素质目标

1. 能正确认识职业道德的重要性。
2. 有团队合作意识和合作能力。
3. 勇于探索，具有良好的心理素质和克服困难的能力。

学习任务一　风险与汽车保险

任务描述

　　客户陈先生是一名软件工程师，已有 3 年驾龄，最近在一汽大众某 4S 店购置了一辆 2021 款 280TSI 迈腾汽车，新车购置价为 20 万元。对保险工作人员，陈先生表示自己购车仅用于日常上下班，平常开车也很小心，购买保险是一个多余的行为，对购买保险尚存疑虑。面对陈先生的疑虑，假设你是一名专业的保险工作人员，请你结合专业知识为陈先生分析购买汽车保险的原因。

任务分析

　　要完成本学习任务，可以按照以下流程进行。
（1）收集客户基本信息。
（2）结合客户资料，进行用车风险分析。
（3）总结客户交流过程，关注客户满意度。
（4）评价工作成果与学习成果。
完成本学习任务需要准备的工作场景和设备如下。
（1）工作夹（内含汽车保险相关资料）、名片、笔、便笺纸等。
（2）按照顾客的信息及身份背景设定相关资料。
（3）为模拟真实场景，建议准备谈判桌和椅子。
（4）其他需要用到的工具。

相关知识

　　本学习任务主要介绍风险、风险管理、保险以及汽车保险的定义和相关知识，为后续更好地理解保险原则打下基础。

知识点 1　风险与风险管理

　　"无风险就无保险"，风险与保险之间存在着内在的必然联系，风险的客观存在是保险产生和发展的自然基础。要明确为什么要投保，就必须清楚什么是风险，风险都包括什么？

风险是指人们在生产、生活或决策的过程中，对事件预测的不确定性，包括正面效应和负面效应两方面的不确定性。保险理论中的风险，通常是指具有负面效应的不确定性。风险通常包含三层含义：第一，风险是一种随机事件，有可能发生也有可能不发生；第二，风险一旦发生，其结果就是损失，而不可能是获利；第三，风险事件发生所造成的损失大小是不确定的。风险具有两个本质特性：损失性和不确定性。

一、风险的构成要素

风险事故的发生与不确定性的形成，受到各种因素和条件的影响。一般认为，风险的构成要素包括风险因素、风险事故和损失 3 个方面。为准确而全面地理解风险的内涵，需要分析这三者的含义、三者之间的关系及它们与风险的关系。

微课
风险认知

1. 风险因素

风险因素又称为风险条件，是指引起风险事故发生的条件和风险事故发生的潜在原因，是造成损失的内在或间接原因。风险因素包括实质风险因素、道德风险因素和心理风险因素 3 个方面。

（1）实质风险因素，是指有形的并能直接影响事件物理功能的因素，如汽车刹车系统的可靠性、建筑物使用建材的质量、房屋所处的位置等。

（2）道德风险因素，是指由于人们不诚实、不正直或有不轨企图，故意促使风险事故发生，从而引起财产损失和人身伤亡的风险因素。道德风险因素是与人的品行有关的无形因素，侧重于恶意，如抢道行驶、违规超车、恶意纵火或投毒、伪造事故现场骗取保险赔款等。

（3）心理风险因素，是指由于人们疏忽或过失以及主观上不注意、不关心、心存侥幸，以致增加风险事故发生的机会和加大损失的严重性的因素。心理风险因素是与人的心理状态有关的无形因素，侧重于无意、粗心大意，如疏忽、疲劳驾驶、酒后驾车、停车忘了锁车门等。道德风险因素和心理风险因素都是与人的行为有关的无形的风险因素，但心理风险因素为无意的过错行为，而道德风险因素则通常是人的故意行为。

2. 风险事故

风险事故是指造成人身伤亡或财产损失的偶然事件，是造成风险损失直接或外在的原因，是损失的媒介物。某一事件在一定条件下为风险因素，在另一条件下则可能为风险事故。如果说风险因素是损失发生的可能性，那么风险事故则意味着风险的可能性转化为现实性，即风险的发生。例如，暴风雨，如果毁坏了房屋、庄稼等，那么暴风雨就是风险事故；如果造成路面积水、能见度差、道路泥泞，引起连环车祸，那么暴风雨就是风险因素，车祸才是风险事故。在这里，是否是风险事故判定的标准为是否直接引起损失。

3. 损失

在风险管理中，损失可以从狭义和广义两个方面理解。狭义上的损失主要指经济损失，是指非故意的、非预期的、非计划的经济价值的减少或消失；广义上的损失则包含物质损耗和精神损失，如智力的下降、时间的损耗等。在保险实务中，损失可分为两种：直接损失和间接损失。直接损失是指风险事故导致的财产本身损毁或灭失的损失、人身伤亡。间接损失是指由直接损失引起的其他损失，如因车祸导致营运车辆停运所造成的损失。在有些情况下，间接损失的金额很大，有时候甚至超过直接损失。

风险是由风险因素、风险事故和损失三者构成的统一体，风险因素、风险事故和损失之间存在因果关系，风险因素引起或增加风险事故，风险事故导致损失，风险事故是损失产生的中间媒介。在一定条件下，风险因素也可能直接导致损失的产生。

二、风险的特征

根据风险的概念及其发展规律的外在表现，风险具有以下几个特征。

1. 风险存在的客观性

风险超出人的主观意识而独立存在，不以人的意志为转移。例如，地震、台风、洪水、意外事故等，都独立于人的意识之外客观存在。人们只能在一定的时间和空间内改变风险存在和发生的条件，降低风险发生的频率和损失程度，使风险得到一定程度的控制，但不能彻底消除风险。

2. 风险存在的普遍性

自人类出现，就面临着各种各样的风险，威胁着人类的财产和生命安全，如自然灾害、疾病、伤害、战争等。正因为风险无处不在，无时不有，才有了保险存在的必要和发展的可能。

3. 风险的可测定性

虽然个别风险的发生是偶然的，是一种随机现象，但通过对大量风险事故的观察就会发现，风险往往呈现出明显的规律性。利用概率论和数理统计的方法可测算出风险事故发生的概率及其损失程度，并可构建损失分布的模型，成为风险估测的基础。例如，可以通过大量的车祸记录、损失情况等因素，测算出不同车险的费率。

4. 风险的不确定性

对总体而言，风险是客观存在的、普遍存在的；但对个体而言，风险是一种随机现象，其是否发生、发生时间、发生地点、损失程度等都表现出不确定性。

5. 风险的发展性

风险并不是一成不变的，随着人们对风险认识的增强和风险管理方法的完善，某些风险在一定程度上可以得以控制，降低其发生频率和损失程度；同时，随着人类社会的进步与发展，可能产生新的风险，也可能使原有风险发生变化。

三、风险的分类

风险是多种多样的，可根据不同的研究目的，按照不同的分类方式进行分类。

1. 按照风险产生的环境进行分类

按照风险产生的环境可以分为静态风险和动态风险两类。

（1）静态风险，是在社会经济结构未发生变化的条件下存在的一种风险，是指由于自然力变动或人的过失行为所导致的风险。静态风险多属于纯粹风险。

（2）动态风险，是由于人类社会活动而产生的各种风险，通常是指社会经济、政治、技术及组织等方面发生变动导致损失或损害的风险。

2. 按照风险产生的原因进行分类

按照风险产生的原因可以分为自然风险、社会风险、经济风险、政治风险、技术风险和法律风险六类。

（1）自然风险，是指因自然力的不规则变化引起的种种现象对人们的经济生活和物质生产及生命安全等产生威胁的风险，包括地震、水灾、火灾等自然现象产生的风险，是保险人承保最多的风险。

（2）社会风险，是指由于个人或团体的作为（包括过失行为、不当行为以及故意行为）或不作为使社会生产或人们生活遭受威胁的风险。例如，盗窃、抢劫、玩忽职守等行为对财产或人身造成损失或损害。

（3）经济风险，是指在生产和销售等经营活动中，由于有关因素变动或估计错误而导致的产量减少或价格涨跌的风险。

（4）政治风险，又称为国家风险，是指在对外投资和贸易过程中，因政治原因或订约双方所不能控制的原因，使债权人可能遭受损失的风险。

（5）技术风险，是指伴随着科学技术的发展、生产方式的改变而威胁人们的生产与生活的风险。

（6）法律风险，是指由于颁布新的法律和对原有法律进行修改等原因而导致经济损失的风险。

3. 按照风险的性质进行分类

按照风险的性质可以分为纯粹风险和投机风险两类。

（1）纯粹风险，是指只有损失可能而无获利机会的风险。其所导致的结果只有两种，即损失和无损失。例如，水灾、火灾、疾病、意外事故等，在现实生活中，纯粹风险普遍存在。同时，由于纯粹风险具有可预测性，是风险管理的主要对象。

（2）投机风险，是指既可能造成损害，也可能产生收益的风险。其所导致的结果有三种，包括损失、无损失和盈利。在保险业务中，投机风险一般是不能列入可保风险之列的。

4. 按照损失的范围进行分类

按照损失的范围可以分为特定风险和基本风险两类。

（1）特定风险，是指产生及造成的后果只与特定的人或部门相关的风险。由特定的人所引起，而且损失仅涉及个人，属于纯粹风险，易为人们所控制和防范。

（2）基本风险，是指非个人行为所引起的损失或损害的风险。与社会和政治有关的风险，与自然灾害有关的风险，都属于基本风险。

5. 按照风险的损害对象进行分类

按照风险的损害对象可以分为财产风险、人身风险、责任风险和信用风险四类。

（1）财产风险，是指导致财产发生损毁、灭失和贬值的风险，包括直接损失和间接损失。

（2）人身风险，是指导致人伤残、死亡、丧失劳动能力以及增加费用支出的风险。

（3）责任风险，是指因个人或团体的疏忽或过失行为，造成他人财产损失或人身伤亡，依照法律、契约或道义应负法律责任或契约责任的风险。

（4）信用风险，是指在经济交往中，权利人与义务人之间由于一方违约或犯罪而造成对方经济损失的风险。

四、风险管理

微课
风险管理

风险管理是指个人或社会团体通过对风险进行识别与度量，选择合理的经济与技术手段主动地、有目的地、有计划地对风险加以处理，以最小的成本争取最大的安全保障和经济利益的行为。此定义包含三层含义：一是指出了风险管理的主体是个人或社会团体等经济单位；二是强调了风险管理是通过对风险的认识、衡量与分析，从而选择最有效的方式，以最佳的风险管理技术主动对风险进行处理；三是明确了风险管理的目标就是以最小的成本获取最大的安全保障和经济利益。

案例小贴士——技能篇

陈女士有8万元现金，为了安全考虑，决定将其中的4万元存银行，利率为2.1%；另外4万元存活期，用于不时之需。陈女士的丈夫则持不同观点，拟购买4万元银行中低风险的理财产品，收益率约为3.5%；再购买2万元基金，虽然存在一定风险，但相对可控，收益率控制为−20%～40%；剩下2万元存银行活期，用于不时之需。请从风险管理的角度出发，对陈女士及其丈夫的做法进行分析，并给出合理建议。

知识分享

陈女士的做法可以理解为风险控制，其丈夫的做法才能定义为风险管理。风险控制是指风险管理者采取各种措施和方法，消除或减少风险事件发生的各种可能性，或者风险控制者减少风险事件发生时造成的损失。风险管理则是在降低风险的收益与成本之间进行权衡并决定采取何种措施的过程，风险控制是风险管理的一部分。

五、风险管理的程序

风险管理基本程序分为风险识别、风险估测、风险评价、选择风险管理方法和风险管理效果评价等环节，具体如图1-1所示。

图 1-1 风险管理基本程序

1. 风险识别

风险识别是风险管理的第一步，也是风险管理的基础。它是指用科学的方法对企业、家庭或个人所面临的和潜在的风险进行判断归类，并分析产生风险事故的原因，明确自身所面临的风险有哪些、性质是怎样的等。

2. 风险估测

风险估测是在风险识别的基础上，通过对所收集的大量资料进行分析，利用概率统计理论，测定某一风险发生的频率和损害严重程度。

3. 风险评价

风险评价是指在风险识别和风险估测的基础上，对风险发生的概率、损害程度，结合其他因素全面进行考虑，评估发生风险的可能性及其危害程度，并与公认的安全指标相比较，以衡量风险的大小，并决定是否需要采取相应措施。风险评价主要包含两方面内容：一是对风险进行分析评估，确定其大小与严重程度；二是将风险与成本要求进行比较，判定其是否可以接受。

4. 选择风险管理方法

风险管理方法分为控制型和财务型两大类。

（1）控制型风险管理方法，是指采取各种措施避免、防止、排除或减少风险，以改善损失的不利条件，降低损失频率，缩小损失幅度。常见的控制型风险管理方法有风险避免、风险预防、风险抑制、风险集合和风险分散等。

① 风险避免，是指放弃或根本不去做可能发生风险的事情。

② 风险预防，是指在风险发生前为了消除或减少可能引起损失的各种因素而采取的处理风险的具体措施，如定期对车辆进行检查，可以有效发现车辆的故障，从而减少车辆损失的机会或减轻车辆损失的程度。

③ 风险抑制，是指在损失发生时或发生后为缩小损失幅度而采取的各种措施，如汽车中的安全气囊、防抱死制动系统等被动安全装置能有效控制事故发生时的损失。

④ 风险集合，是指集合同类风险的多数单位，使之相互协作，提高各自应对风险的能力，如可以将多条小船连接在一起以抵抗风浪冲击造成翻船的可能。

⑤ 风险分散，是指将企业面临损失的风险单位进行分散，如企业通过采用商品多样化经营的方式以分散或减轻可能遭受的风险。

（2）财务型风险管理方法，是指采用财务技术来处理风险，通过建立财务基金，来降低发生损失的成本。常见的财务型风险管理方法有风险自留和风险转嫁两种。

① 风险自留，是经济单位或个人自己承担全部风险成本的一种风险管理方法，即对风险的自我承担。自留有主动自留和被动自留之分。风险管理者通过对风险的衡量，考虑各种风险处理方法后，决定不转移风险的，为主动自留；风险管理者没有意识到风险的存在，没有采取措施处理风险的，为被动自留。

② 风险转嫁，是指一些单位或个人为避免承担风险损失而有意识地将风险损失或与风险损失有关的财务后果转嫁给另一单位或个人承担的一种风险管理方式。风险转移分为非保险转嫁和保险转嫁两种。保险转嫁是指通过购买保险将风险转嫁给保险公司，这是一种最重要、最常用的风险处理方法；非保险转嫁是指通过保险以外的方式将风险转嫁给他人，如出让转嫁等。

5. 风险管理效果评价

风险管理效果评价是指对风险管理方法适用性及收益性情况的分析、检查、修正和评估。风险管理效益的大小，取决于是否能以最小风险成本取得最大安全保障，同时，在实务中还要考虑风险管理与整体管理目标是否一致，是否具有具体实施的可行性、可操作性和有效性。

知识点 2　保险概述

风险是风险管理与保险产生和存在的前提，保险是一种传统和有效的风险管理方法之一。人们面临的各种风险损失，一部分可以通过控制的方法消除或减少，但风险不可能全部消除，转移就成为风险管理的重要手段。保险作为一种转移方法，长期以来被人们视为传统的处理风险的手段。通过保险把不能自行承担的集中风险转嫁给保险人，以小额的固定支出换取对巨额风险的经济保障，使保险成为处理风险的有效措施。

一、保险的概念

《中华人民共和国保险法》（简称保险法）第二条规定，保险"是指投保人根据合同约定，向保险人支付保险费，保险人对于合同约定的可能发生的事故因其发生所造成的财产损失承担赔偿保险金责任，或者当被保险人死亡、伤残、疾病或者达到合同约定的年龄、期限等条件时承担给付保险金责任的商业保险行为"。对于保险概念的理解，可以从以下两个角度进行分析。

（1）从经济角度分析，保险是分摊意外事故损失的一种财务安排。投保人参加保险，实质上是将不确定的大额损失变成确定的小额支出，即保险费。而保险人集中了大量同类风险，能借助大数法则来正确预见损失的发生额，并根据保险标的的损失概率制定保险费率。通过向所有被保险人收取保险费的方式建立保险基金，用于补偿少数被保险人遭受的意外事故损失。因此，保险是一种有效的财务安排，并体现了一定的经济关系。

（2）从法律角度来看，保险是一种合同行为，体现的是一种民事法律关系。根据合同约定，一方承担支付保险费的义务，换取另一方为其提供经济补偿或给付的权利，这体现了民事法律关系的内容与主体之间的权利和义务关系。

二、保险术语

《保险术语》（GB/T 36687—2018）对保险的专业术语进行了规范，有助于更好地理解保险产品、保险条款和保险机构提供的各项服务。

微课
保险术语

1. 5 种保险活动直接人

（1）保险人：与投保人订立保险合同，并按照合同约定承担赔偿或者给付保险金责任的保险公司。

（2）投保人：与保险人订立保险合同，并按照保险合同负有支付保险费义务的人。

（3）被保险人：其财产或者人身受保险合同保障，享有保险金请求权的人。

（4）受益人：人身保险合同中由被保险人或者投保人指定的享有保险金请求权的人。

（5）保单持有人：依法享有保单利益请求权的保险合同当事人，包括投保人、被保险人或者受益人。

2. 4 种保险活动辅助人

（1）保险经纪人（直接保险经纪）：基于投保人的利益，为投保人与保险人订立保险合同提供中介服务，并依法收取佣金的机构。

（2）保险代理人：根据保险公司的委托，向保险公司收取代理佣金，并在保险公司授权的范围内代为办理保险业务的机构或个人。

（3）保险公估人：受保险当事人的委托，专门从事保险标的或保险事故的评估、鉴定、勘验、估损或理算业务的机构。

（4）保险销售从业人员：为保险公司销售保险产品的人员（注：包括保险公司的保险销售人员和保险代理机构的保险销售人员）。

3. 与保险合同相关的术语

（1）保险合同：投保人与保险人约定保险权利义务关系的协议。

（2）保险标的：作为保险对象的财产及其有关利益或者人的寿命和身体。

（3）保险期间（保险期限）：保险责任的起讫期间（注：在此期间内保险人对发生的保险事故承担保险赔付义务）。

（4）保险责任：保险合同中约定的保险人向被保险人提供保险保障的范围。

（5）责任免除：保险合同中约定的，保险人不承担或者限制承担的责任范围。

（6）保险金额（保额）：保险人承担赔偿或者给付保险金责任的最高限额（注：保险金额是投保人对保险标的的风险保障设定的投保金额，是保险人计算收取保险费的基础）。

（7）保险费率：应交纳保险费与保险金额的比率。

（8）保险费（保费）：投保人按保险合同约定向保险人支付的费用。

（9）保险金：保险事故发生后，保险人根据保险合同的约定的方式、数额或标准，向被保险人或受益人赔偿或给付的金额。

（10）免赔额：保险合同中约定的，保险人不负赔偿责任的、由被保险人自行承担损失的数额。

4. 其他相关基础术语

（1）投保：机构或个人购买保险产品的过程。

（2）承保：保险人接受投保人的投保申请，并与投保人订立保险合同的过程。

三、保险要素

保险要素是指保险得以成立的基本条件，主要包括以下5个方面。

1. 可保风险

可保风险是指保险人愿意并能够承保的风险。在现实生活中，人们面临各种各样的风险，风险的类别、性质、成因、发生频率、损失的大小等都不一样。而保险公司所能承受的风险是有限的，一般而言，可保风险必须具备以下条件：① 必须是纯粹保险；② 保险标的必须均存在遭受损失的可能；③ 保险标的必须有导致重大损失的可能；④ 不能是大多数保险标的同时遭受损失；⑤ 必须具有现实的可能性。

2. 大量同质风险的集合与分散

保险的过程既是风险的集合过程，又是风险的分散过程。众多投保人将其面临的风险转嫁给保险人，保险人通过承保而将众多风险集合起来。当发生保险责任范围内的损失时，保险人将少数被保险人发生的风险损失分摊给全部投保人，也就是通过保险的补偿行为分摊损失，将集合的风险予以分散转移。

保险风险的集合与分散应具备以下两个前提条件。

（1）风险的大量性。集合的风险标的越多，风险就越分散，损失发生的概率也就越有规律性和相对稳定性，以此厘定的保险费率才更为合理准确，收取保险费的金额也就越接近于实际损失额和赔付额。

（2）风险的同质性。风险的同质性是指风险单位在种类、品质、性能、价值等方面大体相近。如果风险为不同质风险，那么风险损失发生的概率就不同，因此风险也就无法进行集合与分散。此外，由于不同风险损失发生的频率与幅度是有差异的，倘若进行集合与分散，会导致保险经营的不稳定，保险人将不能提供保险供给。

3. 费率的厘定

保险在形式上是一种经济保障活动，而实质上是一种特殊商品的交换行为，制定保险商品的价格，即厘定保险费率，便构成了保险的基本要素。费率过高，保险需求会受到限制；费率过低，保险供给得不到保障，这都不能称为合理费率。费率厘定应依据概率论、大数法则的原理进行计算。

4. 保险基金的建立

保险的分摊损失与补偿损失功能是通过建立保险基金实现的。保险基金是用以补偿因自然灾害、意外事故等所致经济损失和人身损害的专项基金，它主要源于开业资金和保费收入，并以保费收入为主。财产保险准备金表现为未到期责任准备金、赔款准备金等形式；人寿保险准备金主要以未到期责任准备金形式存在。保险基金具有分散性、广泛性、专项性与增值性等特点，保险基金是保险赔偿的基础。

5. 订立保险合同

保险是一种经济关系，是投保人与保险人之间的经济关系。这种经济关系是通过合同的订立来确定的。保险的这一特性要求保险人与投保人在确定的法律或契约关系约束下履行各自的权利和义务。因此，订立保险合同是保险得以成立的基本要素，是保险成立的法律保证。

四、保险的分类

保险的种类有很多，所涉及的领域及具体做法也在不断发展和扩大。然而，迄今为止，各国对保险的分类尚无统一标准，通常根据各自需要采取不同的划分方法，下面从不同的角度对保险进行大体上的分类。

1. 按保险实施方式分类

按保险实施方式可以分为自愿保险和强制保险两类。根据《保险术语》（GB/T 36687—2018），强制保险（法定保险）是指根据国家颁布的有关法律和法规，在规定范围内的机构或个人必须投保的保险，例如机动车交通事故责任强制保险；自愿保险是指保险当事人在平等互利、等价有偿的原则基础上协商一致，完全自愿订立保险合同，建立保险关系的保险。

2. 按保险标的分类

按保险标的可以分为财产保险和人身保险。根据《保险术语》（GB/T 36687—2018），财产保险是指以财产及其有关利益为保险标的的保险（注：财产保险包括财产损失保险、责任保险、信用保险、保证保险等）；人身保险是指以人的寿命和身体为保险标的的保险（注：人身保险包括人寿保险、健康保险、意外伤害保险、年金保险等）。

3. 按承保的方式分类

按承保的方式可以分为再保险、原保险、共同保险和重复保险四类。根据《保险术语》（GB/T 36687—2018），再保险（分保）是指保险人将其承担的保险业务，部分转移给其他保险人的经营行为；原保险是相对于再保险而言的保险，是指由投保人与保险人直接订立保险合同而建立保险关系的保险；共同保险（共保）是指投保人对同一保险标的、同一保险利益、同一保险事故分别与两个以上保险人订立保险合同，各保险人按照约定承担各自份额内的赔付责任，且保险金额总和没有超过保险价值的保险；重复保险是指投保人对同一保险标的、同一保险利益、同一保险事故分别向两个以上的保险人订立保险合同，且保险金额总和超过保险价值的保险。

4. 按保险价值在合同中是否确认分类

按保险价值在合同中是否确认分类，可以分为定值保险和不定值保险两类。根据《保险术语》（GB/T 36687—2018），定值保险是指保险合同当事人在保险合同中约定保险标的的保险价值，并且约定的保险价值不会随时间、空间的改变而发生变化的保险；不定值保险是指保险合同当事人在保险合同中未约定保险标的的保险价值的保险，或者保险合同中约定的保险价值随着时间、空间的改变而发生变化的保险。在实践中，定值保险多适用于以艺术品、古玩、字画、邮票等不易确定价值的特殊商品为标的的财产保险，发生保险事故时，不论财产的价值如何，保险人均按照约定的保险金额来计算赔款。企业财产保险常采用不定值保险的形式。不定值保险的保险金额是在订立合同时确定的，而核定保险价值发生在保险事故发生时，由于随着时间的伸延财产的价值发生变化，即在客观上就会产生保险金额与保险价值不一致的情况。

5. 按风险转嫁方式分类

按风险转嫁方式可以分为足额保险、不足额保险和超额保险等。根据《保险术语》（GB/T 36687—2018），足额保险是指保险金额等于保险价值的保险；不足额保险是指保险金额低于保险价值的保险；超额保险是指保险金额超过保险价值的保险。

案例小贴士——道德篇

2007年，A海事法院审理一起内河船舶保险合同纠纷案：2006年，原告刘先生就名下的一艘船舶投保"沿海内河船舶一切险"，约定保险金额为2 000万元。后来船舶发生保险事故造成全损，刘先生要求被告（保险公司）按照约定支付2 000万元保险金，但被告只同意按事故发生时船舶的实际价值1 208.8万元进行赔付。

案件判决结果：法院根据《保险法》关于保险损失补偿原则和超额保险的规定，认为应赔付实际价值1 208.8万元。

知识分享

保险法第五十五条规定，保险金额不得超过保险价值。超过保险价值的，超过部分无效，保险人应当退还相应的保险费。造成超额保险的原因：一是投保人想获得超过保险价值的赔偿；二是投保人在投保时高估了保险标的的实际价值；三是保险标的的市价下跌。不管出于什么原因，超额保险的超额部分都无效，其赔偿与足额保险相同。

📖 知识点3 汽车保险

一、汽车保险的定义

汽车保险，简称车险，是以汽车本身及其相关利益为保险标的的一种财产保险。换句话说，汽车保险是财产保险的一种，是以汽车本身及其第三者责任为保险标的的一种运输工具保险，包含以下四层含义。

（1）汽车保险是一种商业保险行为。保险人按照等价交换关系建立的汽车保险是以盈利为目的的，简而言之，保险公司最终要从它所开展的汽车保险业务上赚到钱，因此汽车保险属于一种商业保险行为。

微课
汽车保险
概述

（2）汽车保险是一种法律合同行为。投保人与保险人要以各类汽车及其责任为保险标的签订书面的具有法律效力的保险合同，比如要填制汽车保险单，否则汽车保险没有存在的法律基础。

（3）汽车保险是一种权利义务行为。在投保人与保险人所共同签订的保险合同（如汽车保险单）中，明确规定了双方的权利和义务，并确定了违约责任，要求双方在履行合同时共同遵守。

（4）汽车保险是一种以合同约定的保险事故发生为条件的损失补偿或保险金给付的保险行为。正是这种损失补偿或保险金给付行为，才成为人们转移车辆及相关责任风险的一种方法，才体现了保险保障经济生活安定的互助共济的特点。

二、汽车保险的发展历程与作用

1. 国外汽车保险的发展历程

汽车保险起源于 19 世纪中后期，当时，随着汽车在欧洲一些国家的出现与发展，因交通事故而导致的意外伤害和财产损失随之增加，引起了一些保险人对汽车保险的关注。最早开发汽车保险业务的是英国的法律意外保险有限公司，1898 年该公司率先推出了第三者责任保险，并可附加汽车火险。到 1901 年，保险公司提供的汽车保险已具备现在综合责任险的条件，保险责任也扩大到了碰撞、盗窃等。美国的马萨诸塞州最早将车辆损害视为社会问题，并以彻底改革汽车责任保险制度来对社会大众提供适当的保护。1925 年，该州着手起草保险史上著名的汽车强制保险法，并于 1927 年公布实施。新西兰在 1928 年采用美国马萨诸塞州式强制保险。其后，英国在 1931 年、德国在 1939 年、法国在 1959 年相继实行了第三者责任强制保险。第二次世界大战后，联邦德国通过法律，责令汽车所有人和驾驶人负绝对责任。而美国马萨诸塞州则自 1971 年 1 月 1 日起在一定限额内放弃过失原则，改为无过失保险。

汽车保险从任意保险至强制保险，从过失责任为基础转变为绝对责任或无过失保险，是一重大改进。这种改进在确保汽车驾驶人肇事后具有相当赔偿能力的同时还使被害人能及时得到经济补偿。

2. 我国汽车保险的发展历程

我国汽车保险经历了一个曲折的历程。汽车保险进入我国是在鸦片战争以后，但由于我国保险市场处于外国保险公司的垄断与控制之下，加之旧中国的工业不发达，我国的汽车保险实质上处于萌芽状态，其作用与地位十分有限。新中国成立以后的 1950 年，中国人民保险公司开办了汽车保险，但是因宣传不够和认识的偏颇，不久就出现了对此项保险的争议。有人认为汽车保险以及第三者责任保险对于肇事者予以经济补偿，会导致交通事故的增加，对社会产生负面影响。于是，中国人民保险公司于 1955 年停止了汽车保险业务。

1980 年，为适应国内企业和单位对于汽车保险的需要，中国人民保险公司逐步全面恢复中断了近 25 年之久的汽车保险业务，但当时汽车保险仅占财产保险市场份额的 2%。1983 年，汽车保险改为机动车辆保险，机动车辆包含了汽车、电车、电瓶车、摩托车、拖拉机、各种专用机械车、特种车等，机动车辆保险具有更广泛的适应性。与此同时，机动车辆保险条款、费率以及管理也日趋完善，尤其是中国保险监督管理委员会（现重组为国家金融监督管理总局）的成立，机动车辆保险的条款进一步完善，加大了对于费率、保险单证以及保险人经营活动的监管力度，加速建设并完善了机动车辆保险中介市场，对全面规范市场、促进机动车辆保险业务的发展起到了积极的作用。

2011—2020 年，我国车险保费收入持续增长，从 3 505 亿元增长至 8 245 亿元，共增长 4 740 亿元。增速方面，2011—2014 年，我国车险保费收入增速虽有波动但维持在 14% 以上，涨幅较大；而 2014 年开始我国车险保费收入增速持续下滑；2020 年，我国车险保费收入增速降至不足 1%。

3. 汽车保险的作用

汽车保险在整个财产保险业务领域中占据十分重要的地位，尤其随着我国汽车工业的发展，汽车保险正逐步成为与人民生活密切相关的经济活动，其重要性和社会性也正逐步凸显。

（1）汽车保险自身的发展对于汽车工业的发展起到了有力的推动作用，汽车保险的出现，消除了企业和个人对在使用汽车过程中可能出现的风险的担心，扩大了对汽车的需求。

（2）汽车保险解决了汽车在碰撞事故中可能出现的承担对第三者责任赔偿的能力问题，稳定了社会关系和公共秩序。

（3）汽车保险的保险人从自身和社会效益的角度出发，联合汽车生产厂家开展对汽车事故原因的统计分析，研究和应用汽车安全设计新技术，并为此投入大量人力和财力，从而促进了汽车安全性能方面的提高。

4. 汽车保险的特征

（1）保险标的的出险率高。主要由以下原因造成：① 汽车是一种应用频繁的交通工具，总是载着人或货物不断地从一个地方开往另一个地方，经常处于高速运动状态，很容易发生碰撞及其他意外事故，造成财产损失或人身伤亡；② 由于车辆数量的迅速增加，一些地区的交通设施及管理水平跟不上车辆的发展速度，导致对汽车的使用和管理能力下降，汽车保险事故频繁发生；③ 部分驾驶人安全意识淡薄，缺乏责任心，导致疏忽、过失等人为原因造成的交通事故频繁发生。

（2）业务量大，投保率高。由于汽车数量多，出险率较高，汽车所有者需要用保险方式转嫁风险。另外，政府为了充分保障受害人的利益，对第三者责任保险实施强制保险，诸多原因促使汽车保险业务量持续提高。

（3）扩大保险利益。汽车保险条款规定，不仅被保险人本人使用车辆时发生的保险事故要由保险人承担赔偿责任，而且被保险人允许的驾驶人驾驶车辆时，如果发生保险单上约定的事故，保险人同样要承担事故造成的损失，这样就扩大了保险利益。

（4）被保险人责任自负与无赔款优待。保险合同一般规定，驾驶人在交通事故中所负责任、车辆损失险和第三者责任险在符合赔偿规定的金额内实施绝对免赔。

其目的是促使被保险人注意维护、养护车辆，使其保持安全行驶技术状态，并督促驾驶人注意安全行车，以减少交通事故。如果保险车辆在一定保险期限内无赔款，续保时可以按保险费的一定比例享受无赔款优待。

三、汽车保险市场

1. 保险市场的定义

根据《保险术语》（GB/T 36687—2018）的描述，保险市场是指保险商品交易的具体场所，或者保险商品供需双方交换关系的总和。保险市场主体是对保险市场交易活动的买方、卖方和中介方等参与者的统称，保险市场客体则是指保险市场供需双方具体交易的保险产品。现代保险市场已经突破了传统的有形市场的概念，即保险市场核心内容的交换关系除了可以通过确定的地理场所实现外，也可以通过各种媒介（包括电话、互联网等）来实现。

2. 汽车保险市场分析

供求规律是流通领域的一条重要规律，表现为供给与需求之间的关系。保险供给与保险需求自从保险的萌芽时期就不断相互作用、相互影响，两者的互动发展构成了保险业发展演进的历史。汽车保险市场也是如此。

（1）保险供给。保险供给是指在一定价格水平上，保险市场上供给方愿意并提供的保险产品或服务的数量。影响保险供给的主要因素有：① 保险费率。在市场经济条件下，保险费率是保险供给的主要影响因素之一。② 保险技术水平。保险业是一个专业性和技术性都很强的行业，有些险种很难设计，因此要有专业性很强的保险市场来适应。③ 保险市场规范。竞争无序的市场会抑制保险需求，从而减少保险供给。④ 互补品和替代品价格。互补品价格与保险供给成正相关关系，替代品价格和保险供给成负相关关系。⑤ 保险偿付能力。各国法律对保险企业都有最低偿付能力标准的规范，也会制约保险供给。⑥ 政府监管。目前，各国对保险业都有严格的监管制度。因此，即使保险费率上升，由于政府的严格管制，保险供给也会受到控制。

通常情况下，保险供给分为两种形式：一种是实物形式，即保险人对遭受损失或损害的投保人，按照合同约定的责任范围给予一定数量的补偿与给付，这是保险供给的有形形态；另一种是心理形式，即对没有出险从而没有得到补偿或给付的投保人提供的安全保障。

（2）保险需求。保险需求是指在一定价格水平上，保险市场上需求方愿意并且能够购买的保险产品或服务的数量。它包括保险商品的总量需求和结构需求。其中，保险商品的结构需求是各类保险商品占保险商品需求总量的比重，如财产保险保费收入占全部保费收入的比率，财产保险和人身保险各自内部的结构。影响保险需求的因素很多，主要有：① 风险因素。风险程度越大，保险需求越剧烈。② 保险费率。保险费率对保险市场需求有一定的约束力，总体来讲，费率上升会带来保险需求的减少，反之增加；但是，费率对保险需求的影响会因保险品种的例外而例外。③ 消费者收入。消费者收入直接关系到保险购买力的大小，是影响保险需求的主要原因之一。④ 保险互补品和替代品价格。财产保险的险种是与财产相关的互补商品。例如，汽车保险与汽车，当汽车的价格下降时，会引起汽车需求量增加，从而导致汽车保险商品需求量的扩大；反之，则会引起汽车保险商品需求量的减少。⑤ 文化传统。保险需求在一定程度上受人们风险意识和保险意识的影响，而这些意识又受到特定文化环境的影响和控制。例如，某些地区的人们受封建迷信影响，对一些风险，宁愿求助神灵保佑，也不接受保险的保障，从而抑制了保险需求。⑥ 经济制度。经济制度的变化会影响保险需求，例如，风险是市场经济的重要特征，保险就成为市场经济体制下的一条有效解决途径。

（3）汽车保险市场供给与需求。随着汽车持有量的增多，汽车保险成为各大保险种类中发展不错的一个，从保险的供给与需求角度对汽车保险市场进行分析发现，针对汽车保险，各大保险公司为了确保其在激烈的保险市场中的决定性地位，都推出了相关服务，汽车保险市场的供给比较充足。另外，虽然受到限购、车市调整等因素影响，但我国汽车整体销量依然有所提升，2023 年，国内汽车销量为 3 009.4 万辆，同比增长 12%。同时汽车消费升级趋势明显，无论是在车市调整阶段还是增长期，近年我国汽车市场均呈现出明显的消费升级趋势。2023 年，国内高端品牌乘用车销量为 451.6 万辆，同比增长 15.4%，高于乘用车增速 11.2 个百分点，占乘用车销售总量的 20.8%，刷新历史销量新高。消费市场需求层面的变化对汽车保险市场具有很好的促进作用。

🔧 任务实施

打消客户疑虑是保险工作人员接触客户的关键性一步，是非常重要的工作内容。下面就结合任务描述中的情景，从风险管理、汽车保险的作用等角度为陈先生进行分析，建议按以下行动过程来完成任务。

步骤一：明确任务。

要打消客户疑虑，首先必须要了解客户的基本信息，其次要从客户的基本信息中发现客户的显性需求和隐性需求，进而才可以有针对性地为客户进行风险分析和产品推荐。

此步骤有两方面的工作要求：一是要收集客户基础信息；二是要提升客户的满意度。在前期的销售过程中，销售顾问已积累了大量的客户资料，可以从中选择相应信息进行汇总。请思考具体应该收集哪些客户信息。

步骤二：制订工作实施计划。

此步骤有两方面的工作要求：一是要进行典型案例分析，阐述汽车保险的重要性；二是要提升客户满意度，在此环节不能以客户为原型进行风险事故假设。作为一名专业的保险工作人员，要在现有案例资源中找寻合适的案例进行分享，建议可以提前在 iPad、手机等设备中保存一些经典案例的视频、图片等素材，增加客户的直观感。

步骤三：计划实施——编制用车风险管理建议。

此步骤有三方面的工作要求：一是对陈先生的新车面临的风险因素进行识别，衡量风险程度；二是结合实际情况给予风险管理建议；三是要提升客户满意度。此环节要依据陈先生的实际情况开展，不能恶意扩大风险。

步骤四：总结与反思，填写本项目任务工单 1 "风险与汽车保险实训报告"及任务评价表。

此步骤是在资料的汇总与整理基础上进行任务总结，可以尝试回答以下问题。

（1）你设定的目标是否达成？

（2）陈先生是否信任你？陈先生的疑虑是否已消除？

（3）陈先生的基础信息资料是否收集到位并进行了归纳整理？

（4）你前期准备的资料是否够用？

（5）交流过程中是否出现其他突发情况？

 任务评价

任务评价表如表 1-1 所示。

表 1-1　任务评价表

评分项	评分内容	评分细则	自我评价	小组评价	教师评价
纪律 （5分）	1. 不迟到； 2. 不早退； 3. 学习用品准备齐全； 4. 积极参与课程问题思考和回答； 5. 积极参与教学活动	未完成 1 项扣 1 分，扣分不得超过 5 分			
职业素养 （15分）	1. 积极与他人合作； 2. 积极帮助他人； 3. 遵守礼仪礼节； 4. 做事态度严谨认真； 5. 能有效提升客户满意度； 6. 具备劳动精神，能主动做到场地的 6S 管理	未完成 1 项扣 5 分，扣分不得超过 15 分			
专业技能 （40分）	1. 能掌握风险的概念、特征； 2. 能掌握风险分类及风险管理办法； 3. 能掌握常见保险术语； 4. 能结合背景进行风险分析； 5. 能掌握风险管理的程序； 6. 能掌握保险要素； 7. 能掌握汽车保险的作用； 8. 能对汽车保险市场进行准确分析	未完成 1 项扣 5 分，扣分不得超过 40 分			

续表

评分项	评分内容	评分细则	自我评价	小组评价	教师评价
工具及设备的使用（20分）	1. 能正确使用 iPad、手机上的图片处理和视频拍摄软件； 2. 能正确使用谈判桌等场地工具	未完成1项扣10分，扣分不得超过20分			
任务工单填写（20分）	1. 字迹清晰； 2. 语句通顺； 3. 无错别字； 4. 无涂改； 5. 无抄袭； 6. 内容完整； 7. 回答准确； 8. 有独到的见解	未完成1项扣5分，扣分不得超过20分			

思考提升

案例一：常见保险术语

陈先生是一名非常具有风险意识的企业家，2020年，陈先生为妻子新购置一份大病保险。每年需要缴纳保费3 200元，要交12年，陈先生的妻子如果去世，可以获赔50万元。陈先生表示："年纪大了就怕生病，一旦去世，保险公司还能给孩子补偿些钱，孩子也能有个生活保障。"

（1）请根据案例进行分析，案例中的保险费是多少？保险金额是多少？保险标的是什么？

（2）请根据陈先生的描述进行分析，保险人、被保险人、投保人和受益人分别是谁？

案例二：保险分类

刘先生有一批价值50万元的货物，假设他分别以60万元、50万元和20万元的保险金额在某保险公司投保，则构成了超额保险、足额保险和不足额保险。

（1）如果发生了保险事故，导致保险标的全损，则3种投保方式分别如何赔偿？

（2）如果发生了保险事故，导致保险标的的损失为20万元，则3种投保方式分别如何赔偿？

学习任务二  汽车保险原则

任务描述

王某2021年8月新购一辆宝马轿车，市场价为32万元，并以此向保险公司投

保了车损险，期限为 1 年。2022 年 5 月王某在高速公路上驾车，因跟车过近，不慎撞上前面一辆集装箱货车，造成宝马车全车报废，王某当场死亡。王某的继承人持保险合同向保险公司提出索赔。保险公司认定事故属于保险责任，但双方在具体赔偿金额上未达成协议。原因在于宝马轿车的价格已于 2022 年初在全国范围内进行了大幅度调整，新车价格于 2022 年的 32 万元降至 29 万元。王某家属要求按车损险保险金额 32 万元赔偿；保险公司则以被保险人不应获利为由，坚持以调整后价值 29 万元计算赔偿。假设你是保险公司专员，你是否认可保险公司赔偿方案？你该如何向客户解释？

 任务分析

要完成本学习任务，可以按照以下流程进行。

（1）深入学习汽车保险原则理论知识。

（2）根据汽车保险原则对案件进行整体分析，并得出分析结果。

（3）整理话术并与客户展开交流。

（4）总结客户交流过程，关注客户满意度。

（5）评价工作成果与学习成果。

完成本学习任务需要准备的工作场景和设备如下。

（1）工作夹，内含汽车保险相关资料、名片、笔、便笺纸等。

（2）其他需要用到的工具。

相关知识

知识点 1　保险利益原则

一、保险利益与保险利益原则的含义

保险利益是指投保人或者被保险人对保险标的具有的法律上承认的利益。保险利益也称为可保利益。保险利益是保险合同成立的必备条件，从而形成了保险法中的一项重要原则——保险利益原则，即投保人必须对保险标的具有法律上承认的利益，才可以与保险人签订保险合同。该原则已被各国保险法普遍采用。它体现了投保人或者被保险人与保险标的之间存在的利害关系。倘若保险标的安全，投保人或者被保险人可以从中获益；倘若保险标的受损，投保人或者被保险人必然会蒙受经济损失。

保险利益原则是指在签订保险合同时或履行保险合同过程中，投保人或者被保险人对保险标的必须具有保险利益。

微课
保险利益
原则

二、确立保险利益原则的意义

（1）避免赌博行为的发生。保险的目的是对产生的损失进行补偿，如果没有保

险利益，就会使保险变成侥幸图利的赌博。

（2）防止道德风险的发生。道德风险是指投保人为了索取赔偿而违反道德规范，故意促使保险事故的发生或者在发生保险事故时放任损失的扩大。如果投保人对保险标的不具有保险利益，那么极易发生道德风险。以汽车保险为例，如果投保人在无保险利益的情况下签订了保险合同，投保人就可能故意造成保险事故，骗取赔款。

（3）有效限制保险补偿的程度。财产保险以损害补偿为目的，当保险事故发生时，保险人所能获得的赔偿额度以保险利益为最高限度，保险利益原则的确立起到了有效限制保险补偿程度的作用。以汽车保险中机动车损失保险为例，不论投保金额为多少，也不能获得超过车辆自身价值的赔款。

三、保险利益成立的条件

（1）必须是法律认可并予以保护的合法权益：不法利益，不论当事人是何种意图，均不能构成保险利益。因此，所签订的保险合同为无效合同。例如，投保人以盗窃的汽车或购买的赃车投保，该保险合同无效。此外，法律上不予承认或不予保护的利益也不构成保险利益。

（2）必须是经济上的有价利益：是指可以用货币计算和估价的利益。如果被保险人遭受的损失不是经济上的，就不能构成保险利益。例如，政治利益的损失、竞争失败、精神创伤等，可能与当事人有利害关系，但这种利害关系不是经济上的，就不构成保险利益。

（3）必须是确定的利益：是指已经确定或可以确定的利益。它包括两层含义：其一，是能够用货币估价的；其二，这种确定的利益是指事实上或客观上存在的利益而不是当事人主观臆断的利益。

四、汽车保险与理赔实务中几种保险利益关系

（1）所有关系：汽车的所有人拥有保险利益。
（2）租赁关系：汽车的承租人对于所租赁的车辆具有保险利益。
（3）借贷关系：以汽车作为担保物，债权人拥有保险利益。
（4）雇佣关系：受雇人对于其使用的汽车拥有保险利益。
（5）委托关系：汽车运输人对于所承运的机动车具有保险利益。

五、保险利益原则的运用

在机动车辆保险的经营过程中，涉及保险利益原则方面存在一个比较突出的问题，即被保险人与车辆所有人不吻合的问题。在车辆买卖过程中，由于没有对保单中的被保险人进行及时的变更，导致其与行驶证上的车辆所有人不吻合，一旦车辆发生损失，原车辆所有人由于转让了车辆不具备对车辆的保险利益，而导致在其名下的保单失效，车辆的所有人由于不是保险合同的被保险人，当出现事故时是否能

向保险人索赔，这种情况在出租车转让过程中更加明显。

《最高人民法院关于适用〈中华人民共和国保险法〉若干问题的解释（四）》（法释〔2018〕13号）第一条规定：保险标的已交付受让人，但尚未依法办理所有权变更登记，承担保险标的毁损灭失风险的受让人，依照保险法第四十八条、第四十九条的规定主张行使被保险人权利的，人民法院应予支持；第五条规定：被保险人、受让人依法及时向保险人发出保险标的转让通知后，保险人做出答复前，发生保险事故，被保险人或者受让人主张保险人按照保险合同承担赔偿保险金的责任的，人民法院应予支持。

📖 知识点2　最大诚信原则

一、最大诚信原则的基本含义

诚信即诚实和守信用，最大诚信原则是指保险合同双方当事人对于与保险标的有关的重要事实，应本着最大诚信的态度如实告知，不得有任何隐瞒、虚报、漏报或欺诈。这是当事人在保险合同有效期内，履行自己的义务时所应遵循的基本原则之一。

微课
最大诚信
原则

所谓重要事实是指那些足以影响保险人判别风险大小、决定是否承保及承保条件以及确定保险费率的每一项事实。对保险人而言，最大诚信原则可以使保险人有效地选择和控制风险，有利于维护保险活动的经营秩序；对于被保险人而言，最大诚信原则可以确保其承担的保险费率合理、恰当。在保险实务中，被保险人对保险标的的情况最清楚。因此，只有如实告知，诚实守信，双方当事人才能互相清楚。

二、最大诚信原则的主要内容

最大诚信原则的基本内容包括告知与说明、保证、弃权与禁止反言。其中，告知与说明是对保险双方的约束；保证主要是对被保险人的约束；弃权与禁止反言的规定主要用于约束保险人。

1. 告知与说明

告知与说明是指在保险合同订立过程中和合同有效期内，投保人应对保险标的的重要事实如实地向保险人做出口头或书面申报，保险人也应将与投保人利害直接相关的重要事实据实告知投保人。在保险实务中，对于保险人来说，通常称为据实说明义务；对于投保人来说，则称为如实告知义务。

告知与说明内容主要包括以下几方面。

（1）合同订立时，保险人应当主动向投保人说明保险合同条款内容，以及保险费率和其他可能会影响投保人做出投保决定的事实。

（2）合同订立时，根据询问，投保人或被保险人对于已知的与保险标的及其危险有关的重要事实应做如实回答。

（3）保险合同订立后，如果保险标的的危险程度增加，投保人或被保险人应当及时通知保险人。

（4）保险事故发生后，投保人或被保险人应及时通知保险人。

（5）重复保险的投保人，应将重复保险的相关情况通知保险人。

（6）保险标的转让时，投保人应及时通知保险人，经保险人同意继续承保后，才可变更保险合同。

保险人的说明形式包括明确列明和明确说明两种。明确列明是指保险人只需要将保险的主要内容明确列明在保险合同中，即视为已告知被保险人；明确说明是指保险人在明确列明的基础上，还需要向投保人进行明确的提示和正确的解释。在国际上，通常只要求保险人采用明确列明的告知形式。我国为了更好地保护被保险人的利益，要求保险人采用明确说明的告知形式，对保险条款、责任免除等重要内容加以解释。

投保人告知的形式有无限告知和询问回答告知两种。保险法规定投保人采用询问回答的告知方式。

违反告知的法律后果：投保人违反保险法规定告知义务的法律后果，根据具体情况不同，其所应承担的后果也不相同。

如果投保人违反告知义务的行为是故意的，即隐瞒应告知的内容，保险人有权解除保险合同；若在保险人解约之前发生保险事故造成保险标的的损失，保险人可不承担赔偿或给付责任，且不退还保险费。

如果这种违反告知义务的行为是因过失、疏忽而造成的，保险人同样可以解除合同，对在合同解除之前发生保险事故所致损失，不承担赔偿或给付责任，但可以退还保险费。同时，对于不同险种，保险法规定了不同的责任后果。首先，在财产保险的有关条款中规定："在合同有效期内，保险标的的危险程度显著增加的，被保险人应当按照合同约定及时通知保险人，保险人可以按照合同约定增加保险费或者解除合同。被保险人未履行前款规定的通知义务的，因保险标的的危险程度显著增加而发生的保险事故，保险人不承担赔偿保险金的责任。"其次，在人身保险的有关条款中规定："投保人申报的被保险人年龄不真实，并且其真实年龄不符合合同约定的年龄限制的，保险人可以解除合同，并按照合同约定退还保险单的现金价值。"

2. 保证

保证是指投保人或被保险人向保险人做出承诺，保证在保险期间遵守作为或不作为的某些规定，或保证某一事项的真实性。这是对投保人的要求。

保证的分类：

（1）按保证的形式分类，保证分为明示保证和默示保证两种。明示保证是指以文字形式在保险合同条款中列出的保证。例如，汽车保险合同中列有遵守交通法规、安全驾驶、做好车辆维护等条款。一旦合同生效，上述内容就成了投保人对保险人的保证，对投保人具有作为或不作为的约束力。

默示保证是指在保险合同条款中虽无文字表述，但已被社会普遍认同的行为规范与准则，投保人也必须遵守，这些内容构成了默示保证。例如，投保人因未关闭门窗造成财产被盗，虽然保险合同中未列明关闭门窗的内容，但这被视为应有的日常行为准则，对此，保险人对因此被盗造成的财产损失不承担赔偿责任。

（2）按保证是否已经确实存在分类，保证通常可分为确认保证和承诺保证。确认保证是投保人或被保险人对过去或现在某一特定事实存在或不存在的保证，这类保证事项涉及过去与现在。承诺保证是指投保人或被保险人对将来某一特定事项的作为或不作为的保证，涉及现在与将来。

违反保证的后果：任何不遵守保证条款或保证约定、不信守合同约定的承诺或担保的行为，不管这些行为是否影响保险人的承保条件和保险费率或者是否对保险事故的发生有影响，均属于破坏保证。这是因为保险合同涉及的所有保证内容都很重要，投保人与被保险人都必须严格遵守。

3. 弃权与禁止反言

（1）弃权。弃权是指合同一方当事人放弃按保险合同的规定可以享受的权利。例如，保险合同规定，投保人不缴纳保险费时，保险人有解除保险合同的权利，但保险人可能放弃这一权利，使保险合同继续有效，这就是弃权。保险人的弃权可以采用明示或默示方式，明示弃权就是保险人书面同意或口头同意放弃解约的权利；默示弃权就是默认放弃解约的权利。

（2）禁止反言。禁止反言是指当合同一方当事人在已经弃权的情况下，将来不得要求行使这项权利。例如，当投保人未按时交付保费时，保险人按规定可以取消保险合同，但保险人并没有取消合同，默许了投保人未交保费的行为，即弃权。如果在此后的保险有效期内发生保险事故，保险人就不能借口投保人曾经未交保费而拒绝履行保险责任。因此，弃权与禁止反言不仅可以约束保险人的行为，而且维护了被保险人的权益，有利于保险人与被保险人权利、义务关系的平衡。

三、违反最大诚信原则的处理

最大诚信原则是保险合同的基础。如果没有遵守此项原则，就要受到相应的处理。违反告知义务，可以视情况决定是否从违约开始废止保险合同，也可以对某一索赔案件拒绝赔付。违反告知义务主要表现为遗漏、隐瞒、伪报、欺诈等行为。受害方有如下权利。

（1）废除保险合同。

（2）如果涉及欺诈行为，除了可以废除保险合同外，还可以向对方索赔损失。

（3）可以放弃上述两项权利，保险合同继续生效。受害方必须在发现对方违反最大诚信原则的合理时间内选择上述权利，否则，被认为自动放弃。

在保险合同中之所以要规定最大诚信原则是因为两个主要的因素：第一，保险经营中信息的不对称性要求在保险活动中遵循最大诚信原则；第二，保险合同的附和性与射幸性要求在保险合同中遵循最大诚信原则。坚持最大诚信原则对投保人与保险人双方均具有重大意义，可以确保保险合同的顺利履行，维护双方当事人的利益，是保险基本原则中的一个重要原则。

案例小贴士——法律篇

　　王先生购置一辆进口宝马轿车向保险公司投保机动车辆保险。承保时，保险代理人误将该车以国产车计收保费，少收保费482元，并签订合同。保险公司发现这一情况后，遂通知投保人补缴保费，遭拒绝。无奈之下，保险公司单方面向投保人出具了保险批单，批注："如果出险，我司按比例赔偿"。在合同有效期内，该车不幸出险，投保人向保险人申请全额赔偿。请问投保人诉求是否合理？

知识分享

　　依法而言，投保人诉求合理，保险公司应按保险金额全额赔偿。其中重要原因在于最大诚信原则，如实告知、弃权和禁止反言是最大诚信原则的重要内容。本案投保人以进口宝马轿车为标的进行投保是履行如实告知义务。保险代理人误以国产车收取保费的责任不在投保人，代理人的行为在法律上应该推定为放弃以进口车标准收费的权利。保险公司单方面出具保险批单的行为是违反禁止反言的，违背了最大诚信原则，不具备法律效力。

📖 知识点3　近因原则

一、近因原则的含义

微课
近因原则

　　近因原则是指损害结果与风险事故的发生有直接的因果关系时，保险人对责任范围内的风险事故导致的损失给予赔偿或给付。近因原则是确定保险损失赔偿或给付责任的一项基本原则。

　　所谓近因，不是指在时间或空间上与损失结果最为接近的原因，保险关系上的近因，是指造成损失结果的最直接、最关键、最主要的原因，也就是说近因是导致损失结果的决定性原因。

　　在风险与保险标的损失关系中，如果造成损失的近因属于被保风险，保险人应负赔偿责任；如果近因属于保险合同中的除外责任或未保风险，则保险人不负赔偿责任。

　　保险标的的损害并不总是由单一原因造成的，损害发生的原因经常是错综复杂的，其表现形式也多种多样。有的是同时发生，有的是不间断地连续发生，有的是时断时续地发生。这些原因有的属于保险责任，有的不属于保险责任。对于这一类因果关系比较复杂的案件，保险人如何判定责任归属就要根据近因原则。

　　近因原则在保险理赔中的运用主要有两个方面：一是根据近因原则判断事故是否属于保险责任；二是在涉及第三方时，根据近因原则判定该起事故属于谁的责任。即保险理赔按"责"赔付的两重含义：事故责任比率和保险责任。

二、事故近因的判定与保险责任的确定

　　在现实生活中，发生风险事故的原因往往十分复杂，常常多种因素并存，且交互产生影响。这就需要对造成损失的各种因素进行深入、细致、科学、准确的分

析，比较其与损失之间是直接关系还是间接关系，是关键因素还是一般因素，是主要成因还是次要成因，从中找出导致损失的决定性原因，即近因。

1. 单一原因造成的损失

单一原因致损，即造成保险标的损失的原因只有一个，那么这个原因就是近因。若此近因属于被保风险，则保险人承担赔偿或给付责任；若此近因属于除外责任或未保风险，则保险人不承担赔偿责任。

案例小贴士——技能篇

王某与某保险公司签订了一份机动车辆保险单。保险单上载明投保标的物为一辆宝马汽车，同时投保了家庭自用车损失保险。某日王某驾驶该车时不慎导致车辆碰撞花坛，造成车辆前部损失。该案能否获赔？

知识分享

因该事故致损的原因为驾驶不慎碰撞花坛，驾驶不慎导致车辆碰撞是该事故的单一原因，为车辆致损的近因，属于意外事故，是《中国保险行业协会机动车商业保险示范条款（2020版）》的保险责任，故该损失应当由保险公司进行赔付。

2. 同时发生的多种原因造成的损失

多种原因致损，即各原因的发生无先后之分，且对损害结果的形成都有直接与实质的影响效果，那么，原则上它们都是损失的近因。至于是否承担保险责任，可分为以下两种情况。

（1）多种原因均属被保风险，保险人负责赔偿全部损失。例如，洪水和暴风均属保险责任，洪水和暴风同时造成企业财产损失，保险人负责赔偿全部损失。

（2）多种原因中，既有被保风险，又有除外风险或未保风险，保险人的责任应视损害的可划分性如何而定。

如果损害是可以划分的，保险人就只负责被保风险所致损失部分的赔偿。但在保险实务中，很多情况下损害是无法区分的，保险人有时倾向于不承担任何损失赔偿责任，有时倾向于与被保险人协商解决，对损失按比例分摊。

案例小贴士——技能篇

王某与某保险公司签订了一份机动车辆保险单。保险单上载明投保标的物为一辆宝马汽车，同时投保了家庭自用车损失保险。某日王某驾驶宝马汽车行驶至购物广场的停车场，因暴风雨导致购物广场松动的广告牌被暴风吹倒砸到了该车，致车辆天窗玻璃破裂，又因暴雨致车内进入大量雨水。该事故损失的近因是什么？

知识分享

分析该案件，造成该车损失的原因有暴风、暴雨、广告牌松动，而造成车辆损失最主要、最直接的原因为广告牌松动，未进行维护或具有维护、管理瑕疵。因此该车损失应当由购物广场物业进行承担并赔偿。保险公司可协助被保险人向购物广场提出索赔，也可先向被保险人赔偿并在赔偿金额内向购物广场追偿，被保险人应积极协助。

3. 连续发生的多种原因造成的损失

多种原因连续发生致损，即各原因依次发生，持续不断，且具有前因后果的关系。如果损失是由两种以上的原因所造成的，且各原因之间的因果关系未中断，那么最先发生并造成一连串事故的原因为近因。如果近因为被保风险，那么保险人应负责赔偿损失；反之不负责。具体分析如下。

（1）连续发生的原因都是被保风险，保险人赔偿全部损失。例如，财产险中，地震、火灾都属于保险责任。如果是地震引起火灾，火灾导致财产损失这样一个因果关系过程，那么保险人应赔偿损失。

（2）连续发生的原因中含有除外风险或未保风险。若前因是被保风险，后因是除外风险或未保风险，且后因是前因的必然结果，保险人对损失负全部责任。若前因是除外风险或未保风险，后因是被保风险，后因是前因的必然结果，保险人对损失不负责任。

案例小贴士——技能篇

王某与某保险公司签订了一份机动车辆保险单。保险单上载明投保标的物为一辆宝马汽车，同时投保了家庭自用车损失保险。某日因暴雨，路面积水较深，王某驾驶该宝马汽车行驶至积水处，使车辆涉水熄火，最终导致车内进水造成车辆损失。该案件能否获赔？

知识分享

车内进水是因为车辆在积水中熄火停驶，熄火停驶又是因为车辆在积水中涉水，而暴雨是导致路面积水的主要原因，暴雨属于自然灾害，因此属于保险责任，故车辆进水损失应当由保险公司进行赔付。

三、判定保险事故近因应遵循的原则

在保险实务中，判定风险事故的近因，一般应遵循以下原则。

（1）如果事故是由保险责任范围内的原因和其他未指明的原因同时导致的，保险责任范围内的原因为近因。

（2）如果事故是由保险责任范围内的原因与属于除外责任和未保风险范围的原因同时导致的，除外责任和未保风险范围的原因为近因。

（3）如果是由多种原因连续发生造成的损失，最初的原因为近因。

（4）如果导致损失发生的各种因素可以分开，保险人仅负责保险责任范围内的原因造成的损失，除外责任和未保风险造成的损失不予负责；如果导致损失发生的

各种因素难以区分开来，保险人负全部损失的赔偿责任。

知识点 4 损失补偿原则

一、损失补偿原则的含义及意义

微课
损失补偿
原则

损失补偿原则是指风险事故发生后，保险人在其责任范围内，对被保险人保险标的遭受的实际损失进行补偿的原则。这一原则是由保险的目的决定的。损失补偿原则包括以下两层含义。

（1）保险人必须承担其责任范围内的赔偿义务。风险事故发生后，对被保险人提出的索赔请求，保险人应对其责任范围内的风险事故，按照主动、迅速、准确、合理的原则尽快确定损失，与被保险人达成协议，全面履行赔偿义务，以补偿保险标的的损失。

（2）赔偿金额以补偿保险标的实际损失额为限。即保险赔偿以恰好能使保险标的恢复事故损失发生前的状况为限。保险赔偿不能高于实际损失，否则会产生不当得利，给被保险人带来额外的利益，容易诱发道德风险。

这里要特别说明的是，保险人的赔偿额中除了包括保险标的的实际价值损失外，还包括被保险人花费的施救费用、诉讼费用等。其目的是鼓励被保险人积极抢救保险标的减少损失。

损失补偿原则的意义如下。

（1）维护保险双方的正当权益。损失补偿原则既保障了被保险人在受损后获得赔偿的利益，又维护了保险人的赔偿以不超过实际损失为限的权益，使保险合同能在公平互利的原则下履行。

（2）防止被保险人通过赔偿而得到额外利益，可以避免保险演变成赌博行为以及诱发道德风险的产生。

二、损失补偿原则的运用

1. 损失补偿的限制条件

在保险实务中，保险事故损失补偿有以下 3 个限制条件。

（1）以实际损失为限。在财产保险中，保险标的遭受损失之后，多数情况下，保险赔偿以保险标的所遭受的实际损失为限，赔款不会超过实际损失额。

（2）以保险金额为限。保险标的遭受损失之后，赔偿金额只能低于或等于保险金额，而不能高于保险金额。这是因为，保险金额是计算保险费的基数，投保人以此为基数缴纳保险费，保险人也以此为限额承担损失赔偿责任，公平合理。若超过这一限额将使保险人处于不平等地位。因而，即使发生市值变化，仍以保险金额为限。

（3）以保险利益为限。保险人的赔偿以被保险人所具有的保险利益为前提条件，以其对受损保险标的的保险利益为最高限额。在财产保险中，若保险标的受损时财产权益已经全部转让，则被保险人无权索赔；若受损时保险财产已部分转让，则被保险人对已转让的那部分财产损失无索赔权。

2. 实际损失的确定方式

实际损失的确定是遵循保险赔偿以实际损失为限这一原则的。通常可用下述两种方式来确定实际损失。

（1）按市价确定。按市价确定就是按照某一商品或性能相似的同类型商品在市场上的价格进行实际损失的确定，这也是最常用的方式。

（2）按重置价值减折旧确定。重置价值是指在某一时期重新建造、购置同样的全新的某一项资产所需支出的全部费用。折旧是指财产因使用所造成的物质损耗。财产在使用过程中物质有所损耗，因此在确定受损财产的实际损失时，应以受损财产的实际现金价值为量度。

3. 补偿的方式

保险赔偿的方式主要有以下几种。

（1）现金赔付。现金赔付也称货币赔偿，是指保险人用现金支付的方式赔偿被保险人所遭受的损失。大部分保险采用现金赔付方式，尤其是责任保险、信用保证保险、人身意外伤害与疾病保险中的医疗费用，通常都采用现金赔付的方式。

（2）修复。当保险标的发生部分损失或部分零部件的损残，通常保险人委托有关维修部门，对受损害的保险标的物予以修复，修复费用由保险人承担。

（3）置换。置换是指当保险标的损毁、灭失或零部件因损失而无法修复时，保险人负责替换或购置与原保险标的等价的标的，以恢复被保险人财产的原来面目。

在以上3种方式中，由保险人决定选择使用何种方式为宜。一般情况下，保险人根据受损标的性质以及受损情况来选择保险赔偿方式。

4. 损失补偿原则在保险实务中的体现

损失补偿原则是财产保险经营活动中应遵循的基本原则，主要体现在以下几个方面。

（1）在保险财产遭受部分损失后仍有残值的情况下，保险人在进行赔偿时要扣除残值。

（2）在保险事故是由第三者责任引起的情况下，保险人在赔偿被保险人的损失后取代并行使对第三者责任方的追偿权。

（3）在善意的重复保险情况下，若各保险人的保险金额总和超过了保险标的的价值，则应采用分摊原则分摊损失。

（4）在不足额保险的情况下，对被保险人所遭受的损失应采取比例赔偿方式进行赔偿。

5. 损失补偿的派生原则

（1）代位原则。代位原则是损失补偿原则产生的派生原则。保险的代位，是指保险人取得被保险人的求偿权和对保险标的的所有权。其中，依法取得向对损失负有责任的第三者进行追偿的权利，为权利代位，又称代位追偿；依法取得被保险人对保险标的的所有权，为物上代位，所以代位原则包括权利代位和物上代位两部分。代位原则只适用于财产保险。

① 权利代位。产生代位追偿权必须具备的条件包括：保险标的的损失必须是由第三者造成的，依法应由第三者承担赔偿责任；保险标的的损失是保险责任范围内的损失，根据合同约定，保险公司理应承担赔偿责任；保险人必须在赔偿保险金后，才能取代被保险人的地位与第三者产生债务债权关系。

保险人通过代位追偿得到的第三者赔偿额度，只能以保险人支付给被保险人的实际赔偿额为限，超出部分的权利属于被保险人，保险人无权处理。

代位追偿的对象是负民事赔偿责任的第三者，既可以是法人、自然人，也可以是其他经济组织，但保险人不得对被保险人的家庭成员或者其组成人员行使代位追偿权利，除非被保险人的家庭或者其组成人员故意造成保险事故。

保险人向负民事赔偿责任的第三者行使代位请求赔偿的权利，不影响被保险人就未取得赔偿的部分向第三者请求赔偿的权利。

保险事故发生后，保险人未赔偿保险金之前，被保险人放弃对第三者的请求赔偿权利的，保险人不承担赔偿保险金的责任。保险人向被保险人赔偿保险金后，被保险人未经保险人同意放弃对第三者请求赔偿的权利的，该行为无效。由于被保险人的过错致使保险人不能行使代位请求赔偿权利的，保险人可以相应扣减保险赔偿金。

案例小贴士——技能篇

王某与某保险公司签订了一份机动车辆保险单。保险单上载明投保标的物为一辆宝马汽车，同时投保了家庭自用车损失保险。某日王某驾驶宝马汽车行驶至购物广场的停车场，因暴风雨导致购物广场松动的广告牌被暴风吹倒砸到了该车，致车辆天窗玻璃破裂，又因暴雨致车内进入大量雨水。该案件要如何索赔？

知识分享

在之前的案例分析中已知，该车的损失应当由第三方购物广场物业赔付。因该事故中车辆的损失、暴风雨碰撞均属于自然灾害和意外事故，是保险条款中的保险责任，故车主可以先向保险公司申请赔偿，然后将向购物广场物业请求赔偿的权利转让给保险公司，由保险公司向第三方进行索赔。

② 物上代位。物上代位是指保险标的遭受保险责任范围内的损失，保险人按保险金额全数赔付后，依法取得该项标的的所有权。物上代位实际上是一种物权的转移，当保险人在处理标的物时，若得到的利益超过赔偿的金额，利益应归保险人所有。

第一，物上代位产生的基础。物上代位通常产生于对保险标的作推定全损的处理。所谓推定全损，是指保险标的遭受保险事故尚未达到完全损毁或完全灭失的状态，但实际全损已不可避免；或者修复和施救费用将超过保险价值。因为推定全损是保险标的并未完全损毁或灭失，即还有残值，或因盗窃被他人非法占有，并非物质上的灭失，日后或许能够得到归还，所以保险人在按全损支付保险赔款后，理应取得保险标的的所有权，否则被保险人就可能由此而获得额外的利益。

第二，物上代位权的取得。保险人的物上代位权是通过委付取得的。所谓委付，是指保险标的发生推定全损时，投保人或被保险人将保险标的的一切权益转移给保险人，而请求保险人按保险金额全数赔付的行为。委付是一种放弃物权的法律行为，在保险中经常采用。

案例小贴士——技能篇

王某与某保险公司签订了一份机动车辆保险单。保险单上载明投保标的物为一辆宝马汽车，同时投保了家庭自用车损失保险。某日王某驾驶宝马汽车在高速公路上撞到护栏，车辆维修费用约25万元，保险金额为30万元，车辆残值具有一定价值。该案件应如何索赔？

知识分享

该种事故的处理方案一般有两种：一是按照修复定损，保险公司按照维修费用25万元进行赔付，车辆由王某委托维修单位进行维修。二是按照推定全损处理，当保险人与被保险人达成一致，车辆按推定全损处理时，王某委托保险公司对该车残值进行处理，保险公司将按照保险金额赔付王某30万元，而王某将车辆财产的权益转让给保险公司（物上代位权）。保险公司会对该宝马汽车残值进行变卖以减少实际赔付。该种事故在实际理赔中处理方案的选择，主要根据残值的价值来确定。

（2）分摊原则。分摊原则是指投保人对同一保险标的、同一保险利益、同一保险事故分别与两个以上保险人订立保险合同，构成重复保险，发生保险责任事故时，按照分摊原则由几个保险人根据不同比例分摊赔偿金额。分摊原则可防止发生重复赔偿，造成被保险人不当得利现象的发生。被保险人所得到的赔偿金，由各保险人采用适当的办法进行损失分摊。因此，它适用于重复保险，可避免被保险人在多个保险人处重复得到超过损失额的赔偿，以确保保险补偿目的的实现，并维护保险人与被保险人、保险人与保险人之间的公平原则。

重复保险的分摊赔偿方式主要包括比例责任分摊、限额责任分摊和顺序责任分摊3种方式。

① 比例责任分摊方式。在这种方式下，各保险人按其承保的保险金额占保险金额总和的比例分摊保险事故造成的损失，支付赔款。其计算公式为

$$各保险人承担的赔款 = \frac{损失金额 \times 该保险承保的保险金额}{各保险人承保的保险金额总和}$$

例如，王某投保财产的保险金额总和是140万元，投保人与甲、乙保险人订立合同的保险金额分别是80万元和60万元。假设保险事故造成的实际损失是80万元，那么，甲保险人应赔偿80×80/140≈45.71（万元），乙保险人应赔偿80×60/140≈34.29（万元）。

② 限额责任分摊方式。在这种方式下，各家保险公司分摊不以其保险金额为基础，而是按在假设无其他保险情况下单独应负的赔偿责任限额占各家保险公司赔偿责任限额之和的比例分摊损失金额。其计算公式为

$$各保险人承担的赔款 = \frac{损失金额 \times 该保险人的赔偿限额}{各保险人的赔偿限额总和}$$

例如，A、B 两家保险公司承保同一财产，A 公司保险金额为 4 万元，B 公司保险金额为 6 万元，实际损失为 5 万元。A 公司在无 B 公司的情况下应赔 4 万元，B 公司在无 A 公司的情况下应赔 5 万元。在重复保险的情况下，如以责任限额来分摊，A 公司应赔付 5×4/9≈2.22（万元），B 公司应赔付 5×5/9≈2.78（万元）。

③ 顺序责任分摊方式。在这种方式下，各保险公司按出单时间顺序赔偿，先出单的公司先在其保额限度内负责赔偿，后出单的公司只在损失额超出前一家公司的保额时，在自身保额限度内赔偿超出部分。

例如，某物流公司发货人及其代理人同时向甲、乙两家保险公司为同一财产分别投保 10 万元和 12 万元，甲公司先出单，乙公司后出单，被保财产实际损失 16 万元。按顺序责任，甲公司赔款额为 10 万元，乙公司赔款额为 6 万元。

（3）权益转让原则。权益转让原则是由损失补偿原则派生出来的，仅适用于财产保险，而不适用于人身保险。对于财产保险而言，权益转让原则指保险事故发生，保险人向被保险人支付了赔偿金之后，取得有关保险标的的所有权或者向第三者的索赔权。

🔧 任务实施

步骤一：明确任务。

本项任务共分为两个部分，第一部分应当根据汽车保险原则判断哪种赔偿方案合理；第二部分为向客户解释方案合理性，争取客户的理解，提升客户满意度，保证客户黏性。

步骤二：拟订工作实施计划。

工作实施计划如表 1-2 所示。

表 1-2　工作实施计划

序号	工作流程	操作要点
1		
2		
3		
4		
5		
6		

计划审核	审核意见： 签字： 年　　月　　日

步骤三：分析赔偿方案的合理性。

步骤四：拟定话术。

步骤五：总结与反思，填写本项目任务工单 2 "汽车保险原则实训报告" 及任务评价表。

此步骤是在资料的汇总与整理基础上进行任务总结，可以尝试回答以下问题。

（1）你设定的目标是否达成？

（2）案件分析是否有理有据？

（3）客户家属是否信服你？

（4）你的前期准备是否充分？

（5）交流过程中是否出现其他突发情况？

 任务评价

任务评价表如表 1-3 所示。

表 1-3　任务评价表

评分项	评分内容	评分细则	自我评价	小组评价	教师评价
纪律 （5分）	1. 不迟到； 2. 不早退； 3. 学习用品准备齐全； 4. 积极参与课程问题思考和回答； 5. 积极参与教学活动	未完成 1 项扣 1 分，扣分不得超过 5 分			
职业素养 （15分）	1. 积极与他人合作； 2. 积极帮助他人； 3. 遵守礼仪礼节； 4. 正确佩戴胸牌； 5. 做事严谨	未完成 1 项扣 5 分，扣分不得超过 15 分			
专业技能 （40分）	1. 能掌握最大诚信原则的内容和适用范围； 2. 能掌握保险利益原则的内容和适用范围；	未完成 1 项扣 8 分，扣分不得超过 40 分			

续表

评分项	评分内容	评分细则	自我评价	小组评价	教师评价
专业技能（40分）	3. 能掌握近因原则的内容和适用范围； 4. 能掌握损失补偿原则的内容、使用范围和限制条件； 5. 知道损失补偿原则的派生原则内容； 6. 能够根据四大原则分析保险责任； 7. 能够掌握分摊原则在实际案件中的计算方法	未完成1项扣8分，扣分不得超过40分			
工具及设备的使用（10分）	1. 能正确使用 iPad、手机、计算机等工具； 2. 能正确使用谈判桌等场地工具	未完成1项扣5分，扣分不得超过10分			
表单填写及报告撰写（30分）	1. 字迹清晰； 2. 语句通顺； 3. 无错别字； 4. 无涂改； 5. 无抄袭； 6. 内容完整； 7. 回答准确； 8. 有独到的见解	未完成1项扣5分，扣分不得超过30分			

思考提升

　　汽车保险的原则是汽车保险业务运营过程中要遵循的基本原则，也是保险法的基本原则，即集中体现保险法本质和精神的基本准则。它既是保险立法的依据，又是保险活动中必须遵循的准则。这些基本原则贯穿在保险法文本的条款之中。请谈谈你对汽车保险与防灾减损相结合的理解。

能力测验

　　一、单选题

1. 风险是指人们在生产、生活或决策的过程中，对事件预测的不确定性，包括（　　）两方面的不确定性。
　　A. 部分效应和完全效应　　　　　B. 部分不确定和完全不确定
　　C. 正面效应和负面效应　　　　　D. 正面不确定和负面不确定
2. 保险按实施方式可以分为（　　）。

  A. 自愿保险和强制保险　　　　　　　B. 财产保险和人身保险

  C. 商业保险和非商业保险　　　　　　D. 定值保险和不定值保险

3. 保险按风险转嫁方式分类不包括（　　　）。

  A. 余额保险　　　　B. 足额保险　　　　C. 不足额保险　　　　D. 超额保险

4. 投保人对保险标的所具有的法律上承认的利益称为（　　　）。

  A. 经济利益　　　　B. 法律权益　　　　C. 物质利益　　　　D. 保险利益

5. 保险损失的近因，是指在保险事故发生时（　　　）。

  A. 时间上最接近损失的原因　　　　B. 引起损失发生的第一个原因

  C. 空间上最接近损失的原因　　　　D. 最直接起主导和支配作用的原因

6. 风险管理的基本目标是（　　　）。

  A. 以最小的成本获得最大的安全保障

  B. 以最大的成本获得最大的安全保障

  C. 以最小的成本获得最小的安全保障

  D. 以最大的成本获得最小的安全保障

7. 风险管理的第一步是（　　　）。

  A. 风险评价　　　　B. 风险识别　　　　C. 风险估测　　　　D. 风险选择

8. 刹车失灵导致车祸并造成车毁人亡的事件中，属于风险因素的是（　　　）。

  A. 刹车失灵　　　　B. 车辆毁坏　　　　C. 车祸　　　　D. 人员伤亡

9. 按照风险性质分类，风险可分为（　　　）。

  A. 静态风险和动态风险　　　　B. 责任风险和信用风险

  C. 基本风险和特定风险　　　　D. 纯粹风险和投机风险

10. 保险合同一方已经放弃他在合同中的某项权利，不得再向他方主张这种权利的原则称为（　　　）。

  A. 弃权　　　　B. 告知　　　　C. 禁止反言　　　　D. 损失补偿

二、多选题

1. 保险的基本原则包括（　　　）。

  A. 保险利益原则　　B. 最大诚信原则　　C. 近因原则　　　　D. 损失补偿原则

2. 风险的构成要素包括（　　　）3个方面。

  A. 风险因素　　　　B. 风险事故　　　　C. 事故损失　　　　D. 事故原因

3. 风险的特征包括（　　　）和发展性。

  A. 客观性　　　　B. 普遍性　　　　C. 可测定性　　　　D. 不确定性

4. 风险按照损害对象可分为（　　　）。

  A. 财产风险　　　　B. 人身风险　　　　C. 责任风险　　　　D. 信用风险

5. 保险按保险标的可以分为（　　　）。

  A. 财产保险　　　　B. 人身保险　　　　C. 责任保险　　　　D. 信用保险

6. 保险按承保的方式可以分为（　　　）。

　　A. 原保险　　　　B. 再保险　　　　C. 共同保险　　　　D. 重复保险

7. 保险按保险价值在合同中是否确认可以分为（　　　）。

　　A. 财产保险　　　B. 人身保险　　　C. 定值保险　　　D. 不定值保险

8. 损失补偿的派生原则包括（　　　）。

　　A. 代位原则　　　B. 分摊原则　　　C. 告知与说明　　　D. 弃权与禁止反言

9. 最大诚信原则的基本内容包括（　　　）。

　　A. 告知　　　　　B. 说明　　　　　C. 保证　　　　　D. 弃权与禁止反言

10. 保险利益成立的条件包括（　　　）。

　　A. 必须是法律认可并予以保护的合法权益

　　B. 必须是经济上的有价利益

　　C. 必须是保险标的所有人

　　D. 必须是确定的利益

三、判断题

　　1. 风险管理基本程序分为风险识别、风险估测、风险评价、选择风险管理方法和风险管理效果评价等环节。　　　　　　　　　　　　　　　　　　　（　　　）

　　2. 汽车保险，简称车险，是以汽车本身及其相关利益为保险标的的一种财产保险。　　　　　　　　　　　　　　　　　　　　　　　　　　　　　　　（　　　）

　　3. 汽车保险，简称车险，是一种定值财产保险。　　　　　　　　　　（　　　）

　　4. 风险是损失的不确定性，所以不确定的损失风险都是可保风险。（　　　）

　　5. 可保风险的一个重要条件是必须有某种同质风险的大量存在。（　　　）

　　6. 汽车保险是通过分散和转移风险进行风险管理的。　　　　　　　（　　　）

　　7. 纯粹风险的处理方法包括规避风险、预防风险、分散风险和转移风险。

　　　　　　　　　　　　　　　　　　　　　　　　　　　　　　　　　（　　　）

　　8. 保险赔偿要使保险标的恢复到事故发生前的状况，因此如果新车发生刮擦，可以要求保险公司买一辆新的赔付。　　　　　　　　　　　　　　　　　（　　　）

　　9. 保险买得越多越好，买两份得两份钱。　　　　　　　　　　　　（　　　）

　　10. 某地发生 10 级地震，造成楼房倒塌，砸到周边车辆，该事故的近因是地震，地震属于保险责任，可以获赔。　　　　　　　　　　　　　　　　　　（　　　）

项目二
汽车保险险种与投保

 项目描述

    我国汽车保险产品分为交强险和商业保险两大类。2020年第三次车险改革后，交强险和商业保险的分类、条款、赔偿限额等都发生了改变。希望通过项目二的学习，学生能掌握机动车交强险及商业保险的条款和细则、投保方案设计的流程、汽车保险投保渠道的选择以及汽车保险方案组合的设计方法。

    为了更好地完成相应学习目标，达成学习效果，本项目设计了两个典型的学习任务：汽车保险险种认识和汽车保险投保。

 学习目标

知识目标

1. 掌握机动车交强险的定义、责任限额、责任免除等条款内容。
2. 掌握机动车商业保险及附加险的组成与条款内容。
3. 了解交强险的基础费率和费率浮动系数。
4. 了解商业保险的保费计算公式和费率使用。
5. 明确投保方案设计的流程。
6. 掌握汽车保险投保渠道的选择。
7. 掌握汽车保险方案组合设计方法。

能力目标

1. 能够与客户良好有效沟通，收集客户用车信息。
2. 能够讲解车险综合改革后的条款内容及变化。
3. 能够结合客户实际情况，为其选择适合的投保途径。
4. 能够帮助客户正确制订合理投保方案。

素质目标

1. 通过小组任务，提升小组团结荣誉感、协作能力、表达能力和人际沟通能力。

2. 通过实操演练，提升平等尊重每一位顾客的职业素养，增强职业荣誉感。

3. 勇于探索，具有良好的心理素质和克服困难的能力，树立正确的技能观，努力提高自己的技能。

学习任务一  汽车保险险种认识

任务描述

客户陈先生是一名软件工程师，已有 3 年驾龄，最近在一汽大众店购置了一辆 2021 款 280TSI 迈腾汽车。汽车保险销售人员给车主进行了交强险和商业保险的报价。陈先生有些疑虑，为什么自己的车辆保险条款和他以往的不同。面对众多的保险险种，他不知道该如何选择。假设你是汽车保险销售人员，你耐心地和陈先生解释 2020 年 9 月车险实施了第三次综合改革，部分条款发生了变化。请你从专业的角度和客户解释汽车保险条款、保险费率等不同，并通过帮助客户分析其所面临的风险，选择适合的险种。

任务分析

要完成本学习任务，可以按照以下流程进行。

（1）与客户进行良好有效的沟通，了解并收集客户陈先生的用车信息。

（2）根据收集的客户用车信息，正确规范地完成"客户档案表"的填写。

（3）运用所学知识，结合客户实际情况，讲解车险综合改革后的条款细节及变化，帮助客户消除疑虑。

完成本学习任务需要准备的工作场景和设备如下。

（1）工作夹，内含汽车保险相关资料、名片、笔、便笺纸等。

（2）其他需要用到的工具。

相关知识

知识点 1　机动车交通事故责任强制保险

1. 保险定义

交强险的全称为机动车交通事故责任强制保险，它是我国首个由国家法律规定实行的强制保险制度。依据《机动车交通事故责任强制保险条例》，交强险是指由保险公司对被保险机动车发生道路交通事故造成本车人员、被保险人以外的受害人的人身伤亡、财产损失，在责任限额内予以赔偿的强制性责任保险。

微课
交强险

2. 保险标的

交强险是责任保险，其保险标的是被保险机动车造成的第三人损害。

3. 保险特征

（1）强制性。中国境内道路上行驶的机动车所有人或管理人都必须投保交强险，未投保机动车不得上路。同时，具有经营机动车交强险资格的保险公司不能拒绝承保及拖延承保。

（2）公益性。保险公司经营交强险不以营利为目的，坚持社会效益。在厘定交强险费率时不加入"利润因子"，实行不亏不赢的经营原则。

（3）实行"无过错原则"。无论被保险人是否在交通事故中负有责任，保险公司均在责任限额内予以赔偿。

（4）实行分项责任限额。交强险在全国范围内实行统一的责任限额，分为死亡伤残赔偿限额、医疗费用赔偿限额、财产损失赔偿限额以及被保险人在道路交通事故中无责任的赔偿限额。

（5）实行统一条款和基础费率，并且费率与交通违章挂钩。交强险实行统一的保险条款和基础费率，并且实行保险费率与交通违章及交通事故挂钩的"奖优罚劣"的浮动费率机制，更好地督促了驾驶人安全驾驶。

4. 保险责任

交强险规定被保险人在使用被保险机动车过程中发生交通事故，致使受害人遭受人身伤亡或者财产损失，依法应当由被保险人承担的损害赔偿责任，保险人按照交强险合同的约定负责赔偿。

5. 责任限额

责任限额如表 2-1 所示。

表 2-1　责 任 限 额

赔偿项目		责任限额/元
死亡伤残	有责	18 万
	无责	1.8 万
医疗费用	有责	1.8 万
	无责	1 800
财产损失	有责	2 000
	无责	100
合计	有责	20 万
	无责	1.99 万

6. 责任免除

（1）《机动车交通事故责任强制保险条例》第三条中规定的保险车辆本车人员、被保险人。

（2）受害人的故意行为导致的交通事故人身损害、财产损失，如自杀、自残行为，碰瓷等。

（3）因发生交通事故而导致的仲裁或诉讼费及与之相关的其他费用。

（4）由于交通事故产生的间接损失，如车辆因碰撞而价值减损。

7. 保险价格

保险价格如表 2-2 所示。

表 2-2　保险价格　　　　单位：元

出险情况	个人		公司	
	6 座以内	6～9 座	6 座以内	6～9 座
3 年以及 3 年以上未出险	665	770	700	791
2 年未出险	760	880	800	904
1 年未出险	855	990	900	1 017
1 次出险（新车）	950	1 100	1 000	1 130
2 次出险	1 045	1 210	1 100	1 243
3 次出险	1 140	1 320	1 200	1 356
4 次出险	1 235	1 430	1 300	1 469
5 次出险	1 330	1 540	1 400	1 582

案例小贴士

某日，郑先生发生严重交通事故，需送往医院进行抢救。保险人在接到公安机关交通管理部门的书面通知和医疗机构出具的抢救清单后，按照国务院卫生主管部门组织制定的《道路交通事故受伤人员临床诊疗指南》及国家基本医疗保险标准进行核实。对于符合规定的抢救费用，保险人应在医疗费用赔偿限额内垫付。被保险人郑先生在此次交通事故中无责任的，保险人在无责任医疗费用赔偿限额内垫付，其他费用不负责赔偿与垫付。对于垫付费用，保险人有权向致害人追偿。

知识分享

保险公司在以下情况实行垫付：（1）驾驶人未取得驾驶资格；（2）驾驶人醉酒；（3）被保险人故意制造道路交通事故；（4）被保险机动车在被盗抢期间肇事。

知识点 2　机动车综合商业保险

机动车综合商业保险包含 3 个主险和 11 个附加险。其中主险包括机动车损失保险、机动车第三者责任保险及机动车车上人员责任保险；附加险包括车身划痕损失险、新增设备损失险、绝对免赔率特约条款等 11 项。

一、机动车损失保险

微课
车损险

1. 保险定义

机动车损失保险简称车损险，是指以车辆为保险标的，当因发生保险责任范围内的自然灾害或者意外事故造成被保险机动车本身损失时，保险人按照保险合同约定负责赔偿或者支付保险金的一种保险。

2. 保险责任

保险期间内，被保险人或被保险机动车驾驶人（以下简称驾驶人）在使用被保险机动车过程中，因自然灾害、意外事故造成被保险机动车直接损失，且不属于免除保险人责任的范围，保险人依照本保险合同的约定负责赔偿。

保险期间内，被保险机动车被盗窃、抢劫、抢夺，经出险地县级以上公安刑侦部门立案证明，满 60 天未查明下落的全车损失，以及因被盗窃、抢劫、抢夺而车辆损坏或车上零部件、附属设备丢失造成的直接损失，且不属于免除保险人责任的范围，保险人依照本保险合同的约定负责赔偿。

发生保险事故时，被保险人或驾驶人为防止或者减少被保险机动车的损失所支付的必要的、合理的施救费用，由保险人承担；施救费用数额在被保险机动车损失赔偿金额以外另行计算，最高不超过保险金额。

2020 年第三次车险综合改革后，车损险保险责任描述更为简化，基本概括为三大保险责任：自然灾害 + 意外事故 + 全车盗抢。

3. 责任免除

我国现行的《中国保险行业协会机动车商业保险示范条款（2020 版）》第九条至第十一条规定的车损险的责任免除如下。

第九条　在上述保险责任范围内，下列情况下，不论任何原因造成被保险机动车的任何损失和费用，保险人均不负责赔偿：

（一）事故发生后，被保险人或驾驶人故意破坏、伪造现场，毁灭证据；

（二）驾驶人有下列情形之一者：

1. 交通肇事逃逸；

2. 饮酒、吸食或注射毒品、服用国家管制的精神药品或者麻醉药品；

3. 无驾驶证，驾驶证被依法扣留、暂扣、吊销、注销期间；

4. 驾驶与驾驶证载明的准驾车型不相符合的机动车。

（三）被保险机动车有下列情形之一者：

1. 发生保险事故时被保险机动车行驶证、号牌被注销的；

2. 被扣留、收缴、没收期间；

3. 竞赛、测试期间，在营业性场所维修、保养、改装期间；

4. 被保险人或驾驶人故意或重大过失，导致被保险机动车被利用从事犯罪行为。

第十条　下列原因导致的被保险机动车的损失和费用，保险人不负责赔偿：

（一）战争、军事冲突、恐怖活动、暴乱、污染（含放射性污染）、核反应、核辐射；

（二）违反安全装载规定：

（三）被保险机动车被转让、改装、加装或改变使用性质等，导致被保险机动车危险程度显著增加，且未及时通知保险人，因危险程度显著增加而发生保险事故的；

（四）投保人、被保险人或驾驶人故意制造保险事故。

第十一条　下列损失和费用，保险人不负责赔偿：

（一）因市场价格变动造成的贬值、修理后因价值降低引起的减值损失；

（二）自然磨损、朽蚀、腐蚀、故障、本身质量缺陷；

（三）投保人、被保险人或驾驶人知道保险事故发生后，故意或者因重大过失未及时通知，致使保险事故的性质、原因、损失程度等难以确定的，保险人对无法确定的部分，不承担赔偿责任，但保险人通过其他途径已经知道或者应当及时知道保险事故发生的除外；

（四）因被保险人违反本条款第十五条约定，导致无法确定的损失；

（五）车轮单独损失，无明显碰撞痕迹的车身划痕，以及新增加设备的损失；

（六）非全车盗抢、仅车上零部件或附属设备被盗窃或损坏。

4. 免赔额

对于投保人与保险人在投保时协商确定绝对免赔额的，保险人在依据本保险合同约定计算赔款的基础上，增加每次事故绝对免赔额。

5. 赔款计算

《中国保险行业协会机动车商业保险示范条款（2020 版）》第十八条规定如下。

第十八条　机动车损失赔款按以下方法计算：

（一）全部损失

赔款 = 保险金额 - 被保险人已从第三方获得的赔偿金额 - 绝对免赔额

（二）部分损失

被保险机动车发生部分损失，保险人按实际修复费用在保险金额内计算赔偿：

赔款 = 实际修复费用 - 被保险人已从第三方获得的赔偿金额 - 绝对免赔额

（三）施救费

施救的财产中，含有本保险合同之外的财产，应按本保险合同保险财产的实际价值占总施救财产的实际价值比例分摊施救费用。

二、机动车第三者责任保险

1. 保险定义

机动车第三者责任保险一般简称为商业三者险或第三者责任险，是指保险期间内被保险人或其允许的驾驶人在使用被保险机动车过程中发生意外事故，致使第三者遭受人身伤亡或财产直接损毁，依法应当对第三者承担的损害赔偿责任，且不属于免除保险人责任的范围，保险人依照保险合同的约定，对于超过机动车交通事故责任强制险各分项赔偿限额的部分负责赔偿。

2. 保险责任

（1）被保险人允许的合格驾驶人。

（2）使用保险车辆过程：保险车辆作为一种工具被运用的整个过程，包括行驶和停放。

（3）第三者，即除保险人与被保险人之外的，因保险车辆的意外事故而遭受人身伤害或财产损失的受害人。

（4）人身伤亡：人的身体受伤害或人的生命终止。

（5）直接损毁：保险车辆发生意外事故，直接造成事故现场他人现有财产的实际损毁。

（6）依法应当由被保险人支付的赔偿金额：依照道路交通事故处理规定和有关法律、法规，按被保险人或其允许的合格的驾驶人承担的事故责任所应当支付的赔偿金额。

（7）保险人依照保险合同的规定给予补偿。

① 保险合同的规定：指基本保险条款、附加险条款、特别约定以及保险批单等保险单证所载的有关规定。

② 保险人并不是无条件地完全承担被保险人依法应当支付的赔偿金额，理赔时还应剔除保险合同中规定的不赔部分。

3. 责任免除

在上述保险责任范围内，下列情况下，不论任何原因造成的人身伤亡、财产损失和费用，保险人均不负责赔偿。

（1）事故发生后，被保险人或驾驶人故意破坏、伪造现场，毁灭证据。

（2）驾驶人有下列情形之一者：

① 交通肇事逃逸；

② 饮酒、吸食或注射毒品、服用国家管制的精神药品或者麻醉药品；

③ 无驾驶证，驾驶证被依法扣留、暂扣、吊销、注销期间；

④ 驾驶与驾驶证载明的准驾车型不相符合的机动车；

⑤ 非被保险人允许的驾驶人。

（3）被保险机动车有下列情形之一者：

① 发生保险事故时被保险机动车行驶证、号牌被注销的；

② 被扣留、收缴、没收期间；

③ 竞赛、测试期间，在营业性场所维修、保养、改装期间；

④ 全车被盗窃、被抢劫、被抢夺、下落不明期间。

下列原因导致的人身伤亡、财产损失和费用，保险人不负责赔偿：

（1）战争、军事冲突、恐怖活动、暴乱、污染（含放射性污染）、核反应、核辐射；

（2）第三者、被保险人或驾驶人故意制造保险事故、犯罪行为，第三者与被保险人或其他致害人恶意串通的行为；

（3）被保险机动车被转让、改装、加装或改变使用性质等，导致被保险机动车危险程度显著增加，且未及时通知保险人，因危险程度显著增加而发生保险事故的。

下列人身伤亡、财产损失和费用，保险人不负责赔偿：

（1）被保险机动车发生意外事故，致使任何单位或个人停业、停驶、停电、停水、停气、停产、通讯或网络中断、电压变化、数据丢失造成的损失以及其他各种间接损失；

（2）第三者财产因市场价格变动造成的贬值，修理后因价值降低引起的减值损失；

（3）被保险人及其家庭成员、驾驶人及其家庭成员所有、承租、使用、管理、运输或代管的财产的损失，以及本车上财产的损失；

（4）被保险人、驾驶人、本车车上人员的人身伤亡；

（5）停车费、保管费、扣车费、罚款、罚金或惩罚性赔款；

（6）超出《道路交通事故受伤人员临床诊疗指南》和国家基本医疗保险同类医疗费用标准的费用部分；

（7）律师费，未经保险人事先书面同意的诉讼费、仲裁费；

（8）投保人、被保险人或驾驶人知道保险事故发生后，故意或者因重大过失未及时通知，致使保险事故的性质、原因、损失程度等难以确定的，保险人对无法确定的部分，不承担赔偿责任，但保险人通过其他途径已经知道或者应当及时知道保险事故发生的除外；

（9）因被保险人违反机动车商业保险条款第二十八条约定，导致无法确定的损失；

（10）精神损害抚慰金；

（11）应当由机动车交通事故责任强制保险赔偿的损失和费用。

4. 责任限额

每次事故的责任限额，由投保人和保险人在签订本保险合同时协商确定。

主车和挂车连接使用时视为一体，发生保险事故时，由主车保险人和挂车保险人按照保险单上载明的机动车第三者责任保险责任限额的比例，在各自的责任限额内承担赔偿责任。

5. 赔款计算

（1）当（依合同约定核定的第三者损失金额 − 机动车交通事故责任强制保险的分项赔偿限额）× 事故责任比例等于或高于每次事故责任限额时：

赔款 = 每次事故责任限额

（2）当（依合同约定核定的第三者损失金额 − 机动车交通事故责任强制保险的分项赔偿限额）× 事故责任比例低于每次事故责任限额时：

赔款 =（依合同约定核定的第三者损失金额 − 机动车交通事故责任强制保险的分项赔偿限额）× 事故责任比例

三、机动车车上人员责任保险

1. 保险定义

机动车车上人员责任保险，也称车上座位险，指的是被保险人或其允许的驾驶人在使用被保险机动车过程中发生意外事故，致使车内乘客遭受人身伤亡，依法应由被保险人承担的损害赔偿责任，由保险人按照保险合同进行赔偿的一种保险。

2. 保险责任

投保了本保险的机动车辆在使用过程中发生意外事故，致使车上人员遭受人身伤亡且不属于免除保险人责任的范围，依法应由被保险人承担的损害赔偿责任，保险人依照《道路交通事故处理办法》和保险合同的规定给予赔偿。

3. 责任免除

在上述保险责任范围内，下列情况下，不论任何原因造成的人身伤亡，保险人均不负责赔偿。

（1）事故发生后，被保险人或驾驶人故意破坏、伪造现场，毁灭证据。

（2）驾驶人有下列情形之一者：

① 交通肇事逃逸；

② 饮酒、吸食或注射毒品、服用国家管制的精神药品或者麻醉药品；

③ 无驾驶证，驾驶证被依法扣留、暂扣、吊销、注销期间；

④ 驾驶与驾驶证载明的准驾车型不相符合的机动车；

⑤ 非被保险人允许的驾驶人。

（3）被保险机动车有下列情形之一者：

① 发生保险事故时被保险机动车行驶证、号牌被注销的；

② 被扣留、收缴、没收期间；

③ 竞赛、测试期间，在营业性场所维修、保养、改装期间；

④ 全车被盗窃、被抢劫、被抢夺、下落不明期间。

下列原因导致的人身伤亡，保险人不负责赔偿。

（1）战争、军事冲突、恐怖活动、暴乱、污染（含放射性污染）、核反应、核辐射。

（2）被保险机动车被转让、改装、加装或改变使用性质等，导致被保险机动车危险程度显著增加，且未及时通知保险人，因危险程度显著增加而发生保险事故的。

（3）投保人、被保险人或驾驶人故意制造保险事故。

下列人身伤亡、损失和费用，保险人不负责赔偿。

（1）被保险人及驾驶人以外的其他车上人员的故意行为造成的自身伤亡。

（2）车上人员因疾病、分娩、自残、斗殴、自杀、犯罪行为造成的自身伤亡。

（3）罚款、罚金或惩罚性赔款。

（4）超出《道路交通事故受伤人员临床诊疗指南》和国家基本医疗保险同类医疗费用标准的费用部分。

（5）律师费，未经保险人事先书面同意的诉讼费、仲裁费。

（6）投保人、被保险人或驾驶人知道保险事故发生后，故意或者因重大过失未及时通知，致使保险事故的性质、原因、损失程度等难以确定的，保险人对无法确定的部分，不承担赔偿责任，但保险人通过其他途径已经知道或者应当及时知道保险事故发生的除外。

（7）精神损害抚慰金。

4. 责任限额

驾驶人每次事故责任限额和乘客每次事故每人责任限额由投保人和保险人在投保时协商确定。投保乘客座位数按照被保险机动车的核定载客数（驾驶人座位除外）确定。

四、商业险 11 个附加险

2020 年第三次车险综合改革后，原商业附加险中的玻璃单独破碎险、自燃损失险等 5 个险种并入主险，新版中新增 6 个附加险种（表 2-3）及 5 个保留险种（表 2-4）。

微课
附加险

表 2-3　6 个新增附加险

条款	保险责任	责任免除
附加车轮单独损失险	保险期间内，被保险人或被保险机动车驾驶人在使用被保险机动车过程中，因自然灾害、意外事故，导致被保险机动车未发生其他部位的损失，仅有车轮（含轮胎、轮毂、轮毂罩）单独的直接损失，且不属于免除保险人责任的范围，保险人依照本附加险合同的约定负责赔偿	1. 车轮（含轮胎、轮毂、轮毂罩）的自然磨损、朽蚀、腐蚀、故障、本身质量缺陷； 2. 未发生全车盗抢，仅车轮单独丢失
附加医外医疗费用责任险	保险期间内，被保险人或其允许的驾驶人在使用被保险机动车的过程中，发生主险保险事故，对于被保险人依照中华人民共和国法律（不含港澳台地区法律）应对第三者或车上人员承担的医疗费用，保险人对超出《道路交通事故受伤人员临床诊疗指南》和国家基本医疗保险同类医疗费用标准的部分负责赔偿	1. 被保险人的损失在相同保障的其他保险项下可获得赔偿的部分； 2. 所诊治伤情与主险保险事故无关联的医疗、医药费用； 3. 特需医疗类费用
附加法定节假日限额翻倍险	保险期间内，被保险人或其允许的驾驶人在法定节假日期间使用被保险机动车发生机动车第三者责任保险范围内的事故，并经公安部门或保险人查勘确认的，被保险机动车第三者责任保险所适用的责任限额在保险单载明的基础上增加一倍	无
附加绝对免赔率特约条款	绝对免赔率为 5%、10%、15%、20%，由投保人和保险人在投保时协商确定，具体以保险单载明为准。被保险机动车发生主险约定的保险事故，保险人按照主险的约定计算赔款后，扣减本特约条款约定的免赔。即：主险实际赔款 = 按主险约定计算的赔款 ×（1-绝对免赔率）	无

续表

条款	保险责任	责任免除
附加发动机进水损坏除外特约条款	保险期间内，投保了本附加险的被保险机动车在使用过程中，因发动机进水后导致的发动机的直接损毁，保险人不负责赔偿	无
附加机动车增值服务特约条款	本特约条款包括道路救援服务特约条款、车辆安全检测特约条款、代为驾驶服务特约条款、代为送检服务特约条款共四个独立的特约条款，投保人可以选择投保全部特约条款，也可以选择投保其中部分特约条款。保险人依照保险合同的约定，按照承保特约条款分别提供增值服务	无

表2-4 5个保留附加险

条款	保险责任	责任免除
附加新增加设备损失险	保险期间内，投保了本附加险的被保险机动车因发生机动车损失保险责任范围内的事故，造成车上新增加设备的直接损毁，保险人在保险单载明的本附加险的保险金额内，按照实际损失计算赔偿	无
附加车身划痕损失险	保险期间内，被保险机动车在被保险人或被保险机动车驾驶人使用过程中，发生无明显碰撞痕迹的车身划痕损失，保险人按照保险合同约定负责赔偿	1. 被保险人及其家庭成员、驾驶人及其家庭成员的故意行为造成的损失； 2. 因投保人、被保险人与他人的民事、经济纠纷导致的任何损失； 3. 车身表面自然老化、损坏，腐蚀造成的任何损失
附加修理期间费用补偿险	保险期间内，投保了本条款的机动车在使用过程中，发生机动车损失保险责任范围内的事故，造成车身损毁，致使被保险机动车停驶，保险人按保险合同约定，在保险金额内向被保险人补偿修理期间费用，作为代步车费用或弥补停驶损失	1. 因机动车损失保险责任范围以外的事故而致被保险机动车的损毁或修理； 2. 非在保险人认可的修理厂修理时，因车辆修理质量不合要求造成返修； 3. 被保险人或驾驶人拖延车辆送修期间
附加车上货物责任险	保险期间内，发生意外事故致使被保险机动车所载货物遭受直接损毁，依法应由被保险人承担的损害赔偿责任，保险人负责赔偿	1. 偷盗、哄抢、自然损耗、本身缺陷、短少、死亡、腐烂、变质、串味、生锈，动物走失、飞失、货物自身起火燃烧或爆炸造成的货物损失； 2. 违法、违章载运造成的损失； 3. 因包装、紧固不善，装载、遮盖不当导致的任何损失； 4. 车上人员携带的私人物品的损失；

续表

条款	保险责任	责任免除
附加车上货物责任险	保险期间内，发生意外事故致使被保险机动车所载货物遭受直接损毁，依法应由被保险人承担的损害赔偿责任，保险人负责赔偿	5. 保险事故导致的货物减值、运输延迟、营业损失及其他各种间接损失； 6. 法律、行政法规禁止运输的货物的损失
附加精神损害抚慰金责任险	保险期间内，被保险人或其允许的驾驶人在使用被保险机动车的过程中，发生投保的主险约定的保险责任内的事故，造成第三者或车上人员的人身伤亡，受害人据此提出精神损害赔偿请求，保险人依据法院判决及保险合同约定，对应由被保险人或被保险机动车驾驶人支付的精神损害抚慰金，在扣除机动车交通事故责任强制保险应当支付的赔款后，在本保险赔偿限额内负责赔偿	1. 根据被保险人与他人的合同协议，应由他人承担的精神损害抚慰金； 2. 未发生交通事故，仅因第三者或本车人员的惊恐而引起的损害； 3. 怀孕妇女的流产发生在交通事故发生之日起 30 天以外的

知识点 3　机动车交强险保险费率

一、机动车交强险基础费率表（表 2-5）

微课
保费计算

表 2-5　机动车交强险基础费率表

车辆大类	序号	车辆明细分类	保费 / 元
家庭自用车	1	家庭自用汽车 6 座以下	950
	2	家庭自用汽车 6 座及以上	1 100
非营业客车	3	企业非营业汽车 6 座以下	1 000
	4	企业非营业汽车 6～10 座	1 130
	5	企业非营业汽车 10～20 座	1 220
	6	企业非营业汽车 20 座及以上	1 270
	7	机关非营业汽车 6 座以下	950
	8	机关非营业汽车 6～10 座	1 070
	9	机关非营业汽车 10～20 座	1 140
	10	机关非营业汽车 20 座及以上	1 320
营业客车	11	营业出租租赁 6 座以下	1 800
	12	营业出租租赁 6～10 座	2 360
	13	营业出租租赁 10～20 座	2 400
	14	营业出租租赁 20～36 座	2 560
	15	营业出租租赁 36 座及以上	3 530
	16	营业城市公交 6～10 座	2 250

车辆大类	序号	车辆明细分类	保费/元
营业客车	17	营业城市公交 10～20 座	2 520
	18	营业城市公交 20～36 座	3 020
	19	营业城市公交 36 座及以上	3 140
	20	营业公路客运 6～10 座	2 350
	21	营业公路客运 10～20 座	2 620
	22	营业公路客运 20～36 座	3 420
	23	营业公路客运 36 座及以上	4 690
非营业货车	24	非营业货车 2 t 以下	1 200
	25	非营业货车 2～5 t	1 470
	26	非营业货车 5～10 t	1 650
	27	非营业货车 10 t 及以上	2 220
营业货车	28	营业货车 2 t 以下	1 850
	29	营业货车 2～5 t	3 070
	30	营业货车 5～10 t	3 450
	31	营业货车 10 t 及以上	4 480
特种车	32	特种车一	3 710
	33	特种车二	2 430
	34	特种车三	1 080
	35	特种车四	3 980
摩托车	36	摩托车 50CC 及以下	60
	37	摩托车 50CC～250CC	156
	38	摩托车 250CC 及以上及侧三轮	520
拖拉机	39	功率小于或等于 14.7 kW 的兼用型拖拉机	80
	40	功率大于 14.7 kW 的兼用型拖拉机	120
	41	功率小于或等于 14.7 kW 的运输型拖拉机	700
	42	功率大于 14.7 kW 的运输型拖拉机	980
	43	功率小于或等于 14.7 kW 的超标变拖	810
	44	功率大于 14.7 kW 且小于或等于 17.6 kW 的超标变拖	1 050
	45	功率大于 17.6 kW 且小于或等于 50 kW 的超标变拖	1 450
	46	功率大于 50 kW 且小于或等于 80 kW 的超标变拖	2 200
	47	功率大于 80 kW 的超标变拖	4 000

续表

车辆大类	序号	车辆明细分类	保费/元
低速载货汽车	48	功率小于或等于 14.7 kW 的低速载货汽车	810
	49	功率大于 14.7 kW 且小于或等于 17.6 kW 的低速载货汽车	1 050
	50	功率大于 17.6 kW 且小于或等于 50 kW 的低速载货汽车	1 450
	51	功率大于 50 kW 且小于或等于 80 kW 的低速载货汽车	2 200
	52	功率大于 80 kW 的低速载货汽车	4 000
三轮汽车	53	功率小于或等于 14.7 kW 的三轮汽车	810
	54	功率大于 14.7 kW 且小于或等于 17.6 kW 的三轮汽车	1 050
	55	功率大于 17.6 kW 且小于或等于 50 kW 的三轮汽车	1 450
	56	功率大于 50 kW 且小于或等于 80 kW 的三轮汽车	2 200
	57	功率大于 80 kW 的三轮汽车	4 000

注：（1）座位和吨位的分类都按照"含起点不含终点"的原则来解释。

（2）特种车一：油罐车、汽罐车、液罐车；特种车二：专用净水车、特种车一以外的罐式货车，以及用于清障、清扫、清洁、起重、装卸、升降、搅拌、挖掘、推土、冷藏、保温等的各种专用机动车；特种车三：装有固定专用仪器设备从事专业工作的监测、消防、运钞、医疗、电视转播等的各种专用机动车；特种车四：集装箱拖头。

（3）挂车根据实际的使用性质并按照对应吨位货车的 30% 计算。

二、交强险费率浮动系数方案

（1）内蒙古、海南、青海、西藏 4 个地区实行表 2-6 所示的费率调整方案 A。

表 2-6　费率调整方案 A

浮动因素	浮动比率
A1. 上一个年度未发生有责任道路交通事故	-30%
A2. 上两个年度未发生有责任道路交通事故	-40%
A3. 上三个及以上年度未发生有责任道路交通事故	-50%
A4. 上一个年度发生一次有责任不涉及死亡的道路交通事故	0%
A5. 上一个年度发生两次及两次以上有责任道路交通事故	10%
A6. 上一个年度发生有责任道路交通死亡事故	30%

（2）陕西、云南、广西 3 个地区实行表 2-7 所示的费率调整方案 B。

表 2-7　费率调整方案 B

浮动因素	浮动比率
B1. 上一个年度未发生有责任道路交通事故	-25%
B2. 上两个年度未发生有责任道路交通事故	-35%
B3. 上三个及以上年度未发生有责任道路交通事故	-45%

续表

浮动因素	浮动比率
B4. 上一个年度发生一次有责任不涉及死亡的道路交通事故	0%
B5. 上一个年度发生两次及两次以上有责任道路交通事故	10%
B6. 上一个年度发生有责任道路交通死亡事故	30%

（3）甘肃、吉林、山西、黑龙江、新疆 5 个地区实行表 2-8 所示的费率调整方案 C。

表 2-8　费率调整方案 C

浮动因素	浮动比率
C1. 上一个年度未发生有责任道路交通事故	−20%
C2. 上两个年度未发生有责任道路交通事故	−30%
C3. 上三个及以上年度未发生有责任道路交通事故	−40%
C4. 上一个年度发生一次有责任不涉及死亡的道路交通事故	0%
C5. 上一个年度发生两次及两次以上有责任道路交通事故	10%
C6. 上一个年度发生有责任道路交通死亡事故	30%

（4）北京、天津、河北、宁夏 4 个地区实行表 2-9 所示的费率调整方案 D。

表 2-9　费率调整方案 D

浮动因素	浮动比率
D1. 上一个年度未发生有责任道路交通事故	−15%
D2. 上两个年度未发生有责任道路交通事故	−25%
D3. 上三个及以上年度未发生有责任道路交通事故	−35%
D4. 上一个年度发生一次有责任不涉及死亡的道路交通事故	0%
D5. 上一个年度发生两次及两次以上有责任道路交通事故	10%
D6. 上一个年度发生有责任道路交通死亡事故	30%

（5）江苏、浙江、安徽、上海、湖南、湖北、江西、辽宁、河南、福建、重庆、山东、广东、深圳、厦门、四川、贵州、大连、青岛、宁波 20 个地区实行表 2-10 所示的费率调整方案 E。

表 2-10　费率调整方案 E

浮动因素	浮动比率
E1. 上一个年度未发生有责任道路交通事故	−10%
E2. 上两个年度未发生有责任道路交通事故	−20%
E3. 上三个及以上年度未发生有责任道路交通事故	−30%
E4. 上一个年度发生一次有责任不涉及死亡的道路交通事故	0%

续表

浮动因素	浮动比率
E5. 上一个年度发生两次及两次以上有责任道路交通事故	10%
E6. 上一个年度发生有责任道路交通死亡事故	30%

《机动车交通事故责任强制保险费率浮动暂行办法》规定，交强险最终保险费计算方法是：交强险最终保险费＝交强险基础保险费×（1+ 与道路交通事故相联系的浮动比率 X，X 取 ABCDE 方案其中之一对应的值）。

与道路交通事故相联系的浮动比率 X 为 $X1\sim X6$ 其中之一，不累加。同时满足多个浮动因素的，按照向上浮动或者向下浮动比率的高者计算。

知识点 4　机动车商业险保险费率

一、保费计算公式

（1）保费计算公式为：商业车险保费＝基准保费×费率调整系数。

（2）基准保费＝基准纯风险保费 /（1− 附加费用率），其中，基准纯风险保费为投保各主险与附加险基准纯风险保费之和。

（3）费率调整系数＝无赔款优待系数×交通违法系数×自主定价系数。

二、费率使用

基准纯风险保费由中国精算师协会统一制定、颁布并定期更新。

1. 机动车损失保险

（1）当投保时被保险机动车的实际价值等于新车购置价减去折旧金额时，根据被保险机动车车辆使用性质、车辆种类、车型名称、车型编码、车辆使用年限所属档次直接查询基准纯风险保费。

以表 2-11 为例说明机动车损失保险基准纯风险保费的查询方法。

表 2-11　山东地区机动车损失保险基准纯风险保费　　单位：元

车辆使用性质	车型名称	车型编码	车辆使用年限										
			1 年以下	1～2 年	2～3 年	3～4 年	4～5 年	5～6 年	6～7 年	7～8 年	8～9 年	9～10 年	10 年以上
家庭自用汽车	北京现代 BH7141MY 舒适型	BBJKROUC0001	934	823	822	855	877	878	854	839	816	802	740
家庭自用汽车	五菱 LZW6376NF	BSQDZHUA0114	438	386	385	400	411	411	400	393	383	376	347
家庭自用汽车	金杯 SY6543US3BH	BJBDRDUA0237	934	823	822	855	877	878	854	839	816	802	740

例如，山东地区一辆车龄为 4 年的"北京现代 BH7141MY 舒适型"投保机动车损失保险，根据表 2–11 查询该车对应的机动车损失保险基准纯风险保费为 877 元。

（2）当投保时被保险机动车的实际价值不等于新车购置价减去折旧金额时，考虑实际价值差异的机动车损失保险基准纯风险保费计算公式为

考虑实际价值差异的机动车损失保险基准纯风险保费 = 直接查找的机动车损失保险基准纯风险保费 +（协商确定的机动车实际价值 − 新车购置价减去折旧金额后的机动车实际价值）×0.09%

下面举例说明投保时被保险机动车的实际价值不等于新车购置价减去折旧金额时的基准纯风险保费的计算方法。

例如，山东地区一辆车龄为 4 年的"北京现代 BH7141MY 舒适型"投保机动车损失保险，该车使用 4 年后新车购置价减去折旧金额后的机动车实际价值为 4.9 万元，如果客户要求约定实际价值为 6 万元，那么该车考虑实际价值差异的机动车损失保险基准纯风险保费为 886.9 元。计算步骤如下。

① 根据表 2–11，得到该车的机动车损失保险基准纯风险保费为 877 元。

② 该车考虑实际价值差异的机动车损失保险基准纯风险保费 =877+（60 000−49 000）×0.09%=886.9（元）。

附加险的保费计算基础为机动车损失保险基准纯风险保费，是指考虑实际价值差异的机动车损失保险基准纯风险保费。

（3）如投保时约定绝对免赔额，可按照选择的免赔额、车辆使用年限和实际价值查找费率折扣系数，约定免赔额之后的机动车损失保险基准纯风险保费计算公式为

约定免赔额之后的机动车损失保险基准纯风险保费 = 考虑实际价值差异的机动车损失保险基准纯风险保费 × 费率折扣系数

表 2–12 所示为机动车损失保险可选绝对免赔额系数表。

表 2–12 机动车损失保险可选绝对免赔额系数表

车辆使用年限	免赔额 / 元	实际价值					
		5 万元以下	5～10 万元	10～20 万元	20～30 万元	30～50 万元	50 万元以上
1 年以下	300	0.90	0.93	0.95	0.96	0.97	0.98
	500	0.80	0.86	0.91	0.94	0.96	0.96
	1 000	0.70	0.77	0.85	0.88	0.91	0.93
	2 000	0.57	0.62	0.72	0.79	0.86	0.90
1～2 年	300	0.90	0.93	0.95	0.96	0.97	0.98
	500	0.81	0.87	0.91	0.94	0.96	0.96
	1 000	0.70	0.78	0.86	0.89	0.91	0.93
	2 000	0.57	0.63	0.74	0.81	0.87	0.90
2～6 年	300	0.91	0.94	0.96	0.97	0.98	0.99
	500	0.82	0.89	0.94	0.96	0.96	0.97

续表

车辆使用年限	免赔额/元	实际价值					
		5万元以下	5～10万元	10～20万元	20～30万元	30～50万元	50万元以上
2～6年	1 000	0.73	0.83	0.88	0.91	0.93	0.95
	2 000	0.58	0.69	0.79	0.87	0.90	0.92
6年以上	300	0.91	0.95	0.97	0.98	0.99	0.99
	500	0.84	0.91	0.95	0.97	0.97	0.97
	1 000	0.74	0.86	0.90	0.92	0.95	0.97
	2 000	0.59	0.73	0.83	0.90	0.92	0.94

2. 机动车第三者责任保险

根据被保险机动车车辆使用性质、车辆种类、责任限额直接查询基准纯风险保费表。

以浙江省第三者责任保险示范产品基准纯风险保费表（2020版）（表2-13）为例。

3. 机动车车上人员责任保险

（1）根据车辆使用性质、车辆种类、驾驶人/乘客查询纯风险费率。

（2）计算公式为

驾驶人基准纯风险保费 = 每次事故责任限额 × 纯风险费率

乘客基准纯风险保费 = 每次事故每人责任限额 × 纯风险费率 × 投保乘客座位数

以浙江省车上人员责任保险示范产品基准纯风险保费表（2020版）（表2-14）为例。

4. 绝对免赔率特约条款

（1）根据绝对免赔率查询附加比例，如表2-15所示。

（2）计算公式为

基准纯风险保费 = 机动车主险基准纯风险保费 × 附加比例

5. 车轮单独损失险

（1）根据各公司情况自行制定各车辆使用性质的纯风险费率，如表2-16所示。

（2）计算公式为

基准纯风险保费 = 保险金额 × 纯风险费率

6. 新增加设备损失险

（1）根据车辆使用性质查询调整系数。

（2）计算公式为

基准纯风险保费 = 保险金额 × 机动车损失保险基准纯风险保费 / 机动车损失保险保险金额 / 调整系数

新增加设备损失险的保费计算如表2-17所示。

表2-13　浙江省第三者责任保险示范产品基准纯风险保费表（2020版）

第三者责任保险／元

车辆使用性质	车辆种类	10万	15万	20万	30万	50万	100万	150万	200万	300万	400万	500万	600万	800万	1 000万
家庭自用汽车	6座以下	469.21	508.86	556.04	601.41	688.46	841.21	939.51	1 027.12	1 197.07	1 363.53	1 526.47	1 685.92	1 994.28	2 288.65
	6～10座	555.15	602.06	657.89	711.57	814.57	995.30	1 111.61	1 215.26	1 416.35	1 613.29	1 806.08	1 994.73	2 359.59	2 707.87
	10座以上	555.15	602.06	657.89	711.57	814.57	995.30	1 111.61	1 215.26	1 416.35	1 613.29	1 806.08	1 994.73	2 359.59	2 707.87
企业非营业客车	6座以下	569.93	587.15	640.87	706.20	781.73	957.55	1 055.69	1 143.22	1 313.02	1 479.31	1 642.11	1 801.02	2 109.49	2 403.58
	6～10座	656.11	675.93	737.77	812.98	899.93	1 102.33	1 215.31	1 316.07	1 511.55	1 703.01	1 890.42	2 073.82	2 428.51	2 767.07
	10～20座	527.14	543.06	592.75	653.18	723.02	885.65	976.41	1 057.37	1 214.44	1 368.28	1 518.87	1 666.22	1 951.22	2 223.25
	20座以上	1 097.47	1 260.33	1 313.02	1 365.71	1 511.77	1 851.78	2 041.57	2 210.84	2 539.23	2 860.85	3 175.70	3 483.77	4 079.60	4 648.36
党政机关、事业团体非营业客车	6座以下	353.52	364.20	397.52	438.05	484.89	593.95	654.82	709.12	814.46	917.62	1 018.61	1 117.43	1 308.56	1 490.99
	6～10座	406.97	419.27	457.62	504.28	558.21	683.76	753.83	816.34	937.59	1 056.36	1 172.62	1 286.37	1 506.39	1 716.41
	10～20座	326.97	336.85	367.67	405.15	448.48	549.35	605.66	655.87	753.27	848.67	942.07	1 033.45	1 210.19	1 378.91
	20座以上	683.67	704.31	768.75	847.13	937.72	1 148.63	1 266.35	1 371.35	1 575.05	1 774.56	1 969.87	2 160.97	2 530.58	2 883.39
非营业货车	2 t以下	881.39	1 019.48	1 058.50	1 189.30	1 434.70	1 869.76	2 224.19	2 440.22	2 859.31	3 269.76	3 671.57	4 064.74	4 825.15	5 551.00
	2～5 t	1 258.16	1 455.26	1 510.97	1 697.69	2 047.99	2 669.01	3 174.96	3 483.32	4 081.55	4 667.45	5 241.02	5 802.25	6 887.70	7 923.81
	5～10 t	1 826.71	2 073.80	2 245.48	2 523.86	3 015.64	3 928.59	4 800.89	5 428.92	6 647.30	7 840.56	9 008.69	10 151.71	12 362.37	14 472.55
	10 t以上	2 308.06	2 609.70	2 814.27	3 151.21	3 752.10	4 885.67	5 973.34	6 754.73	8 270.63	9 755.27	11 208.65	12 630.78	15 381.28	18 006.75
	低速载货汽车	933.81	1 056.56	1 139.19	1 275.57	1 519.45	1 977.53	2 171.23	2 382.11	2 791.22	3 191.89	3 584.12	3 967.92	4 710.21	5 418.77
出租、租赁营业客车	6座以下	1 954.15	2 058.37	2 162.59	2 486.19	2 974.72	3 701.46	4 364.36	4 775.02	5 571.70	6 351.96	7 115.79	7 863.19	9 308.72	10 688.54
	6～10座	982.43	1 034.83	1 087.23	1 249.91	1 495.51	1 860.88	2 194.15	2 400.61	2 801.14	3 193.42	3 577.43	3 953.19	4 679.93	5 373.63
	10～20座	1 676.29	1 765.68	1 855.08	2 132.66	2 551.73	3 175.12	3 743.77	4 096.04	4 779.44	5 448.74	6 103.97	6 745.10	7 985.09	9 168.71

续表

车辆使用性质	车辆种类	第三者责任保险/元													
		10万	15万	20万	30万	50万	100万	150万	200万	300万	400万	500万	600万	800万	1 000万
出租、租赁营业客车	20～36座	2 370.20	2 496.61	2 623.02	3 015.50	3 608.05	4 489.51	5 293.56	5 791.64	6 757.93	7 704.30	8 630.74	9 537.26	11 290.53	12 964.10
	36座以上	2 729.63	2 875.20	3 020.78	3 472.79	4 155.18	5 170.31	6 096.29	6 669.91	7 782.74	8 872.62	9 939.56	10 983.56	13 002.71	14 930.09
城市公交营业客车	6～10座	721.11	759.56	798.02	917.43	1 097.70	1 365.89	1 610.51	1 762.04	2 056.01	2 343.92	2 625.78	2 901.56	3 434.96	3 944.12
	10～20座	1 230.39	1 296.01	1 361.63	1 565.37	1 872.96	2 330.54	2 747.93	3 006.49	3 508.09	3 999.36	4 480.28	4 950.86	5 861.00	6 729.77
	20～36座	1 739.73	1 832.51	1 925.30	2 213.38	2 648.30	3 295.30	3 885.47	4 251.07	4 960.33	5 654.96	6 334.97	7 000.36	8 287.27	9 515.68
	36座以上	2 003.54	2 110.40	2 217.25	2 549.03	3 049.90	3 795.00	4 474.67	4 895.71	5 712.53	6 512.50	7 295.63	8 061.92	9 543.97	10 958.66
公路客运营业客车	6～10座	1 233.59	1 299.38	1 365.17	1 569.45	1 877.84	2 336.61	2 755.08	3 014.32	3 517.24	4 009.78	4 491.96	4 963.77	5 876.28	6 747.32
	10～20座	2 104.82	2 217.08	2 329.34	2 677.88	3 204.07	3 986.85	4 700.86	5 143.19	6 001.29	6 841.70	7 664.43	8 469.45	10 026.43	11 512.64
	20～36座	2 976.15	3 134.87	3 293.60	3 786.42	4 530.45	5 637.26	6 646.86	7 272.29	8 485.61	9 673.93	10 837.22	11 975.51	14 177.02	16 278.45
	36座以上	3 427.46	3 610.25	3 793.05	4 360.61	5 217.46	6 492.11	7 654.81	8 375.08	9 772.40	11 140.91	12 480.62	13 791.51	16 326.86	18 746.96
营业货车	2 t以下	1 422.95	1 735.02	1 799.73	2 139.55	2 710.66	3 549.73	4 351.38	4 828.67	5 754.61	6 661.46	7 549.21	8 417.88	10 097.93	11 701.62
	2～5 t	1 790.21	2 182.82	2 264.23	2 691.77	3 410.26	4 465.90	5 474.47	6 074.94	7 239.85	8 380.75	9 497.62	10 590.48	12 704.14	14 721.72
	5～10 t	2 355.45	2 872.04	2 979.14	3 541.67	4 487.02	5 875.97	7 202.97	7 993.04	9 525.79	11 026.93	12 496.93	13 934.40	16 715.46	19 370.11
	10 t以上	3 918.20	4 777.52	4 955.68	5 891.43	7 463.98	9 774.43	11 981.86	13 296.11	15 845.73	18 342.80	20 787.29	23 179.21	27 805.35	32 221.21
	低速载货汽车	1 357.61	1 785.80	1 907.88	2 041.33	2 586.20	3 386.75	4 151.60	4 606.97	5 490.40	6 355.60	7 202.60	8 031.38	9 634.29	11 164.35

备注

1. 挂车根据实际的使用性质并按照对应吨位货车的30%计算。

2. 如果责任限额在200万元以上，且未在本表列示，那么，基准纯风险保费＝$(N-4) \times (A-B) \times (1-N \times 0.005)+A$，式中，$A$指同档同座责任限额为200万元时的基准纯风险保费；B指同档首次责任限额为150万元时的基准纯风险保费；$N=$责任限额/50万元，责任限额必须是50万元的整数倍。

表 2-14 浙江省车上人员责任保险示范产品基准纯风险保费表（2020 版）

车辆使用性质	车辆种类	车上人员责任保险	
		驾驶人	乘客
家庭自用汽车	6 座以下	0.212 2%	0.134 6%
	6～10 座	0.207 0%	0.134 6%
	10 座以上	0.207 0%	0.134 6%
企业非营业客车	6 座以下	0.212 2%	0.129 4%
	6～10 座	0.201 8%	0.119 0%
	10～20 座	0.201 8%	0.119 0%
	20 座以上	0.212 2%	0.129 4%
党政机关、事业团体非营业客车	6 座以下	0.201 8%	0.124 2%
	6～10 座	0.191 5%	0.113 9%
	10～20 座	0.191 5%	0.113 9%
	20 座以上	0.201 8%	0.124 2%
非营业货车	2 t 以下	0.238 1%	0.144 9%
	2～5 t	0.238 1%	0.144 9%
	5～10 t	0.238 1%	0.144 9%
	10 t 以上	0.238 1%	0.144 9%
	低速载货汽车	0.238 1%	0.144 9%
出租、租赁营业客车	6 座以下	0.258 8%	0.160 4%
	6～10 座	0.212 2%	0.129 4%
	10～20 座	0.222 5%	0.134 6%
	20～36 座	0.222 5%	0.134 6%
	36 座以上	0.222 5%	0.134 6%
城市公交营业客车	6～10 座	0.370 9%	0.134 6%
	10～20 座	0.379 5%	0.139 7%
	20～36 座	0.431 3%	0.160 4%
	36 座以上	0.431 3%	0.160 4%
公路客运营业客车	6～10 座	0.222 5%	0.134 6%
	10～20 座	0.227 7%	0.139 7%
	20～36 座	0.258 8%	0.160 4%
	36 座以上	0.258 8%	0.160 4%
营业货车	2 t 以下	0.646 9%	0.340 8%
	2～5 t	0.646 9%	0.340 8%
	5～10 t	0.646 9%	0.340 8%
	10 t 以上	0.646 9%	0.340 8%
	低速载货汽车	0.646 9%	0.340 8%

表 2-15　绝对免赔率与附加比例

绝对免赔率	附加比例
5%	-5%
10%	-10%
15%	-15%
20%	-20%

表 2-16　车轮单独损失险的纯风险费率

车辆使用年限	纯风险费率							
	家用车	企业车	机关车	出租、租赁	城市公交	公路客运	非营业货车	营业货车
1 年以下	20.0%	15.0%	15.0%	25.0%	25.0%	25.0%	25.0%	25.0%
1~2 年	30.0%	20.0%	20.0%	35.0%	35.0%	35.0%	35.0%	35.0%
2~6 年	32.5%	22.5%	22.5%	37.5%	37.5%	37.5%	37.5%	37.5%
6 年以上	35.0%	25.0%	25.0%	40.0%	40.0%	40.0%	40.0%	40.0%

表 2-17　新增加设备损失险的保费计算

车辆使用性质	费率计算公式
家庭自用汽车	保险金额 × 车损险基准纯风险保费 / 车损险保险金额 /1.132
非家庭自用汽车	保险金额 × 车损险基准纯风险保费 / 车损险保险金额 /1.148

7. 车身划痕损失险

根据车辆使用性质、车辆使用年限、新车购置价、保险金额所属档次直接查询基准纯风险保费。

以浙江省车身划痕损失险示范产品基准纯风险保费表（2020 版）（表 2-18）为例。

表 2-18　浙江省车身划痕损失险示范产品基准纯风险保费表（2020 版）单位：元

车辆使用性质	保额	车辆使用年限					
		2 年以下			2 年及以上		
		新车购置价					
		30 万以下	30~50 万	50 万以上	30 万以下	30~50 万	50 万以上
家庭自用汽车	2 000	362.92	530.77	771.20	553.45	816.57	998.03
	5 000	517.16	816.57	998.03	771.20	1 224.85	1 360.95
	10 000	689.55	1 061.54	1 360.95	1 179.49	1 633.14	1 814.60
	20 000	1 034.32	1 614.99	2 041.42	1 723.87	2 358.98	2 721.90
企业非营业客车	2 000	219.77	321.41	467.01	335.15	494.48	604.37
	5 000	313.17	494.48	604.37	467.01	741.72	824.14
	10 000	417.56	642.83	824.14	714.25	988.97	1 098.85
	20 000	626.35	977.98	1 236.21	1 043.91	1 428.51	1 648.28

续表

车辆使用性质	保额	车辆使用年限					
		2 年以下			2 年及以上		
		新车购置价					
		30 万以下	30～50 万	50 万以上	30 万以下	30～50 万	50 万以上
党政机关、事业团体非营业客车	2 000	207.00	302.74	439.88	315.68	465.75	569.25
	5 000	294.98	465.75	569.25	439.88	698.63	776.25
	10 000	393.30	605.48	776.25	672.75	931.50	1 035.00
	20 000	589.95	921.15	1 164.38	983.25	1 345.50	1 552.50
非营业货车	2 000	207.00	302.74	439.88	315.68	465.75	569.25
	5 000	294.98	465.75	569.25	439.88	698.63	776.25
	10 000	393.30	605.48	776.25	672.75	931.50	1 035.00
	20 000	589.95	921.15	1 164.38	983.25	1 345.50	1 552.50
出租、租赁营业客车	2 000	342.72	501.23	728.28	522.65	771.12	942.49
	5 000	488.38	771.12	942.49	728.28	1 156.69	1 285.21
	10 000	651.17	1 002.46	1 285.21	1 113.85	1 542.25	1 713.61
	20 000	976.76	1 525.11	1 927.81	1 627.93	2 227.69	2 570.42
城市公交营业客车	2 000	342.72	501.23	728.28	522.65	771.12	942.49
	5 000	488.38	771.12	942.49	728.28	1 156.69	1 285.21
	10 000	651.17	1 002.46	1 285.21	1 113.85	1 542.25	1 713.61
	20 000	976.76	1 525.11	1 927.81	1 627.93	2 227.69	2 570.42
公路客运营业客车	2 000	342.72	501.23	728.28	522.65	771.12	942.49
	5 000	488.38	771.12	942.49	728.28	1 156.69	1 285.21
	10 000	651.17	1 002.46	1 285.21	1 113.85	1 542.25	1 713.61
	20 000	976.76	1 525.11	1 927.81	1 627.93	2 227.69	2 570.42
营业货车	2 000	342.72	501.23	728.28	522.65	771.12	942.49
	5 000	488.38	771.12	942.49	728.28	1 156.69	1 285.21
	10 000	651.17	1 002.46	1 285.21	1 113.85	1 542.25	1 713.61
	20 000	976.76	1 525.11	1 927.81	1 627.93	2 227.69	2 570.42

8. 修理期间费用补偿险

计算公式为

基准纯风险保费 ＝ 约定的最高赔偿天数 × 约定的最高日责任限额 × 纯风险费率
　　　　　　＝ 约定的最高赔偿天数 × 约定的最高日责任限额 ×6.50%

9. 发动机进水损坏除外特约条款

（1）根据地区及车辆使用性质查询附加比例，如表 2-19 所示。

表 2-19　发动机进水损坏除外特约条款的附加比例

地区	附加比例							
	家用车	企业车	机关车	出租、租赁	城市公交	公路客运	非营业货车	营业货车
沿海地区	−1.488 4%	−2.243 3%	−1.721 9%	−1.593 0%	−0.314 3%	−0.296 7%	−0.457 0%	−0.464 3%
非沿海地区	−0.807 0%	−1.220 6%	−0.934 6%	−0.864 1%	−0.314 3%	−0.296 7%	−0.457 0%	−0.464 3%

（2）计算公式为

基准纯风险保费 = 机动车损失保险基准纯风险保费 × 附加比例

10. 车上货物责任险

计算公式为

$$基准纯风险保费 = 责任限额 × 纯风险费率$$
$$= 责任限额 ×2.129\ 4\%$$

11. 精神损害抚慰金责任险

计算公式为

$$基准纯风险保费 = 每次事故责任限额 × 纯风险费率$$
$$= 每次事故责任限额 ×0.62\%$$

12. 法定节假日限额翻倍险

根据被保险机动车车辆使用性质、车辆种类、基础责任限额、翻倍责任限额直接查询基准纯风险保费。

以浙江省机动车第三者责任保险法定节假日限额翻倍保险示范产品基准纯风险保费表（2020 版）（表 2-20）为例。

13. 医保外医疗费用责任险

详见附加险医保外医疗费用责任险费率计算公式。

14. 机动车增值服务特约条款

以太平洋保险为例，服务分是公司根据客户对太平洋保险的整体贡献大小进行的综合评分，分值范围为 1~100 分。不同服务等级对应的太平洋保险服务分区间如表 2-21 所示。

（1）对于道路救援服务特约条款，根据车种、地区、道路救援服务次数上限、服务等级查询基准纯风险保费。

（2）对于车辆安全检测特约条款，根据车种、地区、服务分档、服务等级查询单次基准纯风险保费。

$$基准纯风险保费 = 单次基准纯风险保费 × 服务次数$$

服务分档说明：车辆安全检测特约条款对应的检测项目包含：①发动机检测（机油、空气滤清器、燃油、冷却等）；②变速器检测；③转向系统检测（含车轮定位、轮胎动平衡）；④底盘检测；⑤轮胎检测；⑥汽车电子系统检测（全车电控系统检测）；⑦车内环境检测；⑧蓄电池检测；⑨车辆综合安全检测；⑩汽车玻璃检测。

表 2-20　浙江省机动车第三者责任保险法定节假日限额翻倍保险示范产品基准纯风险保费表（2020 版）

单位：元

车辆使用性质	车辆种类	基础限额	10 万	15 万	20 万	30 万	50 万	100 万	150 万	200 万	300 万	400 万	500 万	600 万	800 万	1 000 万
		翻倍限额	20 万	30 万	40 万	60 万	100 万	200 万	300 万	400 万	600 万	800 万	1 000 万	1 200 万	1 600 万	2 000 万
家庭自用汽车	6 座以下		37.54	40.71	44.49	48.11	55.08	67.29	75.16	82.17	95.77	109.08	122.12	134.87	159.54	183.10
	6～10 座		44.42	48.17	52.63	56.93	65.17	79.62	88.93	97.22	113.31	129.06	144.49	159.58	188.77	216.63
	10 座及以上		44.42	48.17	52.63	56.93	65.17	79.62	88.93	97.22	113.31	129.06	144.49	159.58	188.77	216.63
备注			如果基础限额在 200 万元以上，且未在本表列示，那么，基准纯风险保费 =（N−4）×（A−B）×（1−N×0.005）+A，式中，A 指同档次基础限额为 200 万元时的基准纯风险保费；B 指同档次基础限额为 150 万元时的基准纯风险保费；N= 基础限额 /50 万元，基础限额必须是 50 万元的整数倍														

表 2-21　不同服务等级对应的太平洋保险服务分区间　　　　　　单位：分

服务等级	一级	二级	三级	四级	五级	六级	七级	八级	九级	十级
对应太平洋保险服务分	91~100	81~90	71~80	61~70	51~60	41~50	31~40	21~30	11~20	1~10

目前十项服务统一组合为一个服务包，分为 ABCD 四档，A 档：人工检测（不含检测报告）；B 档：人工检测（含检测报告）；C 档：设备检测（含检测报告）；D档：新能源车检测。

（3）对于代为驾驶服务特约条款，根据车种、地区、代驾公里数、约定免费次数、服务等级查询单次基准纯风险保费。

基准纯风险保费 = 单次基准纯风险保费 ×（服务次数 – 约定免费次数）

（4）对于代为送检服务特约条款，根据车种、地区、车龄、服务分档、服务等级查询基准纯风险保费。

服务分档说明：代为送检按国家规定按照车龄分别提供年审和年检，国家统一标准服务站点。分为 ABC 三档，A 档：提供代办年审服务；B 档：提供现场代办（客户自己驾车到现场办理）；C 档：提供专人上门取送车（专人代客户驾驶车辆到站点）。

三、释义

1. 基准纯风险保费

基准纯风险保费是构成保险保费的组成部分，用于支付赔付成本，根据保险标的的损失概率与损失程度确定。

2. 纯风险费率

纯风险费率用于计算基准纯风险保费的费率。

3. 基础纯风险保费

基础纯风险保费是构成基准纯风险保费的组成部分。

例如：基准纯风险保费 = 基础纯风险保费 + 保险金额 × 纯风险费率

4. 车辆使用性质

（1）非营业车辆：指各级党政机关、社会团体、企事业单位自用的车辆或仅用于个人及家庭生活的各类机动车辆，包括家庭自用汽车、企业非营业客车、党政机关 / 事业团体非营业客车和非营业货车。

（2）营业车辆：指从事社会运输并收取运费的车辆，包括出租 / 租赁营业客车、城市公交营业客车、公路客运营业客车和营业货车。

对于兼有两类使用性质的车辆，按高档费率计费。

5. 车辆种类

费率表中车辆种类的定义同机动车交通事故责任强制保险。

客货两用车按相应客车或货车中的较高档费率计收保费。

6. 地区分类

沿海地区：福建、厦门、广东、深圳、广西、海南。

非沿海地区：除上述地区以外的其他地区。

四、其他

在费率表中，凡涉及分段的陈述都按照"含起点不含终点"的原则来解释。

例如："6座以下"的含义为5座、4座、3座、2座、1座，不包含6座；"6～10座"的含义为6座、7座、8座、9座，不包含10座；"20座以上"的含义为20座、21座、…，包含20座；"2 t以下"不包含2 t；"2～5 t"包含2 t，不包含5 t；"5～10吨"包含5 t，不包含10 t；"10 t以上"包含10 t；"10万以下"不包含10万；"10～20万"包含10万，不包含20万；"20万以上"包含20万。

任务实施

步骤一：明确任务。

了解客户陈先生的用车信息，收集客户用车信息并正确规范地完成"客户档案实训报告"的填写；讲解保险综合改革后条款细节及变化，帮助客户消除疑虑。

步骤二：拟订汽车保险险种实施计划（表2-22）。

表2-22　汽车保险险种实施计划

序号	工作流程	操作要点
1		
2		
3		
4		
5		
6		
计划审核	审核意见： 签字： 　　　年　月　日	

步骤三：计划实施。

与陈先生进行良好有效的沟通，沟通过程中注意礼仪，体现专业性。按照"客户档案表"的内容获取客户的用车信息并准确地进行记录，完成本项目任务工单1"保险客户档案表及保险条款变化实训报告"。

任务评价

任务评价表如表 2-23 所示。

表 2-23 任务评价表

评分项	评分内容	评分细则	自我评价	小组评价	教师评价
纪律 （5分）	1. 不迟到； 2. 不早退； 3. 学习用品准备齐全； 4. 积极参与课程问题思考和回答； 5. 积极参与教学活动	未完成1项扣1分，扣分不得超过5分			
职业素养 （15分）	1. 积极与他人合作； 2. 积极帮助他人； 3. 遵守礼仪礼节； 4. 正确佩戴胸牌； 5. 做事严谨	未完成1项扣5分，扣分不得超过15分			
专业技能 （40分）	1. 能以良好态度获取客户基本用车信息，包含车牌号、发动机号、车架号、购车日期、车型、驾龄、电话、用车区域、生活习惯、车辆用途、家庭成员、是否有固定停车地点等； 2. 能正确讲解交强险与商业险的定义与分类； 3. 能正确填写交强险责任限额； 4. 能正确讲解保险综合改革后商业险主险及附加险条款变化	未完成1项扣5分，扣分不得超过40分			
工具及设备的使用 （10分）	1. 能正确使用计算机； 2. 能正确使用报表	未完成1项扣5分，扣分不得超过10分			
表单填写及报告撰写 （30分）	1. 字迹清晰； 2. 语句通顺； 3. 无错别字； 4. 无涂改； 5. 无抄袭； 6. 内容完整； 7. 回答准确； 8. 有独到的见解	未完成1项扣5分，扣分不得超过30分			

 **思考提升**

李先生近日购入一台新车，并在保险公司购买了交强险、机动车损失保险、机动车第三者责任保险、机动车车上人员责任保险，保险期限为一年。一天傍晚李先生下班后，急急忙忙开车回家，在快到家门口时撞到了一位行人，下车一看竟是自己的妻子。妻子住院期间花费几万元医疗费用。李先生想起之前为车辆购买了机动车第三者责任保险，想找保险公司索赔。请问保险公司应如何处理该案件，并说明理由。

学习任务二　汽车保险投保

 **任务描述**

客户陈先生是一名软件工程师，已有 3 年驾龄，最近在一汽大众店购置了一辆 2021 款 280TSI 迈腾汽车。汽车保险销售人员给陈先生提供了几种投保方案，并为其推荐了一家保险公司。陈先生面对众多的保险方案、投保渠道和保险公司，不知道该如何选择。假设你是汽车保险销售人员，请帮助他分析各种投保途径的优劣势，告知其选择保险公司及投保险种时应该考虑的因素，并帮助他分析其所面临的风险，为其选择适合的险种，并制订最适合的投保方案，让他打消疑虑，放心地购买汽车保险。

任务分析

要完成本学习任务，可以按照以下流程进行。

（1）通过自己的理解，结合所学知识，用自己的语言归纳总结各投保渠道的优缺点。

（2）结合客户的实际情况，为客户选择适合的投保途径。

（3）为客户解释投保方案设计的流程，确保客户能很好地理解该流程。

（4）灵活运用所学知识，结合客户的实际情况，从投保流程着手，帮助客户正确制订合理的投保方案。

完成本学习任务需要准备的工作场景和设备如下。

（1）工作夹，内含汽车保险相关资料、名片、笔、便笺纸等。

（2）其他需要用到的工具。

相关知识

 知识点 1　汽车保险投保途径

一、汽车保险投保渠道选择

购买汽车保险的途径很多，目前主要有柜台投保、专业代理机构投保、兼业代理机构投保、电话投保和网上投保这几种，如表 2-24 所示。由于不同渠道从保险公司拿到的成本价不同，在市场上代理费率也不同，因此选择不同途径购买汽车保险所需的保费是不同的，同时不同公司的产品保障范围也有区别，投保人可根据自身情况做选择。随着我国保险业的发展，电话投保和网上投保渐渐成为趋势，不少保险公司推出了电话销售、网络销售、银行代理等投保新渠道，以方便客户投保。

微课
投保渠道

微课
投保注意
事项

表 2-24　汽车保险投保途径

途径	含义	优势	劣势
柜台投保	投保人直接携带相关资料前往保险公司的营业网点，当场填写保单并缴费进行投保	有专业的业务人员对每个险种和条款进行解释，根据实际情况提出合理方案。投保人直接到保险公司，降低营业成本，可能有价格优势，也可避免非法中介的欺骗、诱导	需到保险企业投保，对车主而言相对不便，且没有专门指定的服务人员
专业代理机构投保	通过专业代理机构进行投保。专业代理机构指主营业务为代卖保险公司的保险产品的保险代理机构	保险折扣相对较大，有价格优势。提供一对一的服务，人员稳定，可以为客户提供较多的产品设计方案，并且工作人员可以上门办理手续，协助理赔	销售和管理成本相对较高。业务员为了维护老客户可能会给出较多口头承诺，理赔时容易出现无法兑现的情况
兼业代理机构投保	通过兼业代理机构进行投保。兼业代理机构指受保险人委托，在从事自身业务的同时，指定专人为保险人代办保险业务的单位，如汽车 4S 店、汽车修理厂等	提供一条龙的服务，包含附加的增值服务和保险全权代理服务。保险公司进入 4S 店签订了全面的合作协议，因此汽车配件价格和维修工时可以保证统一	价格相对偏高，需要与对方商讨价格，选择不当的话可能会有风险
电话投保	通过拨打（接听）保险公司的服务电话进行投保	成本低，效率高，标准化，并且可以保证客户足不出户，电话销售人员也会将保单送上门	消费者容易产生抵触心理，并且客户的信息准确度低
网上投保	客户在保险公司设立的专用网站上发送投保申请，保险公司在收到申请后电话联系客户进行确认的一种投保方式	高效便捷。经营管理成本低，价格通常较为优惠。网上投保客户无须出门，保单将直接送上门	通常缺乏个性服务，同时消费者对于网络安全的认同度不高

案例小贴士

王女士近期打算购入新车并购买汽车保险。这天刚好接到远房亲戚的电话说自己现在转行当保险经纪人了，可以为她制订保险方案。挂了电话后王女士心想，这位长久不联系的"亲戚"一定是听说她要买车了想从中骗她，哪有什么保险经纪人的工作，汽车保险当然只能去正规的保险公司购入。王女士的想法正确吗？

知识分享

保险经纪人是指基于投保人的利益，为投保人和保险人订立保险合同提供中介服务，并依法收取佣金的保险经纪公司。

二、汽车保险公司选择

随着我国金融业的发展，各种保险公司如雨后春笋般地现身市场。各保险公司推出的汽车保险产品种类繁多、价格不一，这使得投保人有很大的选择余地，同时也有很大困惑。对投保人来说，在众多的购买渠道和保险公司中选择一个信誉好、手续简单、经济实惠、理赔方便的适合自己的保险公司至关重要。投保人在投保时可以参考以下标准做出更好的决策。

1. 保险公司的规模

由于出险地点很难确定，要想随时随地得到最快的理赔服务，就要求承保公司的覆盖面广，能实现异地索赔和异地定损赔偿。因此，服务网络是考核保险公司实力的一个重要因素，投保人要选择规模比较大的公司，确保其能实现全国联网服务。

2. 市场信誉度及服务质量

投保人在购买汽车产品时首要考虑的因素就是服务，包含购买时的便利性和出险后的理赔服务。能否提供便捷的售后服务也是选择保险公司的关键，这将直接决定投保人在理赔时获得的权益，因此咨询、报案、投诉、救援等多种服务项目质量的好坏也是选择保险公司时需要考虑的。

3. 汽车保险的具体险种

应当选择能为客户量身打造人性化产品的保险公司，比较保险公司产品之间的差异，找出最适合自身情况的保险组合，同时在投保时投保人要看清楚条款细节，更需特别注意保险人的责任免除的范围，尽可能选择责任免除范围小的保险公司。

4. 偿付能力

一般来讲，公司的资本金越多，偿付能力越强；公司股东的实力越强，经营状况越好，偿付能力越强。保险公司的偿付能力是一种支付保险金的能力，因此投保人在选择保险公司时应尽可能做好背景调查，考虑其偿付能力。

5. 增值和个性化服务

车主应考量保险公司提供增值和个性化服务的综合水平，如拖车救援服务、汽车抛锚代送燃油服务、汽车代驾服务等。

知识点 2　制订汽车保险投保方案

投保人制订汽车保险投保方案的设计不是一蹴而就的，要有一定的顺序，具体投保方案设计流程如图 2-1 所示。

图 2-1　投保方案设计流程

一、确定保险需求

根据车辆自身以及车辆使用的特点，选择适合自己的投保组合，才能提供足够的保障。因此投保人在投保前，要先确定保险需求。

1. 车辆本身的特点

车主确定保险需求时要结合车辆自身的特点。例如，车辆的购入价、车龄、车型、维修成本等。

2. 个人用车习惯

要考虑车主驾车是否遵守交通规则，会不会经常并线、超车等；平时是否注意车辆的保养、修理，车况不佳的车辆发生交通事故的风险会增加。还要考虑车辆的主要用途是什么，多用于上下班两点一线的代步，还是常常外出自驾游。良好的用车习惯可以降低风险，减少事故的发生，从而节省保险费。

3. 停车区域

需要考虑车主日常停车点，若有固定车位，则车辆丢失及被划伤的可能性较小。若经常需要停放在无人看管的停车场或路边，则车辆丢失及被划伤的可能性较大。

二、选择保险公司和购买渠道

（1）选择适合自己的保险公司。

（2）结合自身的实际情况，选择适合自己的投保途径。

三、选择合适的险种

前述学习任务中详细讲解了我国机动车保险的两大类，即机动车交通事故责任强制保险（简称交强险）和机动车综合商业保险（简称商业险）。交强险是强制投保的，而商业险可自由选择投保。车主可根据自身的风险特征，如车辆用途、驾驶习惯等，选择个人所需的商业险。如果能保的险种全部保齐，那么被保险人得到的保障就最全面。但投保的险种越多，所需的保险费也越多。因此，为了兼顾经济性，车主在投保时要结合自身的需要，选择部分需要的险种进行投保，以达到花最少的钱买到最大的保障的目的。

四、确定险种组合方案进行投保

微课
汽车保险
产品组合

车主可以结合自身需求，确定险种组合；也可以参照最低保障方案、基本保障方案、经济保障方案、最佳保障方案、完全保障方案来确定哪个符合自己的要求。

1. 最低保障方案

最低保障方案是指投保人只购入交强险，随着目前经济水平的发展和人们保险意识的增强，很少有车主只投保最低保障方案。

险种组合：交强险。

保障范围：只对第三者的损失负赔偿责任。

适用对象：急于上牌照或通过年检的车主，或部分有侥幸心理的车主。

特点：费用低。

优点：可满足最基本的车辆上牌或车辆年检。

缺点：一旦撞车或撞人，损失能得到保险公司的最低赔偿，其他的损失只能自己负担。

2. 基本保障方案

险种组合：交强险 + 机动车第三者责任保险。

保障范围：除享受交强险的赔偿责任外，只对第三者的损失负赔偿责任。

适用对象：只想通过年检、对驾驶能力非常有自信的车主。

特点：保障低、费用低。

优点：可以用来应付上牌照或车辆年检，同时又有一定保障。

缺点：一旦撞车或撞人，对方的损失能得到保险公司的一些赔偿，但自己车的损失只能自己负担。

3. 经济保障方案

险种组合：交强险 + 机动车损失保险 + 机动车第三者责任保险 + 机动车车上人员责任保险。

保障范围：只投保基本险，不含商业附加险。

适用对象：有一定经济压力，追求基本保障和性价比的车主。

特点：费用适度，能够提供基本的保障。

优点：必要性最高。

缺点：不是最佳组合，不能得到最全面的保障。

4. 最佳保障方案

险种组合：交强险 + 机动车损失保险 + 机动车第三者责任保险 + 机动车车上人员责任保险 + 其他商业附加险种。

保障范围：根据客户需求，提供更为完善的保险。

适用对象：一般公司或个人。

特点：投保价值大的险种，更有针对性。

优点：根据车主自身情况自定义更全面方案，更有保障。

缺点：保费高，某些险种出险的概率非常小。

 **任务实施**

步骤一：明确任务。

运用所学知识，为陈先生解释不同投保途径的优缺点并完成"各投保途径优缺点表"的填写，同时让陈先生充分了解设计投保方案的流程。结合陈先生的实际情况，为陈先生推荐适合他的投保途径和投保方案并阐明原因。

步骤二：拟订汽车保险投保实施计划（表2-25）。

表2-25　汽车保险投保实施计划

序号	工作流程	操作要点
1		
2		
3		
4		
5		
6		
计划审核	审核意见： 　　　　　　　　　　　签字： 　　　　　　　　　　　　　年　　月　　日	

步骤三：计划实施。

实施内容一：通过自己的理解，总结出各投保途径的优缺点，结合陈先生的实际情况，选择适合的投保渠道并说明选择理由，填写本项目任务工单2"投保途径实训报告"。

实施内容二：运用所学知识，结合陈先生的实际情况，按照投保方案设计流程，为陈先生选择合适的投保险种组合方案，填写本项目任务工单3"投保方案实训报告"及任务评价表。

任务评价

任务评价表如表2-26所示。

表 2-26 任务评价表

评分项	评分内容	评分细则	自我评价	小组评价	教师评价
纪律 （5分）	1. 不迟到； 2. 不早退； 3. 学习用品准备齐全； 4. 积极参与课程问题思考和回答； 5. 积极参与教学活动	未完成1项扣1分，扣分不得超过5分			
职业素养 （15分）	1. 积极与他人合作； 2. 积极帮助他人； 3. 遵守礼仪礼节； 4. 正确佩戴胸牌； 5. 做事严谨	未完成1项扣5分，扣分不得超过15分			
专业技能 （40分）	1. 能正确讲解主流的几种投保途径，并分析其优缺点； 2. 能根据客户自身情况为其推荐适合他的投保途径，并给出合适理由； 3. 能正确绘制投保流程图，并清楚讲解给客户； 4. 能根据客户实际情况，提供险种组合方案	未完成1项扣5分，扣分不得超过40分			
工具及设备的使用 （10分）	1. 能正确使用计算机； 2. 能正确使用报表	未完成1项扣5分，扣分不得超过10分			
表单填写及报告撰写 （30分）	1. 字迹清晰； 2. 语句通顺； 3. 无错别字； 4. 无涂改； 5. 无抄袭； 6. 内容完整； 7. 回答准确； 8. 有独到的见解	未完成1项扣5分，扣分不得超过30分			

思考提升

李女士是一名公司白领，她于 2021 年 10 月在奔驰 4S 店购买了一辆奔驰 C 级轿车，用于上下班代步。汽车保险销售人员给车主除交强险外，还进行了商业保险的报价，总价 12 500 元。作为汽车保险销售人员，请向李女士解释你是如何为她制定保险险种组合的，并为她讲解投保流程。

能力测验

一、单选题

1. 交强险的全称是（　　　）。
   A. 机动车交通责任事故强制保险　　B. 机动车交通事故责任强制保险
   C. 机动车交通事故强制责任保险　　D. 机动车交通强制责任事故保险

2. 以下属于机动车第三者责任保险中的第三者的是（　　　）。
   A. 正在上下车的本车乘客　　　　　B. 被保险人
   C. 被保险机动车上的乘客　　　　　D. 对方车上的乘客

3. 机动车损失保险基准纯风险保费按下列公式计算：考虑实际价值差异的机动车损失保险基准纯风险保费 = 机动车损失保险基准纯风险保费 +（协商确定的机动车实际价值 − 新车购置价减去折旧金额后的机动车实际价值）× 全损概率，其中由中国保险行业协会统一制定的全损概率为（　　　）。
   A. 0.06%　　　　B. 0.07%　　　　C. 0.08%　　　　D. 0.09%

4. 2020 年第三次车险综合改革后，原商业附加险中的玻璃单独破碎险、自燃损失险等 5 个险种并入主险，新版中新增（　　　）个附加险种及（　　　）个保留险种。
   A. 6，5　　　　　B. 5，6　　　　　C. 6，7　　　　　D. 7，6

5. （　　　）是指保险期间内被保险人或其允许的驾驶人在使用被保险机动车过程中发生意外事故，致使第三者遭受人身伤亡或财产直接损毁，对第三者依法应负的赔偿责任专由保险人代为负责赔偿的一种保险。
   A. 交强险　　　　　　　　　　　　B. 机动车损失保险
   C. 机动车第三者责任保险　　　　　D. 机动车车上人员责任保险

6. 交强险责任限额有责情况合计赔付为（　　　）元。
   A. 16 万　　　　B. 18 万　　　　C. 20 万　　　　D. 22 万

7. 机动车综合商业保险的主险包含机动车损失保险、机动车第三者责任保险和（　　　）。
   A. 机动车交通事故责任强制保险　　B. 机动车车上人员责任保险
   C. 机动车全车盗抢保险　　　　　　D. 机动车车身划痕损失险

8. （　　　）是指基于投保人的利益，为投保人和保险人订立保险合同提供中介服务，并依法收取佣金的保险经纪公司。
   A. 专业代理机构　　　　　　　　　B. 兼业代理机构
   C. 保险经纪人　　　　　　　　　　D. 保险服务中介

9. （　　　）是指在经营主营业务的同时，代卖保险公司的保险产品的机构。
   A. 专业代理机构　　　　　　　　　B. 兼业代理机构
   C. 保险经纪人　　　　　　　　　　D. 保险服务中介

10. 汽车保险险种组合：交强险 + 机动车损失保险 + 机动车第三者责任保险 + 机动车车上人员责任保险 + 其他商业附加险种。此组合为最佳保障方案，缺点是

（　　　）。

A. 一旦撞车或撞人，损失能得到保险公司的最低赔偿，其他的损失只能自己负担

B. 一旦撞车或撞人，对方的损失能得到保险公司的一些赔偿，但自己车的损失只能自己负担

C. 不含商业附加险，不能得到最全面的保障

D. 保费高，客户压力大，某些险种出险的概率非常小

二、多选题

1. 保险公司在以下情况实行垫付（　　　）。
   A. 驾驶人未取得驾驶资格
   B. 驾驶人醉酒
   C. 被保险人故意制造道路交通事故
   D. 被保险机动车在被盗抢期间肇事

2. 交强险合同中被保险人是指（　　　）。
   A. 车上人员
   B. 投保人
   C. 允许的合法驾驶人
   D. 遭受人身伤亡或财产损失的人

3. 常见的基本汽车保险险种有（　　　）。
   A. 机动车损失保险
   B. 机动车第三者责任保险
   C. 机动车车上人员责任保险
   D. 机动车第三者意外保险

4. 2020 年第三次车险综合改革后，商业险中的主险包含（　　　）。
   A. 机动车损失保险
   B. 机动车第三者责任保险
   C. 机动车车上人员责任保险
   D. 机动车全车盗抢保险

5. 交强险的特征包括（　　　）。
   A. 强制性
   B. 公益性
   C. 实行分项责任限额
   D. 实行"无过错原则"

6. 交强险合同中责任限额项目包含（　　　）。
   A. 精神损失
   B. 死亡伤残
   C. 财产损失
   D. 医疗费用

7. 附加车身划痕损失险责任免除包含（　　　）。
   A. 被保险人及其家庭成员、驾驶人及其家庭成员的故意行为造成的损失
   B. 因投保人、被保险人与他人的民事、经济纠纷导致的任何损失
   C. 被保险人或驾驶人拖延车辆送修期间
   D. 车身表面自然老化、损坏、腐蚀造成的任何损失

8. 机动车综合商业保险附加险新增险种包含（　　　）。
   A. 附加新增加设备损失险
   B. 附加发动机进水损坏除外特约条款
   C. 附加车身划痕损失险
   D. 附加法定节假日限额翻倍险

9. 汽车保险公司选择参考包括（　　　）。
   A. 价格
   B. 保险公司的规模
   C. 市场信誉度及服务质量
   D. 增值和个性化服务

10. 汽车保险投保途径包括（　　　）。

A. 专业代理机构投保　　　　B. 兼业代理机构投保

C. 网上投保　　　　　　　　D. 电话投保

三、判断题

1. 交强险合同中，受害人是指因被保险机动车发生交通事故遭受人身伤害或者财产损失的人，但不包括被保险机动车本车车上人员、被保险人。（　　）

2. 上一保险年度未发生任何交通违法行为的，交强险费率保持不变。（　　）

3. 2020 年 9 月车险综合改革后，机动车全车盗抢保险为主险，可独立投保。（　　）

4. 机动车损失险全部损失情况下赔款 = 保险金额 − 被保险人已从第三方获得的赔偿金额 − 绝对免赔额。（　　）

5. 交强险责任限额有责情况合计赔付 18 万元。（　　）

6. 交强险责任免除包含受害人的故意行为导致的交通事故人身损害、财产损失，如自杀、自残行为，碰瓷等。（　　）

7. 机动车车上人员责任保险驾驶人基准纯风险保费 = 每次事故责任限额 × 纯风险费率。（　　）

8. 网上投保的优势包含一对一服务、人员稳定、可为客户提供较多的产品设计方案。（　　）

9. 投保流程包含确定保险需求、选择保险公司和购买渠道、选择合适的险种和确定险种组合方案进行投保。（　　）

10. 专业代理机构是指受保险人委托，在从事自身业务的同时，指定专人为保险人代办保险业务的单位，如汽车 4S 店、汽车修理厂等。（　　）

项目三
汽车保险承保与核保

 项目描述

在投保人投保过程中，需要汽车保险行业工作者运用专业知识及良好的沟通能力，在投保人提出投保请求时对投保信息进行严格审核，向投保人解释保单内容，提醒投保人仔细阅读保险条例及生效时间，最终完成汽车保险承保服务的任务。同时，保险人需要做好核保工作，明确核保的流程与制度。

为了更好地完成相应学习目标，达成学习效果，本项目设计了两个典型的学习任务：汽车保险承保与汽车保险核保。

学习目标

知识目标

1. 熟悉汽车保险承保内容及流程。
2. 理解汽车核保的意义。
3. 熟悉汽车核保流程与制度。

能力目标

1. 能够根据客户信息完成投保单填写。
2. 能够向客户说明批改保险单证的情况。

素质目标

1. 具备人际交流能力和客户服务意识。
2. 通过对汽车保险承保与核保的学习树立保险从业者的职业道德观。

学习任务一  汽车保险承保

任务描述

　　李先生驾龄 2 年，车龄 2 年，车型为北京现代 BH7141MY 舒适型，新车购置价为 15 万元，有安全气囊，该车一般停放在露天停车位，李先生经常带着妻女驾车出游。李先生上一年并未发生赔款，上一保险年度期间违反交通信号灯通行 4 次，该年的保险也到期了，李先生想知道汽车保险承保的流程是怎样的，保险人及投保人在承保各环节该怎么做，投保单该怎么填写。

任务分析

　　汽车保险承保过程涉及承保的流程、保险人该履行的承保工作流程等。要完成本学习任务，可以按照以下流程进行。
　　（1）了解承保的流程。
　　（2）熟悉投保与承保的关系。
　　（3）熟悉保险人承保的工作流程。
　　（4）完成投保书的填写。
　　完成本学习任务需要准备的工作场景和设备如下。
　　（1）工作夹，内含汽车保险相关资料、名片、笔、便笺纸等。
　　（2）按照顾客的信息及身份背景设定资料。
　　（3）为模拟真实场景，建议准备谈判桌和椅子。
　　（4）其他需要用到的工具。

相关知识

　　承保是指保险公司和投保人双方对保险合同内容协商一致，并签订保险合同的过程。承保是一个广义的概念，它包括投保、核保、签单、批改等一系列环节。保险公司通过和投保人接洽，根据其投保意向，结合相应的保险条款，双方进行协商，就合同条件达成一致意见后，签订保险合同。承保环节是汽车保险经营中的首要问题，其工作的好坏直接影响到保险合同能否顺利履行，承保质量的好坏直接关系到保险公司经营效益的高低。

微课
汽车保险
承保

知识点 1　汽车保险承保的流程

　　汽车保险承保业务包括展业、投保、核保、缮制和签单、批改、续保 6 个流

程，如图 3-1 所示。

汽车保险承保是指保险人在投保人提出投保请求时，考察被保险人的投保资格以及投保风险的性质，然后做出是否可以向被保险人发放保险单的决定。

汽车保险承保本质上是保险双方订立合同的过程。具体流程为：展业人员向投保人宣传保险产品、分析风险种类及制订保险方案；投保人根据需求提出投保申请，填写投保单；保险人经审核投保内容后，同意接受投保申请，并负责按照保险条款承担保险责任。

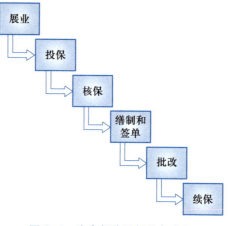

图 3-1　汽车保险承保业务流程

在保险合同有效期内，若保险标的所有权改变，或投保人因某种原因要求更改或取消保险合同，则进行批改。

合同保险即将期满时，保险人会征询投保人意愿，是否继续办理保险事宜，即续保。

知识点 2　汽车保险承保保险人的工作流程

汽车保险承保过程中，保险人的工作流程包括以下内容。

（1）保险人向投保人介绍保险条款，履行明确说明义务。

（2）保险人依据保险标的的性质和投保人制订保险方案。

（3）保险人计算保险费，提醒投保人履行如实告知义务。

（4）保险人提供投保单，投保人填写投保单。

（5）业务人员检验保险标的，确保其真实性。

（6）将投保信息录入业务系统，复核后通过网络交给核保人员投保。

（7）核保人员根据公司核保规定，并通过网络将核保意见反馈给承保公司，核保通过后，业务人员收取保险费、出具保险单，需要送单的由送单人员递送保险单及相关单、证。

（8）承保完成后保险人进行数据处理和客户回访。

案例小贴士

一直以来,特种车辆保险都被视为车险市场最难啃的"骨头"。近期,多地的货车、搅拌车、冷藏车等特种车辆投保交强险和商业保险遭遇拒保的问题引发业界高度关注。据不少货车驾驶员反映,在购买交强险时,保险公司一直称系统无法购买或要求其将车辆开至现场办理。某企业负责人也表示,为搅拌车批量办理续保时,被不同规模的保险公司告知此类车公司不予承保。

为何特种车投保交强险频遭拒保? 银保监会在《关于实施车险综合改革的指导

意见》中明确,提高交强险保障水平,将交强险总责任限额由12.2万元提高至20万元。但是, 保额提升背景下, 人伤案件赔付支出大幅上升, 尤其是重型货车等营运车辆赔付攀升, 导致部分地区的保险机构干脆选择舍弃这部分业务。

在车险综合改革开启后, 车险保费充足率下降, 许多保险公司都是根据赔付率来倒推商业险定价, 加之保险公司对于车险品质的管控更加严格, 对于亏损严重的车型会采取限制承保的策略。在此次车险综合改革中, 监管部门鼓励发展细分业务, 特种车车险市场就是一个值得探索的方向。

知识分享

根据《机动车交通事故责任强制保险条例》规定, 投保人在投保时应当选择具备从事机动车交通事故责任强制保险业务资格的保险公司, 被选择的保险公司不得拒绝或者拖延承保。

知识点3　正确填写汽车保险投保单

投保单又称要保单, 是投保人为订立保险合同向保险人进行要约的书面证明, 是确定保险合同内容的依据。在投保单中, 一般列明订立保险合同所必需的项目, 投保人要如实填写, 保险人据此决定是否承保或以什么条件承保。

在保险合同履行时, 投保人在投保单上填写的内容是投保人是否履行如实告知义务、保证义务、遵守最大诚信原则的重要凭证。如果投保单上填写的内容不实或存在故意隐瞒、欺诈现象, 将影响保险合同的效力。投保人填写投保单后, 只有经保险人签章承保, 保险合同才告成立。投保单具体如图3-2所示。

投保单中所涉及的内容较多, 为能快捷方便地进行填写, 投保人一般应在保险业务人员的指导下逐项规范填写。以图3-2为例, 投保单的主要填写内容及要求如下。

1. 投保人情况

(1) 投保人名称/姓名。当投保人为法人或其他组织时, 应填写其全称 (与公章名称一致); 当投保人为自然人时, 应填写个人姓名 (与投保人有效身份证明一致)。

(2) 投保机动车数。用阿拉伯数字填写。

2. 被保险人情况

(1) 法人或其他组织/自然人。二者只可选择一项, 被保险人是个人时选择"自然人", 被保险人是单位时选择"法人或其他组织"。被保险人是个人的, 在"自然人姓名"后填写个人姓名 (与被保险人有效身份证明一致)。被保险人是单位的, 在"法人或其他组织名称"后填写单位全称 (与公章名称一致)。填写一律用全称, 且完整、准确。

(2) 组织机构代码/身份证号码。被保险人为法人或其他组织时填写其组织机构代码。组织机构代码是国家质量监督局对中华人民共和国境内依法注册、依法登记的机关企业、事业单位, 社会团体和民办非企业单位颁发的一个在全国范围内唯一的、始终不变的代码标识。被保险人为自然人时填写被保险人的居民身份证号码。

微课
缮制保单及
承保技巧

被保险人无居民身份证的，如被保险人为军官、外籍人员时，应在投保单"特别约定"栏内注明被保险人的有效身份证明名称、证件号码及被保险人性别、年龄。

　　3. 投保车辆情况

　　（1）车主。需填写的内容为机动车行驶证上载明的车主名称或姓名。

　　（2）号牌号码、号牌底色。填写的内容为车辆管理机关核发的车牌号码及底色。

　　（3）厂牌型号。填写的内容为机动车行驶证上注明的厂牌名称和车辆类型，若机动车行驶证上注明的厂牌型号不详细，则应在"厂牌型号"后注明具体型号。进口车按商品检验单上的内容填写，国产车按合格证上的型号填写。应尽量写出具体

投保人	投保人名称/姓名				投保机动车数				辆
	联系人姓名		固定电话		移动电话				
	投保人住所				邮政编码				
被保险人	□ 自然人姓名：			身份证号码					
	□ 法人或其他组织名称：				组织机构代码				
	被保险人单位性质	□ 党政机关、团体　　□ 事业单位　　□ 军队(武警)　　□ 使(领)馆 □ 个体、私营企业　□ 其他企业　　□ 其他							
	联系人姓名		固定电话		移动电话				
	被保险人住所				邮政编码				
投保车辆情况	被保险人与机动车的关系 □ 所有　□ 使用　□ 管理			车主					
	号牌号码			号牌底色	□ 蓝　□ 黑　□ 黄　□ 白　□ 白蓝　□ 其他颜色				
	厂牌型号			发动机号					
	VIN码				车架号				
	核定载客	人	核定载质量	千克	排量/功率				L/KW
	初次登记日期	年　　月	已使用年限	年	年平均行驶里程				公里
	车身颜色	□ 黑色　□ 白色　□ 红色　□ 灰色　□ 蓝色　□ 黄色　□ 绿色　□ 紫色　□ 粉色　□ 棕色　□ 其他颜色							
	机动车种类	□ 客车　　　　□ 货车　　　　□ 客货两用车　□ 挂车　□ 摩托车(不含侧三轮)　□ 侧三轮 □ 农用拖拉机　□ 运输拖拉机　□ 低速载货车　□ 特种车(请填用途)_____							
	机动车使用性质	□ 家庭自用　□ 非营业用(不含家庭自用) □ 出租/租赁　□ 城市公交　□ 公路客运　□ 旅游客运　□ 营业性货运							
	上年是否在本公司投保商业机动车保险			□ 是		□ 否			
	行驶区域	□ 省内或邻省 □ 市内 □ 省内或邻省固定路线 □ 市内固定路线　具体路线：							
	是否为未还清贷款的车辆 □ 是　□ 否			车损险与车身划痕险选择汽车专修厂		□ 是		□ 否	
	上年赔款次数	□ 交强险赔款次数　　　次		□ 商业机动车保险赔款次数　　　次					
	上一年度交通违法行为	□ 有　　□ 无							
	投保主险条款名称								

指定驾驶人	姓名	驾驶证号码	初次领证日期
驾驶人1			_____年____月____日
驾驶人2			_____年____月____日
保险期间		_____年____月____日零时起至_____年____月____日 二十四时止	

投保险种		保险金额/责任限额(元)	保险费(元)	备注
□ 机动车交通事故责任强制保险		死残，医疗费，财产损失		
□ 机动车损失险：新车购置价_____元				
□ 商业第三者责任险				
□ 车上人员责任险	投保人数_____人	/人		
	投保人数_____人	/人		
□ 附加车上货物责任险				
□ 附加盗抢险				
□ 附加玻璃单独破碎险	□ 国产玻璃			
	□ 进口玻璃			
□附加停驶损失险：日赔偿金额_____元×_____天				
□附加自燃损失险				
□附加火灾、爆炸、自燃损失险				
□附加不计免赔率特约	□ 机动车损失险			
	□ 第三者责任险			
□ 附加车身划痕损失险		5 000元		
□ 附加新增加设备损失险				
□ 附加可选免赔额特约		免赔金额：		
保险费合计(人民币大写)：			(¥：　　　　　　元)	

特别约定	

保险合同争议解决方式选择	□ 诉讼　　□ 提交_____仲裁委员会仲裁

　　本保险合同由保险条款、投保单、保险单、批单和特别约定组成。
　　投保人声明：保险人已将投保险种对应的保险条款(包括责任免除部分)向本人作了明确说明。本人已充分理解；上述所填写的内容均属实，同意以此投保单作为订立保险合同的依据。

　　　　　　　　　　　　　　　　　　　投保人签名/签章：

　　　　　　　　　　　　　　　　　　　_____年_____月_____日

验车验证情况	□ 已验车　　□ 已验证　　查验人员签名：_____年__月__日__时__分

初审情况	业务来源：□ 直接业务　　□ 个人代理 　　　　　□ 专业代理　　□ 兼业代理 　　　　　□ 经纪人　　　□ 网上/电话业务 代理(经纪)人名称： 上年度是否在本公司承保：□ 是　　□ 否 业务员签字：　　　　　_____年___月___日	复核意见	复核人签字：　　　　　_____年__月__日

注：阴影部分内容由保险公司业务人员填写

第2页，共2页

图3-2　机动车商业保险/机动车交通事故责任强制保险投保单

配置说明，特别是同一型号多种配置的，如桑塔纳2000GLi。

（4）发动机号。发动机号是机动车发动机体上打印的号码，是机动车的重要身份证明之一，该号码必须与投保车辆的机动车行驶证上的发动机号保持一致。

（5）VIN码。即车辆识别代号，是表明车辆身份的代码，由17位字符（包括英文字母和数字）组成，俗称17位码。有VIN码的车辆必须正确填写VIN码。

（6）车架号。车架号是生产厂家在车架上打印的号码，是机动车身份的另一个证明，该号码必须与投保车辆的机动车行驶证上的车架号保持一致。无VIN码的车辆必须填写车架号。

（7）核定载客、核定载质量。按投保车辆的机动车行驶证上的内容正确填写。

（8）已使用年限。指车辆自新车上牌行驶到投保之日止已使用的年数。不足年的不计使用年限算。例如，某车初次登记日期为2013年5月1日，如果保险期限起期为2015年4月20日，按1年计算；如果保险期限起期为2015年5月5日，按2年计算。

（9）已行驶里程。填写投保车辆自出厂下线到投保之日的实际行驶总里程。一般该数值能从里程表上直接读出，但有时可能会遇到里程表有损坏或进行过调整、更换的情况，那么里程表上显示的总里程数与实际已行驶里程数不符，此时填写的应是车辆实际已行驶的里程数，但需将里程表上显示的里程数在"特别约定"栏中进行注明。

（10）机动车使用性质。按车辆的实际使用性质填写，如家庭自用。若遇某车辆有两种使用性质，则应按照费率高的使用性质填写。

4. 投保主险条款名称

由投保人根据投保险种填写所适用的主险条款名称，如车损险。

5. 保险期限

保险期限通常为1年，它意味着保险合同的生效时段。有时也可经保险人同意后投保短期保险。合同起止时间由保险双方协商确定，一般自约定起保日零时开始，至保险期满日二十四时止。投保当日不得作为起保日，起保日最早应为投保次日。例如，某投保人2020年2月26日办理投保手续，保险期限为1年，要求起保日为次日，保险期限应填写为2020年2月27日零时起至2021年2月26日二十四时止。

6. 投保险种

按照投保人选定的险种正确填写。

7. 保险金额/责任限额

（1）保险金额主要是针对车损险及其附加险而言的。如在投保车损险时，投保单上需要填写车辆实际价值。

不同时段，同一种车辆的价格会有所不同，这里指的是在投保时当地该种车型的价格［含车辆购置附加税（费）］。车损险保险金额以被保险机动车的价值确定，保险人根据保险金额确定方式的不同承担相应的赔偿责任。

（2）责任限额主要是针对机动车第三者责任保险、机动车车上人员责任保险及其附加险而言的。

机动车第三者责任保险的责任限额，由投保人和保险人在签订保险合同时按 5 万元、10 万元、15 万元、20 万元、30 万元、50 万元、100 万元和 100 万元以上不超过 1 000 万元的档次协商确定。主车和挂车连接使用时视为一体，发生保险事故时，由主车保险人和挂车保险人按照保险单上载明的机动车第三者责任保险责任限额的比例，在各自的责任限额内承担赔偿责任。

投保机动车车上人员责任保险，应填写投保人数和每人责任限额。投保人数可以由投保人自行确定，但投保人数总和不能超过投保车辆的核定载客人数。每车最多可以选择两种不同的责任限额档次投保。例如，某车核定载客 5 人，其中 2 人投保责任限额为 5 万元，其他 3 人每人投保责任限额为 3 万元。

8. 特别约定

对于保险合同中的未尽事宜，经投保人和保险人协商一致后，可以在"特别约定"栏中注明。约定的事项应清楚、明确、简练，并写明违约责任。但特别约定内容不得与法律相触，否则无效。例如，以下是某车辆在投保单"特别约定"栏中填写的内容。

（1）被保险机动车发生全部损失的，遭受损失后的残余部分，经双方协商后进行处理。如折旧归保险人的，由双方协商确定其价值，从赔款中扣除。

（2）本车驾驶人为：×××。

此约定情况较多，每个投保单情况不同，具体内容可以在"特别约定"清单中约定。

9. 保险合同争议解决方式选择

争议解决方式由投保人和保险人在诉讼和仲裁两种方式中协商约定一种方式。如果选择"提交 ×××× 仲裁委员会仲裁"，必须在投保单上约定仲裁委员会的名称。

10. 投保人签名/签章

在投保人仔细了解了投保单各项内容，并明确了各自的责任和义务后，在"投保人签名/签章"处签名或签章。当投保人是自然人时，必须由投保人亲笔签字；当投保人为法人或其他组织时，必须加盖公章，投保人签章必须与投保人名称一致。投保人委托他人代为办理投保手续时，投保人应出具办理投保委托书，在"投保人签名/签章"处填写代办人的姓名 + '代办'字样，代办人的姓名要与投保委托书上载明的被委托人姓名一致。

至此，投保人要做的工作基本完成，由保险业务员办理其他手续。

任务实施

结合任务描述中的情景，要想更好地为客户李先生服务，建议按以下行动过程来完成任务。

步骤一：拟订任务实施计划（表 3-1）。

表 3-1　任务实施计划

序号	工作流程	操作要点
1		
2		
3		
4		
5		
6		
计划审核	审核意见： 签字： 年　　月　　日	

步骤二：明确承保与投保的内容是什么，两者的关系是什么。要注意承保与投保的具体步骤、承保与投保的主体。

步骤三：明确汽车保险承保流程中保险人及投保人的义务。要注意投保人及保险人是否履行各自义务将影响合同最终效力。

步骤四：确认填写投保单需要收集客户的哪些信息。要注意对照投保单要求收集客户信息。

步骤五：绘制汽车保险承保工作流程图。要注意从保险人角度绘制完整的汽车保险承保流程图。

步骤六：填写本项目任务工单 1 "汽车保险承保的工作流程实训报告"及任务评价表。

 任务评价

任务评价表如表 3-2 所示。

表 3-2　任务评价表

评分项	评分内容	评分细则	自我评价	小组评价	教师评价
纪律 （5分）	1. 不迟到； 2. 不早退； 3. 学习用品准备齐全； 4. 积极参与课程问题思考和回答； 5. 积极参与教学活动	未完成 1 项扣 1 分，扣分不得超过 5 分			

续表

评分项	评分内容	评分细则	自我评价	小组评价	教师评价
职业素养 （15分）	1. 积极与他人合作； 2. 积极帮助他人； 3. 遵守礼仪礼节； 4. 正确佩戴胸牌； 5. 做事严谨	未完成1项扣5分，扣分不得超过15分			
专业技能 （40分）	1. 能正确理解承保的内容； 2. 能正确绘制承保工作的流程图； 3. 能正确调取客户投保信息； 4. 能向客户解释汽车保险条款； 5. 能正确填写投保单	未完成1项扣5分，扣分不得超过40分			
工具及设备的使用 （10分）	1. 能正确使用计算机； 2. 能正确使用报表	未完成1项扣5分，扣分不得超过10分			
表单填写及报告撰写 （30分）	1. 字迹清晰； 2. 语句通顺； 3. 无错别字； 4. 无涂改； 5. 无抄袭； 6. 内容完整； 7. 回答准确； 8. 有独到的见解	未完成1项扣5分，扣分不得超过30分			

思考提升

　　碰碰，25岁，驾龄2年，购买了一辆奥迪汽车作为家庭自用，新车购置价为32万元，平时停放在露天停车位，经常驾车出游，有两次交通事故记录。碰碰的母亲也经常用车，驾龄20年，无不良驾驶记录。现碰碰准备投保，你作为保险业务员如何建议碰碰投保保险，有哪些内容需要在投保阶段和客户说明？

学习任务二　汽车保险核保

任务描述

　　学习任务一中已帮助李先生完成了投保单的正确填写，保险业务员小王将投保信息录入业务系统，递交核保人员。那么保险公司如何进行核保？

几天后，李先生在收到保险单后，发现保险单上注明"本保险单所载事项如有变更，被保险人应立即向该公司办理批改手续，否则如有任何意外事故发生，该公司不负赔偿责任"字样，于是联系保险业务员小王想了解一下什么情况需要办理批改手续。

任务分析

要完成本学习任务，可以按照以下流程进行。
（1）了解保险公司进行核保的意义。
（2）掌握核保的内容。
（3）掌握核保流程。
（4）了解批改保险单证的情况分类。
完成本学习任务需要准备的工作场景和设备如下。
（1）工作夹，内含汽车保险相关资料、名片、笔、便笺纸等。
（2）按照顾客的信息及身份背景设定资料。
（3）为模拟真实场景，建议准备谈判桌和椅子。
（4）其他需要用到的工具。

相关知识

在本项目学习任务一中，已经初步了解了汽车保险承保的流程。本学习任务中将对承保流程中的核保业务进行学习。

知识点1　核保的概念

核保是指保险人在承保前，对保险标的的各种风险情况加以审核与评估，从而决定是否承保，以及明确承保条件与保险费率的过程。核保是保险公司在业务经营过程中的一个重要环节，它直接影响保险公司的经营状况。

核保的原则包括以下几点。

（1）谨慎运用公司承保能力的原则。要全面、细致、严格地对业务进行核保，争取最好的承保条件，保证公司实现长期承保利润。避免片面追求承保数量的短期行为，以免导致赔付率畸形上升，影响公司的稳定经营。但在实际核保过程中，对于具体业务也应掌握分寸，把握尺度，防止核保过严。核保过严，虽然对风险控制有利，但将增加业务费用，抵消展业部门工作，降低公司的承保业务量和市场份额，影响保险费的收入规模，进而影响保险基金的积累。所以在核保工作中，应该全面考虑，统筹兼顾。

（2）提供优质保险服务的原则。通过核保工作，提供全方位和多层次的保险服务，为客户设计优化保险方案，充分满足客户的需要；通过核保，发现新的风险保障需求，不断发展新的目标市场，拓展新的业务领域，保持在市场上的竞争力，争取市场的领先地位。同时，公平对待每一位客户，承保条件和费率对所有的客户一视同仁。

（3）核保工作规范化的原则。在核保过程中，核保人员要遵守规章和市场准则，严格按照公司制度，在权限范围内开展核保工作。

知识点2 核保的意义

保险公司核保的意义在于以下几点。

（1）防止逆选择，排除经营中的道德风险。理想状态下，投保人在投保时向保险人充分告知投保车辆情况及被保险人基本信息，但是事实上沟通中仍然有可能存在信息的不完整和不精确的问题，那么就需要由资深人员通过技术和经验对投保标的进行风险评估，解决信息不对称的问题，防止逆选择。

（2）确保业务质量，实现经营的稳定。保险公司核保要充分考虑风险因素，根据保险标的的实际情况，确认承保条件及费率以保障业务的高质量。比如有的保险公司会开发一些不成熟的新险种，费率低、风险高，这样的低质量业务会影响保险公司的经营收益。

（3）扩大保险业务规模，与国际惯例接轨。现如今保险中介组织对扩大保险业务产生了积极作用，核保制度可以帮助保险公司规范管理合作的中介组织，从而达到双赢的目的。

（4）实现经营目标，确保持续发展。保险公司通过核保制度对风险进行选择和控制，从而选择特定的业务和客户，有效地实现其既定的目标，并保持业务的持续发展。

微课
核保原理及意义

知识点3 核保的基本内容

在实际操作中，核保需要完成以下工作：审核投保单、查验车辆、核定费率、计算保费、复核。

1. 审核投保单

审核投保单的项目包括以下几个。

（1）投保人资格。通过核对行驶证来认定投保人对保险标的拥有保险利益。

（2）投保人或被保险人基本情况。比如车队业务，需要分析投保人或被保险人对车辆管理的技术管理状况，及时发现其可能存在的经营风险，从而采取必要的措施，降低和控制风险。

（3）投保人或被保险人的信誉。充分了解以往损失和赔付的情况，对保险车辆应尽可能采用"验车承保"的方式，对车辆信息进行全面了解及检验。

（4）保险金额。在具体核保工作中，应当根据公司制定的汽车市场指导价格确定保险金额。对投保人要求低于这一价格投保的，应尽量将理赔时可能出现的问题进行解释。保险金额的确定涉及保险公司及被保险人的利益,往往是双方争议的焦点,因此保险金额的确定是保险核保中的一个重要内容。

(5)保险费核保人员目前主要审核承保系数,根据车型、驾驶员情况审核承保系数是否与风险匹配。

2. 查验车辆

机动车保险的标的是车辆本身,车辆本身的风险一般由以下几个方面体现。

(1)有的车辆由于在工艺方面存在安全隐患,因此事故率较高,风险偏高,保险公司通常是拒绝承保的。

(2)对于零整比较高的车型,风险偏高。

(3)对于一些高档车型,修复费用较高且盗窃风险相对较高,风险偏高,需谨慎承保。

核保人员在操作过程中需要做以下检查。

(1)对照车辆本身的实际牌照号码、车型及发动机号、车身颜色等是否与行驶证一致,避免拼装车或改装车。

(2)确定车辆是否存在和有无受损,是否有消防和防盗设备。

(3)检查发动机、车身、底盘、电气等部分的技术状况。

最终要根据检验结果,确定整单的新旧成数。对于私有车辆一般需要填具验车单于保险单副本上。对重点车辆如首次投保车辆、未按期续保车辆、申请增加附加险的车辆、接近报废车辆、特种车辆、重大事故后修复的车辆等要进行重点查验。

此外,符合以下条件的机动车可以免检。

(1)仅投保交强险的机动车。

(2)购置时间一个月内的新车投保。

(3)按期续保且续保时未加保机动车损失保险及附加险、盗抢险的机动车。

(4)新保机动车第三者责任保险及其附加险的机动车。

(5)同一投保人投保多辆机动车的。

3. 核定费率

查验完车辆后,保险人需要根据车辆情况、驾驶人员情况和保险公司的机动车辆保险费率标准,逐项确定投保车辆的保险费率,最终根据不同种类车险的计算公式核算保费。在核保过程中要建立风险意识,识别每一辆车的风险因子后确定费率。

4. 计算保费

详见项目二。

5. 复核

复核投保单时,主要是对单证内容、保险价值、保险金额、费率标准、保费计算方法进行复核。如果核保人员对其中内容有异议,或遇到一些核保手册中没有明确规定的问题,例如,高价值车辆的核保、特殊车型业务的核保、车队业务的核保、投保人特别要求的业务的核保,以及下级核保人员无法核保的业务,需交上级处理。

知识点 4　核保的流程

核保的初审由基层营业机构的专业核保人员负责，主要审核投保的要素是否齐全、投保的附件资料是否真实。核心业务系统审核包括自动审核和人工审核，符合自动核保条件的业务经系统判断后自动审核通过，否则由人工根据核保权限逐级审核。核保工作原则上采取两级核保体制。

如图 3-3 所示，初步审核由保险展业人员在展业的过程中进行。接着，由业务处理中心核保，将初审通过的业务交由专业核保人员，根据各级核保权限进行审核，超过本级核保权限的，报上级公司核保，进而决定是否承保、承保条件及保险费率等。如果涉及上级公司审核，审核完毕后，应签署明确的意见立即返回原级公司。

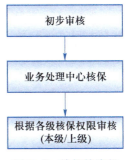

图 3-3　核保的流程

1. 本级核保

（1）审核保险单是否按照规定内容与要求填写，有无缺漏；审核保险价值与保险金额是否合理。对不符合要求的，退给业务人员指导投保人进行相应的更正。

（2）审核业务人员或代理人是否验证和查验车辆；是否按照要求向投保人履行了告知义务，对特别约定的事项是否在"特别约定"栏注明。

（3）审核费率标准和计收保险费是否正确。

（4）对于高保额的车辆，审核有关证件、实际情况是否与投保单填写一致，是否按照规定拓印牌照存档。

（5）对高发事故和风险集中的投保单位，提出限制性承保条件。

（6）对费率表中没有列明的车辆，包括高档车辆和其他专用车辆，提出厘定费率的意见。

（7）审核其他相关情况。

（8）核保完毕，核保人应在投保单上签署意见。对超出本级核保权限的，应上报上级公司核保。

2. 上级核保

（1）根据掌握的情况考虑可否接受投保人投保。

（2）投保的险种、保险金额、赔偿限额是否需要限制与调整。

（3）是否需要增加特别的约定。

（4）协议投保的内容是否准确、完善，是否符合保险监管部门的有关规定。

（5）上级公司审核完毕后，应签署明确的意见并立即返回请示公司。

（6）核保工作结束后，核保人将投保单、核保意见一并转业务内勤据以缮制保险单证。

知识点 5　缮制保险单及签发单证

保险法规定，投保人提出保险要求，经保险人同意承保，保险合同成立，那么保险人在合同成立后应该向投保人签发保险单和其他保险凭证。保险人通过缮制保险单→复核保险单→收取保险费→签发保险单、保险标志、保险证→清分归档单、证来完成缮制保险单证工作。

注意事项如下。

（1）缮制保险单。一般接到客户的投保单后，由核保人员签署意见，开始缮制保险单。保险单一般由计算机出具。需要注意的是，投保人和保险人协商并在投保单填写特别约定的内容，需要完整地载明到保险单栏目内容。特别约定条款和附加条款要加贴在保险单正本背面，特别是责任免除、被保险人义务和免赔等应该与其他字体不同，方便调阅。

（2）复核保险单。复核要认真审核特别约定内容、保险起止时间以及保险金额、保险费率及保险费的计算。

（3）收取保险费。保险费收据收款金额应与保险单一致，被保险人未按约定履行付费义务的保险单不产生效力。

（4）签发保险单、保险标志、保险证。投保人缴纳保费后，使用主管部门监制的交强险保险单和保险标志，签发的保险单正本、保险费收据、汽车保险证交由被保险人保存。保险合同实行一车一单、一车一证制度。

（5）清分归档单、证。对投保单及其附表、保险单及其附表、保险费收据、保险证，由业务人员清理归档。

📖 知识点 6　批改

批改是指在保险单签发以后，对保险单的一些内容进行修改或增减。在这个过程中需要签发书面证明，即"批单"，批改后的结果通常用批单表示。

保险车辆在保险有效期内，发生如下变更事项的，应立即批改保险单证的手续：① 保险车辆转让、转卖、赠送他人或增加危险程度；② 保险车辆变更使用性质；③ 保险车辆调整保险金额或每次事故最高赔偿限额；④ 保险车辆终止保险责任。

1. 批改手续

被保险人申请办理批改，应填写批改申请书一份，签章后连同保险单一并送交保险人。保险人收到批改申请，经审核同意后，即签发批单，并填写制单日期。批改文字应力求简洁明了、词义明确。签妥后，应将批单加盖保险公司公章，并分别粘贴在保险单正、副本上，分别加盖骑缝章。批单应另行统一编号，被保险人的批改申请书应与其投保单、保险单副本、批单副本一起存档。

2. 批改种类

机动车辆保险的批改包括 11 种：变更被保险人、变更保险责任、变更保险金额、变更保险期限、变更使用性质、变更险种、无赔退费、约定退费、注销保险单、注销批单、退保。

3. 核算收、退保费

在办理批改手续时，需要加收或退还被保险人保险费，应按下列方法核算：

加收保险费 ＝（调整后保险费 － 调整前保险费）× 未到期责任天数 /365

退还保险费 ＝（调整前保险费 － 调整后保险费）× 未到期责任天数 /365

任务实施

结合任务描述中的情景，要想更好地为客户李先生服务，建议按以下行动过程来完成任务。

步骤一：拟订任务实施计划（表 3-3）。

表 3-3　任务实施计划

序号	工作流程	操作要点
1		
2		
3		
4		
5		
6		
计划审核	审核意见： 签字： 年　　月　　日	

步骤二：明确保险公司承保过程中可能面临的风险。要注意结合实际承保过程中保险公司常见拒保的情况。

步骤三：明确保险人的核保内容。要注意从车辆、保单、保费三方面罗列具体核保内容项目。

步骤四：确认核保流程。要注意不同情况下采用的核保方法及具体条件，绘制相应流程图。完成本项目任务工单 2 "汽车保险的核保工作流程实训报告"。

步骤五：撰写向投保人解释机动车商业保险 / 机动车交通事故责任强制保险批单情况的话术。要注意向客户解释批单的情况及相应操作流程。完成本项目任务工单 3 "机动车辆商业保险 / 机动车辆交通事故责任强制保险批单实训报告"及任务评价表。

 任务评价

任务评价表如表3-4所示。

表3-4   任务评价表

评分项	评分内容	评分细则	自我评价	小组评价	教师评价
纪律 （5分）	1. 不迟到； 2. 不早退； 3. 学习用品准备齐全； 4. 积极参与课程问题思考和回答； 5. 积极参与教学活动	未完成1项扣1分，扣分不得超过5分			
职业素养 （15分）	1. 积极与他人合作； 2. 积极帮助他人； 3. 遵守礼仪礼节； 4. 正确佩戴胸牌； 5. 做事严谨	未完成1项扣5分，扣分不得超过15分			
专业技能 （40分）	1. 能正确理解核保的内容和意义； 2. 能正确绘制核保的流程图； 3. 能正确缮制保单及签发单证； 4. 能明确批改保单的情况； 5. 能向客户解释保单批改情形及完成手续	未完成1项扣5分，扣分不得超过40分			
工具及设备的使用 （10分）	1. 能正确使用计算机； 2. 能正确使用报表	未完成1项扣5分，扣分不得超过10分			
表单填写及报告撰写 （30分）	1. 字迹清晰； 2. 语句通顺； 3. 无错别字； 4. 无涂改； 5. 无抄袭； 6. 内容完整； 7. 回答准确； 8. 有独到的见解	未完成1项扣5分，扣分不得超过30分			

 思考提升

核保时保险人应注意哪些事项？假如保险公司在客户投保后未经核保接受客户投保，会有哪些风险？

能力测验

一、单选题

1. （　　）是保险人对愿意购买保险的单位或个人（投保人）提出的投保申请进行审核，做出是否同意接受和如何接受的决定的过程。

    A. 保险受理　　　　B. 保险承保　　　　C. 保险理赔　　　　D. 保险核保

2. 承保流程中不包含（　　）。

    A. 投保　　　　　　B. 核保　　　　　　C. 消保　　　　　　D. 续保

3. （　　）是指保险公司在对投保标的的信息全面掌握、核实的基础上，对可保风险进行评判与分类，进而决定是否承保、以什么样的条件承保的过程。

    A. 保险承保　　　　B. 保险鉴定　　　　C. 保险核保　　　　D. 保险审核

4. 以下不属于复核投保单内容的是（　　）。

    A. 单证内容　　　　B. 保险人　　　　　C. 保险金额　　　　D. 保险价值

5. 根据示范条款规定，已使用 2 年的车辆，在承保时应按（　　）确定车损险的保险金额。

    A. 协商确定保额　　　　　　　　B. 投保时的实际价值

    C. 新车购置价　　　　　　　　　D. 客户自定

6. 保险经营的重要环节是（　　）。

    A. 承保　　　　　　B. 计算保费　　　　C. 保险理赔　　　　D. 赔款计算

7. 在变更保险合同中用的是（　　）。

    A. 保险单　　　　　B. 暂保单　　　　　C. 批单　　　　　　D. 投保单

8. 保险人、投保人、被保险人以及受益人的变更属于（　　）。

    A. 保险合同客体的变更　　　　　B. 保险合同内容的变更

    C. 保险合同关系的变更　　　　　D. 保险合同主体的变更

9. 保险合同生效后，保险标的危险程度增加时，被保险人未履行增加通知义务，保险人对因危险程度增加而导致的保险标的的损失，可采取的正确方法是（　　）。

    A. 酌情赔偿　　　　B. 不予赔偿　　　　C. 部分赔偿　　　　D. 必须赔偿

10. 保险代理人与投保人之间签订的保险合同所产生的权利义务，其后果承担者是（　　）。

    A. 投保人　　　　　B. 被保险人　　　　C. 保险人　　　　　D. 保险代理人

二、多选题

1. 以下属于可进行一次性批改操作的批改原因的是（　　）。

    A. 注销　　　　　　　　　　　　B. 更改手续费比例

    C. 更改保险起期　　　　　　　　D. 修改保费

    E. 更改被保险人或投保人　　　　F. 更改行驶证车主

2. 可通过自动核保批改的原因有（　　　）。

    A. 更改牌照号　　　　　　　　　　B. 更改发动机号或车架号

    C. 修改驾驶员信息　　　　　　　　D. 修改行驶证车主

    E. 修改争议处理方式

3. 机动车交通事故责任强制保险合同由以下（　　　）部分组成。

    A. 条款　　　　　　　　　　　　　B. 投保单

    C. 保单　　　　　　　　　　　　　D. 批单

    E. 特别约定

4. 被保险人应尽的基本义务是（　　　）。

    A. 交付保费的义务

    B. 安全放在的义务

    C. 保险条件的申请批改义务

    D. 保险事故发生时救援、通知、协助追偿等义务

5. 保险公司及其工作人员在保险业务活动中不得有的行为包括（　　　）。

    A. 欺骗投保人、被保险人或者受益人

    B. 对投保人隐瞒与保险合同有关的重要情况

    C. 阻碍投保人履行合同法规定的如实告知义务，或者诱导其不履行规定的如实
       告知义务

    D. 拒不履行合同约定的赔偿或者给付保险金义务

6. 行驶证上包含的信息有（　　　）。

    A. 身份证号码　　　B. 发动机号　　　C. 车架号　　　　　D. 厂牌型号

7. 争议解决方式有（　　　）。

    A. 仲裁　　　　　　B. 调解　　　　　C. 诉讼　　　　　　D. 和解

8. 非营业客车有（　　　）。

    A. 党政机关用车　　　　　　　　　B. 事业团体客车

    C. 非营业企业客车　　　　　　　　D. 公交车、出租车

    E. 租赁车辆

9. 续保检查的内容一般包括（　　　）。

    A. 被保险人名称　B. 发动机号　　　C. 车架号　　　　　D. 车牌号

10. 下列因素中，会对车辆风险的变更产生影响的是（　　　）。

    A. 发动机的气缸数量　　　　　　　B. 行程半径

    C. 行驶时间长短　　　　　　　　　D. 驾驶员阅历与技能

三、判断题

    1. 承保实质上是保险双方即保险人与投保人签订合同的过程。（　　）

    2. 对于不同风险的车辆来说，各保险公司的承保策略相同。（　　）

    3. 承保的第一步为向投保人介绍条款、履行明确说明义务。（　　）

    4. 承保过程中，承保人员将协助投保人计算保险费、制订保险方案。（　　）

5. 投保和承保本质上是相同的。（　　）

6. 核保工作原则上采取两级核保体制。（　　）

7. 在保险合同有效期内，若保险标的所有权改变，或投保人因某种原因要求更改或取消保险合同，则进行批改。（　　）

8. 保险人计算保险费，不需要投保人履行如实告知义务。（　　）

9. 一般通过核对驾驶证来认定投保人对保险标的拥有保险利益。（　　）

10. 现如今保险中介组织对扩大保险业务产生了积极作用，核保制度可以帮助保险公司规范管理合作的中介组织，从而达到双赢的目的。（　　）

项目四
汽车保险报案与查勘

项目描述

机动车辆保险理赔工作一般都要经过报案受理、现场查勘、确定保险责任、立案、定损核损、赔款理算、核赔、结案处理、理赔案卷归档和支付赔款等过程。

机动车发生保险事故后应及时向保险公司报案，保险公司应受理报案，同时启动理赔程序。受理报案结束后，保险公司的调度人员应立即派查勘人员处理事故，告知查勘人员相关案情及案件风险点。查勘人员接到调度员的派工赶到事故现场，调查事故车的基本情况，调查当事人，询问事故发生的经过，拍摄现场照片，做好现场笔录，缮制查勘报告。

为了更好地完成相应学习目标，达成学习效果，本项目设计了两个典型的学习任务：汽车保险报案和汽车保险查勘。

学习目标

知识目标

1. 能够利用沟通技巧与客户交流；掌握接报案流程，对报案进行询问；

2. 能够操作客户接待管理软件并及时录入客户报案信息；

3. 能够准确对案件类别进行快速识别，准确对查勘人员派工；接到派工后能及时与报案人取得联系，能安抚事故人并交代安全注意事项，且能够在规定时间内安全到达现场；

4. 能够运用沟通技巧，获取保险标的发生事故的时间、经过，并详细地记录查勘记录；

5. 能够查明出险车辆的情况，验证相关证件，能够判断事故车辆与证件的真实性；

6. 掌握现场拍照、绘图、录音等技能，能够真实地反映事故现场；

7. 能够规范缮制查勘记录。

能力目标

1. 能够按照公司的规定处理汽车保险接报案和查勘调度业务；
2. 能够按照公司的规定处理现场查勘和立案业务。

素质目标

1. 通过对汽车保险报案和调度派工的学习，使学生具有与客户进行交流及协商的能力，增强学生的职业荣誉感；
2. 通过对汽车事故现场查勘和立案的学习，使学生热爱本专业领域工作，具有良好的思想政治素质、行为规范及职业道德，具有较强的业务素质，能够熟练、准确地为顾客解决实际问题。

学习任务一 汽车保险报案

任务描述

王女士于 2021 年在某市某汽车 4S 店购买了一辆速腾车，同时购买了交强险。在某次自驾车行驶中和一辆直行的车辆发生了碰撞，导致车辆受损，于是在第一时间向交警报案，交警判定王女士和另外驾驶人员负同等责任，同时王女士也向相应的保险公司报案。假设你是一名专业的保险公司接报案人员，要对该报案进行接报案处理。

任务分析

要完成本学习任务，可以按照以下流程进行。
（1）接报案人员记录好相关信息。
（2）及时调度查勘工作人员第一时间赶赴现场进行现场查勘。
（3）指导报案人员进行施救处理。
（4）评价工作成果与学习成果。
完成本学习任务需要准备的工作场景和设备如下。
（1）工作夹，内含汽车保险相关资料、名片、笔、便笺纸等；
（2）其他需要用到的工具。

微课
汽车保险
理赔的流程

相关知识

道路交通事故已成为当今社会公害，给人们带来的伤害是很大的，所以，一旦发生交通事故，就一定要第一时间自救和报案，汽车保险理赔人员更应该在受理案件后第一时间调度查勘人员赶赴现场进行事故处理，为被保险人提供专业的汽车保险理赔服务。

接报案是整个保险理赔流程中的第一个环节。客户所购车辆发生交通事故后一般都会通过不同的方式向保险公司进行报案，保险公司受理报案后，需要进行调度派工。接报案和调度派工一般由保险公司接报案人员和调度人员完成。下面将分别介绍接报案工作和查勘调度派工工作。

知识点 1　接报案

一、接报案工作流程

1. 报案的方式

投保人或被保险人出险时的报案方式主要有以下几种。

（1）电话报案。电话报案是指客户直接拨打保险公司客服电话进行报案，目前各保险公司大都建立了全国统一的免费客服电话。

（2）上门报案。上门报案是指客户亲自到保险公司报案，由于电话报案的普及，此种情况目前一般不会出现。对于客户上门报案的，公司接待人员应告知客户请拨打客服电话。

此外，还有网络报案、业务员转达报案和其他方式报案，但是在实践中大部分人都采用电话报案。

2. 接报案的一般工作流程

保险人接受被保险人报案后，需要展开询问案情、查询与核对承保信息、调度安排查勘人员等工作。

（1）受理报案、查抄保单抄件、核实客户身份。接到被保险人报案后，应在保险理赔系统"报案平台"中立即查抄保单，同报案人核对被保险人名称、车牌号码、厂牌车型等信息，核实出险客户身份及承保信息，核实是否为新能源车。如属非保险标的、出险时间不在保险期限内、非保险险别等不承担责任的，应耐心向客户解释。

（2）录入报案信息。如属本公司客户，对于出险时间、出险险别都在保险范围内的有效保单，应详细询问、记录并在保险理赔系统"报案平台"中输入报案信息。

（3）与报案人重述相关重要信息。当案件相关信息询问结束后，接报案人员应向报案人复述相关重要信息。

（4）选择案件类型、受理意见、自动生成报案号。根据报案损失情况，正确选择案件类型、受理意见，审核所输入的信息，如同意受理，确认后生成报案号。

（5）告知注意事项及索赔流程，结束受理报案。生成报案号后应告知客户报案号，以便进行后续处理；告知查勘人员尽快与客户取得联系；同时告知客户注意事项及索赔流程。

微课
复杂赔案
流程：报案

二、接报案工作内容

接报案人员主要需受理车险用户来电咨询、报案及投诉，对所报案情及时做出立案记录、拖车转接并进行相应处理，对车险用户进行电话回访等。

1. 保险公司车险客服电话服务内容

保险公司车险客服电话服务内容如图 4-1 所示。

2. 接报案人员的主要工作内容

（1）询问并记录相关信息。例如，驾驶人姓名，事故原因、类别、经过，车辆受损情况，保险单号，被保险人名称，号牌号码，出险时间，出险地点等，并填写机动车辆保险报案记录（代抄单）。

（2）查询并核对承保信息。接受报案后，应尽快查抄出险车辆的保险单和批单。查询是否重复报案，查验出险时间是否在保险期间以内，核对驾驶人是否为保险单中约定的驾驶人，初步审核报案人所述事故原因与经过是否属于保险责任等。如果

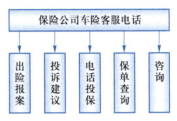

图 4-1　某保险公司车险客服电话服务内容

是新能源车，还应了解是否能够正常行驶、仪表盘是否有故障信息、电池包是否受损、电池包是否漏液、高压部件是否受损、气囊是否起爆、现场是否有人员伤亡。

（3）调度查勘人员进行现场查勘。依据出险报案信息，迅速通知、调度查勘人员进行现场查勘。对于需要提供现场救援的案件，应立即安排救援。

（4）代查勘、代定损案件。由出险地代查勘、代定损、代收集理赔资料，并通知承保地公司。

（5）安排救助。对于投保机动车辆救助服务特约条款的，接到保险车辆出险的信息后，应立即进行调度以实施救助。

三、受理报案客服电话礼仪规范

1. 接听报案电话礼仪规范

（1）接听报案电话时，要准备好纸和笔，并及时做好记录。

（2）报案电话铃声响 3 声内接听。

（3）接听后应主动报出公司名称，统一接听语为："您好，某某保险公司。"

（4）接听电话时应始终保持融融的笑意，让对方通过声音感受到热情友好的态度和端庄优雅的职业形象。通话过程中应吐字清晰，音调适当，音量适中，语速适中。

（5）接听电话时应集中注意力，排除周围的干扰，认真倾听，不要轻易打断客户的陈述。准确掌握接听电话中的何时、何人、何地、何事、为什么、如何处理，避免遗漏。

（6）通话时，因特殊原因需要临时中断时应向客户说明原因，无论时间长短，再次接听时应向客户致歉"对不起，让您久等了"。需让客户久等时，则应向客户

致歉并请客户留下电话号码，稍后再主动拨打过去。

（7）在接听电话过程中，不应与客户谈论和公司业务无关的话题。

（8）接听客户电话时，在对方结束某个问题后要复述，获取对方确认。有关事宜沟通完毕，应询问客户是否还有其他问题。等客户挂断电话后再轻放听筒，切忌先收线。

2. 拨打电话礼仪规范

（1）要考虑打电话的时间。注意确认对方的电话号码、单位、姓名，以免打错电话。

（2）准备好所需要用到的资料、文件等。

（3）首先使用问候语。讲话的内容要有次序，简洁明了。注意通话时间不宜过长。使用礼貌用语和敬语。

（4）外界的杂音或私语不要传入电话内。

（5）确认对方是否明白或是否记录清楚。说再见语并等对方挂机后再挂断电话。

四、接报案话术

在接报案过程中话务人员应对不同案件类型有不同的询问话术。下面以单方事故（此处的单方事故指不涉及与第三方有关的损害赔偿的事故，但不包括因自然灾害引起的事故）接报案话术为例进行说明。

1. 异常出险时间

（1）出险时间距保单起保日期7天之内。

① 话术要求：询问客户上一年度在哪家公司投保，投保险种有哪些。

② 话术示例：请问您的车险去年是在哪家公司投保的？投保了哪些险种？

③ 备注记录：上年在×××公司投保，保单号为×××，投保险种为×××。

（2）出险时间为餐后时间、需关注时间（21：00-3：00）。

① 话术要求：询问报案人是否在现场，提示报案人我司理赔人员需查勘或复勘现场；须提供交警事故证明。

② 话术示例：请问您现在是否在现场？请您根据查勘人员需要，配合查勘或复勘现场。请您向交警报案，并提供交警事故证明，这将对您的案件处理有所帮助。

③ 备注记录：现场报案，报案人在现场等待；已要求提供交警事故证明；报案人表述清晰（或不清晰）。

2. 异常出险地点

在郊外、山区、农村等较为偏僻地点出险。

① 话术要求：确认出险地点；请客户在现场等待，公司理赔人员将尽快与之联系。

② 话术示例：请问您的出险地点是在什么地方？是否属于郊区（或山区或农村等）？

③备注记录：客户出险地点为郊区（或山区或农村等），提示现场待查勘。

3. 异常报案人

（1）报案人非驾驶员、驾驶员非被保险人的以及报案人对驾驶员及出险情况不清楚的。

①操作要求：如果为非案件当事人报案，需获取联系方式后再联系驾驶员了解出险经过。

②话术要求：询问报案人与被保险人的关系；询问驾驶员，向驾驶员或其他知情人了解事故经过。

③话术示例：请问您和被保险人是什么关系？请问驾驶员现在在哪？请详细说明一下出险经过（如对方不清楚，为更清楚地了解出险经过，请驾驶员接一下电话或请提供一下驾驶员的联系方式）。

④备注记录：报案人与被保险人的关系。

（2）报案电话在系统内不同保单项下出现次数累计3次及以上的案件。

①操作要求：核对报案电话，在系统中查询是否为需关注电话，如果是，记录提示调度通知查勘。

②话术要求：询问报案人与被保险人的关系。

③话术示例：请问您和被保险人是什么关系？请问驾驶员是谁？他与被保险人是什么关系？

④备注记录：报案号码累计出现过 × 次；报案人、驾驶员和被保险人的关系。

4. 异常出险频度，多次出险（3次及以上）

①话术要求：提示并与客户确认已多次出险，请被保险人亲自索赔并记录。

②话术示例：您好，由于您此次是第 × 次出险，为维护您的权益，请您之后亲自来我司办理索赔手续。

③备注记录：此为客户第 × 次出险，已提醒申请办理索赔；记录报案人是否了解出险次数。

5. 高空坠物

①话术要求：询问坠落的具体物体；询问出险的具体地点，是否小区、停车场（是否收费，若收费则保留相关凭据）；提示报案人查找可能的责任方，并向责任方索赔；要求报警。

②话术示例：请问您的车是被什么物体砸到的？请问您的车停放在什么地方？是否收费（如果收费请保留好相关凭据）？请您尽快报警，并尽可能查找相关责任方进行赔偿。请保护好现场，如果查勘人员看过车后需要您补相关证明，麻烦您配合。

③备注记录：坠落物体为何物；有（或没有）人看管（如有人看管已提示保留相关凭据）；已提示报警查找责任方；已提示保护现场。

五、报案注销

根据《未决赔案管理规定》，符合报案注销条件的，按照规定的报案注销流程上报审批后，由具有报案注销权限的操作人员在业务处理系统中进行处理。

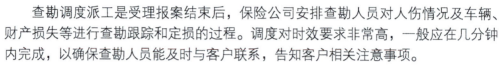

满足以下条件之一方可进行报案注销:

(1) 重复报案。

(2) 不属于保险责任。

(3) 属于保险责任，但客户放弃索赔。

(4) 无效报案(客户报错案、专线人员录入错误等)。

(5) 接报案当场能够拒赔的案件。

✍ 知识点 2　查勘调度派工

查勘调度派工是受理报案结束后，保险公司安排查勘人员对人伤情况及车辆、财产损失等进行查勘跟踪和定损的过程。调度对时效要求非常高，一般应在几分钟内完成，以确保查勘人员能及时与客户联系，告知客户相关注意事项。

由于查勘人员在收到任务未查勘之前无法判断事故的情况及相关风险点，因此调度人员是受理报案与查勘人员连接的桥梁，调度人员根据报案提供的信息转告查勘人员，并提示相关风险点，以便查勘人员能准确高效地处理案件。

一、查勘调度派工的基本要求

(1) 保险公司调度人员要及时以系统推送、电话或短信等形式通知查勘定损和人员受伤案件处理人员进行理赔处理。

(2) 保险公司调度人员负责受理接报案人员提交的各类报案调度要求，联系并调度相关理赔人员开展现场查勘定损工作；受理客户救援、救助请求，联系并调度协作单位开展相关工作；对调度信息进行记录，并及时向客户反馈调度信息。操作时应遵循以下几个要点。

① 判断报案信息是否完整、规范，如果报案信息不规范且影响调度工作，应与客户核实确认后，将报案信息补充完善。

② 接到调度任务时应迅速、准确和完整地进行调度，并及时通知被调度人员，登记后续处理人员及联系方式。

③ 调度时，需要根据报案信息判断调度类型(调度类型分为查勘调度、定损调度和人员受伤处理调度)，并按调度模式和规则进行任务调度。

④ 调度任务改派和追加时，应及时通知后续处理人员。

⑤ 做好调度后续追踪工作，做好调度及其相关环节的流程监控。

⑥ 客户及查勘人员需要提供救助服务的，应立即实施救助调度，通知施救单位，登记相关救援信息。

⑦ 当遇到特殊天气，报案量异常增多时，应及时启动极端天气应急预案并做好相关工作流程的衔接。

二、查勘调度派工的流程

保险公司常规案件的查勘调度派工流程如图 4-2 所示。

微课
复杂赔案
流程：调度

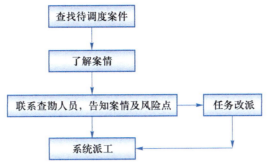

图 4-2　保险公司常规案件的查勘调度派工流程

（1）查找待调度案件。调度人员应不停地刷新待调度案件，发现有待调度案件应及时调度。良好的服务水平要求高效的调度，以确保客户能第一时间与查勘人员联系，正确处理好事故。

（2）了解案情。调度人员打开调度案件后，应快速了解案情。确定案件类型准确调度，并发觉案件风险点，以便转告现场查勘人员。

（3）联系查勘人员，告知案情及风险点。当调度人员确定了派工方案后应及时联系查勘人员，告知查勘人员案件的基本情况及案件风险点。

（4）系统派工。调度人员联系查勘人员后应在系统内派工，把案件任务调到该查勘人员的查勘平台，以便查勘人员对案件的后续处理。调度任务结束转给下一查勘环节。

（5）任务改派。当系统派工后对于部分案件由于客观原因该查勘人员无法查勘，调度人员应及时安排其他查勘人员完成该任务，同时在系统内应完成任务改派，以确保该案件在实际处理人平台。

任务实施

结合任务描述中的情景，要想更好地为客户王女士服务，接报案人员要记录好相关信息，及时调度查勘人员第一时间赶赴现场进行现场查勘，并指导报案人进行施救处理，建议按以下步骤来完成任务。

步骤一：拟订任务实施计划（表 4-1）。

表 4-1　任务实施计划

序号	工作流程	操作要点
1		
2		
3		
4		
5		

续表

序号	工作流程	操作要点
6		
计划审核	审核意见：	签字： 年　月　日

步骤二：接报案。注意记录报案信息；查验保险情况；指导客户填写有关单、证。填写本项目任务工单 1 "机动车辆保险报案记录实训报告"。

步骤三：调度派工。注意保险公司调度人员电话联系查勘人员的话术。

步骤四：填写任务评价表。

 任务评价

任务评价表如表 4-2 所示。

表 4-2　任务评价表

评分项	评分内容	评分细则	自我评价	小组评价	教师评价
纪律 （5分）	1. 不迟到； 2. 不早退； 3. 学习用品准备齐全； 4. 积极参与课程问题思考和回答； 5. 积极参与教学活动	未完成 1 项扣 1 分，扣分不得超过 5 分			
职业素养 （15分）	1. 积极与他人合作； 2. 积极帮助他人； 3. 遵守礼仪礼节； 4. 正确佩戴胸牌； 5. 做事严谨	未完成 1 项扣 5 分，扣分不得超过 15 分			
专业技能 （40分）	1. 是否咨询以下信息： （1）联系人姓名及电话； （2）签单公司； （3）报案类型； （4）大致估损金额； （5）行驶区域； （6）车牌、车型及其他车辆情况； （7）报案人及被保险人姓名；	未完成 1 项扣 5 分，扣分不得超过 40 分			

续表

评分项	评分内容	评分细则	自我评价	小组评价	教师评价
专业技能 （40分）	（8）报案人及被保险人联系电话； （9）出险区域； （10）出险具体地点； （11）出险经过； （12）出险原因； （13）损失情况； （14）事故处理部门； （15）事故责任及事故原因。 　2.是否对属于保险责任的案卷进行调度派工，并记录； 　3.是否对不属于保险责任的案件，缮制撤销案件审批书及撤销案件通知书，上报审核立案人； 　4.是否与撤销案件的被保险人沟通交接初始案件	未完成1项扣5分，扣分不得超过40分			
工具及设备的使用 （10分）	1.能正确使用计算机； 2.能正确使用报表	未完成1项扣5分，扣分不得超过10分			
表单填写及报告撰写 （30分）	1.字迹清晰； 2.语句通顺； 3.无错别字； 4.无涂改； 5.无抄袭； 6.内容完整； 7.回答准确； 8.有独到的见解	未完成1项扣5分，扣分不得超过30分			

思考提升

　　赵老师于2021年3月为其新买的迈腾投保了交强险、机动车损失保险、机动车第三者责任保险。2021年6月，赵老师在上班途中不慎与前车追尾造成赵老师车辆前保险杠受损，前车后保险杠受损。赵老师现向保险公司报案并咨询该如何理赔。假设你是该保险公司理赔人员，请为赵老师车辆受理报案并提供理赔指导。

　　（1）发生保险事故时，应通过哪种方式报案？

　　（2）接报案人员的工作内容有哪些？调度派工的工作内容有哪些？

学习任务二 汽车保险查勘

任务描述

　　王女士 2021 年在某汽车 4S 店新购买了一辆迈腾车。在一次驾车行驶过程中与一辆直行的车辆相撞，导致车辆受损，于是在第一时间向交警报案，同时也向保险公司报案，交警判定王女士和另外驾驶人负有同等责任，保险公司接报案人员核实报案人的相关信息后，调度查勘人员到现场进行查勘，假设你是一名查勘人员，需要完成现场查勘工作，且需要对此交通事故进行处理。

任务分析

　　要完成本学习任务，可以按照以下流程进行。
　　（1）查勘人员第一时间赶赴现场进行现场查勘。
　　（2）及时联系报案人员，再一次确定出险地点。
　　（3）到达现场认真查勘，作为查勘人员必须掌握现场查勘内容和流程及拍照注意事项，了解单证填写要求和规范。
　　（4）评价工作成果与学习成果。
　　完成本学习任务需要准备的工作场景和设备如下。
　　（1）工作夹，内含汽车保险相关资料、名片、笔、便笺纸等；
　　（2）其他需要用到的工具；
　　（3）在进行新能源车查勘前，务必穿戴好防护装备。

微课
车险查勘定
损职业规定

相关知识

　　要完成查勘定损工作，查勘人员应当第一时间赶到现场、及时联系报案人员并再一次确认出险地点，到达现场需认真查勘。作为查勘人员必须掌握现场查勘的内容和流程以及拍照注意事项。在完成现场查勘后，进行立案。立案工作主要是对事故现场查勘任务形成的信息和资料进行处理，对事故信息和估损金额进行汇总、核检和录入。下面分别介绍现场查勘和立案。

微课
复杂赔案流
程：查勘

知识点 1　现场查勘

一、保险车辆出险现场分类

　　保险事故是指被保险车辆因过错或意外造成的人身伤亡或者财产损失的事件。

保险车辆的出险现场是指发生保险事故的被保险车辆、伤亡人员以及与事故有关的物件、痕迹等所处的空间。

根据现场的完整真实程度，出险现场可分为原始现场、变动现场、伪造现场及逃逸现场四类。

（1）原始现场，也称第一现场，是指发生事故后至现场查勘前，没有发生人为或自然破坏，仍然保持着发生事故后原始状态的现场。这类现场保留了事故的原貌，可为事故原因的分析和认定提供直接证据，现场取证价值最大，它能较真实地反映出事故发生的全过程。

（2）变动现场，也称第二现场，是指发生事故后至现场查勘前，由于受到了人为或自然原因的破坏，使现场的原始状态发生了部分或全部变动的现场。对于变动现场，必须注意识别和查明变动的原因及情况，以利于辨别事故的发生过程，正确分析原因和责任。

（3）伪造现场，是指当事人为逃避责任、毁灭证据或达到嫁祸于人的目的，或者为了谋取不正当利益，有意改变或布置的现场。

（4）逃逸现场，是指肇事人为了逃避责任，在明知发生交通事故后，仍故意驾车逃逸而造成的破坏现场。

二、现场查勘的目的

现场查勘是证据收集的重要手段，是准确立案、查明原因、认定责任的依据，也是保险赔付、案件诉讼的重要依据。因此，现场查勘在事故处理过程中具有非常重要的意义。

（1）查明事故的真实性。通过客观、细致的现场查勘证明案件是否为普通单纯的交通事故，是否为骗保而伪造事故，即确定事故的真实性。

（2）确定标的车在事故中的责任。通过对现场周围环境、道路条件的查勘，可以了解道路、视距、视野、地形、地物对事故发生的客观影响；对事故经过进行分析调查，查明事故的主要情节和交通违法因素，分清标的车在事故中所负的责任。

（3）确定事故的保险责任。通过现场的各种痕迹物证，对当事人和证明人的询问和调查，对事故经过进行分析调查，查明事故发生的主要情节，结合保险条款和相关法规，确定事故是否属于保险责任范畴。

（4）确认事故的损失。通过对受损车辆的现场查勘，分析损失形成的原因，确定该起事故中造成的标的车及第三者的损失范围。通过对第三者受损财物的清点统计，确定受损财物的型号、规格、数量以及受损的程度，为核定损失提供基础资料，损失较小者可以现场确定事故损失。

三、现场查勘的主要工作过程

1. 接受查勘调度

查勘人员接受查勘任务后要详细记录案件的基本信息，和报案人员保持联系，并及时向客服中心反馈相关信息。

微课
现场查勘工作的重要性和工作职责

（1）现场查勘人员接到客服中心调度员电话后，如果是在非查勘定损过程中，应及时记录事故发生地点、客户姓名、联系电话、车牌号码、车架号码及报案号，并了解该案简单事故经过、核赔人是谁、是否为VIP客户、是否需推荐修理厂等案件相关信息。然后在5分钟内与客户电话联系，了解事故发生的详细地点及简单经过，告知客户预计到达现场的时间，对客户做初步的事故处理指导。

（2）查勘人员如果正在另一事故现场勘查过程中，正在处理的事故现场在短时间内能处理完毕，并预计按时或稍晚些时候可以赶到下一个事故现场的，查勘人员应及时记录好案件信息，并在5分钟内与客户电话联系，说明情况，消除客户的急躁情绪，让客户心中有数，并把情况向客服中心反馈。

（3）查勘人员如果正在修理厂定损过程中，应及时记录好案件信息，并在5分钟内与客户电话联系，说明情况，告知预计到达事故现场的时间。离开修理厂时要有礼貌地同客户或修理厂有关人员道别，并告知修理厂方如果有什么问题请随时打电话。

车损较大不能在短时间内处理完毕的，查勘人员应拍好车损外观照片，并与客户或修理厂有关人员进行沟通，取得他们的理解，然后赶赴现场案件地点进行查勘。

当修理厂位置偏远，且经简单拆检后即可定损完毕的，应及时与客服中心进行沟通，取得客服中心的支持，另行调度。

2. 查勘前的准备

现场查勘，就是一个对事故定性、定责的过程，即通过仔细了解现场情况，确定损失原因以及是否属于保险责任，该项工作主要由现场查勘人员完成。查勘人员在接到调度指令后，第一时间赶赴事故发生现场，对事故的真实性进行核实，协助客户处理现场，并告知客户相关索赔事项。

在赶赴现场之前，必须携带必要的查勘工具和救护用具，特别是查勘新能源车的防护装备，准备好查勘单证及相关资料。需准备的用品及用具如下。

（1）查勘设备。查勘车辆、照相用的相机、录音笔、电池及充电器等，重大案件需携带录像机；测量用的钢卷尺或皮尺；记录用的签字笔、书写板、三角板、印泥等文具；夜间查勘需准备手电筒；雨天查勘需准备雨伞、胶靴等；视情况还需准备反光背心、事故警示牌、手套等防护用品。

（2）常用药具。有条件的查勘部门还可常备创可贴、云南白药、碘酒、十滴水、风油精、正气水、药棉、纱布、绷带或医用胶带等常用药具。

（3）作业资料。现场查勘需准备现场查勘报告单、定损单、索赔申请书、出险通知书、事故快速处理书和其他委托单位要求在现场派发或收集的资料。

（4）查勘车辆。出发前，检查车辆车况。检查外观是否完好，胎压是否正常，车上工具是否齐全可用；检查行驶证及驾驶证是否携带等。

3. 到达事故现场的工作

到达事故现场后，查勘人员应先将查勘车辆停放在不影响通行的安全位置，携带好查勘工具下车。

（1）到达现场后，查勘人员首先要通过车牌号码来确认事故现场就是查勘人员需要查勘的现场，同时要确认客户身份，并向客户进行自我介绍。介绍的标准用语是："您好，请问是 ×× 先生 / 小姐吗？我们是 ×× 保险公司的查勘人员，我姓×，这是我的名片。"

（2）随后将名片递送给客户，同时向客户表明"受 ×× 保险公司委托，您的这次事故由我来处理"，以取得客户配合，同时消除客户急躁情绪，然后开展现场查勘工作。

4. 了解事故现场概况

（1）查看事故现场是否有人员受伤。对于有人员受伤的案件，查勘人员应指导客户拨打 120 和 122 报警，并保护好现场，协助将伤员送往医院等（因抢救需要移动现场车辆或人员位置的，要做好标记）；如属于群死群伤的大案件，需积极协助客户、交警部门妥善处理人伤事宜。

（2）查看事故车辆是否处于危险状态。如事故车辆仍处在危险状态，查勘人员应指导客户联系 122、119 实施拖、吊、灭火等救援工作。

（3）查勘新能源车的特殊要求。在车辆周围设置警示标识，通过外观判断是否涉及高压部件，用仪器检测车身是否漏电，在确认安全情况下检查拍摄仪表盘信息（如故障里程 SOC 等），不能行驶的尽快拆下 12V 电池，条件允许时断开维修开关等。如果电池包、高压部件有损，那么可能绝缘失效，需特别注意人身安全，尽量联系专业人员处理。

5. 拍摄现场照片

由于事故现场极易被破坏，因此在了解事故现场概况的同时，查勘人员应及时拍取现场照片，如图 4-3 所示。现场照片的拍摄贯穿于整个现场查勘过程。

6. 核实事故情况

核实事故情况就是要确认事故的真实性、确认标的车在事故中的责任、确认事故或损失是否属于保险责任范畴。

（1）查勘碰撞痕迹。查勘事故车辆的接触点、撞击部位和事故痕迹，查找事故附着物、现场散落物，检查事故车辆接触部位黏附的物体，如图 4-4 所示。拍摄这些物体作为物证，以便分析事故附着物、散落物及事故痕迹是否符合事故描述，从而判断事故的真实性。对存在疑点或报案不符的事项做重点调查，必要时对当事人或目击人做询问记录。

微课
查勘技巧之
拍照技巧

微课
查勘技巧之
碰撞与痕迹

微课
查勘技巧之
汽车痕迹
分析

微课
查勘技巧之
事故痕迹

图 4-3　事故现场

图 4-4　查勘碰撞痕迹

事故附着物、散落物是指黏附在事故车辆表面或散落在现场的物质（如油漆碎片、橡胶、人体的皮肉、毛发、血迹、纤维、木屑以及汽车零部件、玻璃碎片等），事故痕迹是肇事车辆、被撞车辆、伤亡人员、现场路面及其他物体表面形成的印迹（如撞击痕迹、刮擦痕迹、碾轧痕迹、刹车痕迹等）。

对事故车辆与被碰撞物已经分离的情况，要用卷尺指明碰撞点拍摄，来反映碰撞物体之间的空间关系，如地上石头的高度与车辆底盘被碰撞点的高度；墙体、栏杆上碰撞痕迹的长度、高度与车辆碰撞痕迹的长度、高度。

（2）确认事故的真实性。通过对事故现场的仔细勘验，查勘人员要对事故的出险时间和地点做出判断，以确认事故是否真实。

（3）确认车辆行驶状态。通过查勘车辆行驶后遗留的轮胎印痕，勘查现场环境和道路情况，可确认事故车辆的行驶路线。

（4）判定事故责任。确定车辆行驶状态后，结合出险驾驶人或事故目击人员的叙述，查勘人员可根据相关规定对事故责任做出判定。交通事故责任分为全责、主责、同责、次责、无责几种。

（5）查明事故发生的原因。出险的真实原因是判断保险责任的关键，对原因的确定应采取深入调查，切忌主观判断。对事故原因的认定应有足够的事实依据，通过必要的推理，得出科学的结论。应具体分析说明是客观因素，还是人为因素；是车辆自身因素，还是受外界影响；是严重违章，还是故意行为或违法行为等，尤其是对保险责任的查勘，应注意确定是外部原因引起、是损伤形成后没有进行正常维修而继续使用造成损失扩大所致，还是车辆故障导致事故。对损失原因错综复杂的，应运用近因原则进行分析。

（6）核实事故是否属于保险责任范畴。查明真实的事故原因后，查勘人员应勘察事故现场中是否存在可疑之处。若查出事故属于非保险责任范畴，就需要向客户解释清楚，并在查勘报告中注明清楚。

7. 核实被保险车辆情况

如果事故车辆可以自行移动，那么在确认事故的真实性、保险责任和事故责任之后，查勘人员可同意（或要求）事故当事人将事故车辆移到不影响交通的地方，继续核实被保险车辆的情况。

8. 核定事故损失

（1）核定事故车辆损失，剔除非本次事故或非保险责任内损失。现场查勘时，查勘人员要确认事故车辆的损失部位。对非本次事故造成的损失（或非保险责任范畴内的损失）要予以剔除，并做好客户的沟通解释工作，取得客户理解和确认。对于责任明确、车损较小、没有隐损件的事故，现场核定维修工时和配件价格，出具"定损单"，并在需要回收的受损零部件上粘贴回收标签，告知客户妥善保管核准更换的受损零部件，以备回收。

（2）清点财产损失情况。对于造成其他财产损失的案件，查勘人员应现场确认第三方财产损失的型号、数量等，对于货品及设施的损失，应核实数量、规格、生产厂，并按损失程度分别核实；对于车上货物还应取得运单、装箱单、发票，核对装载货物情况；对于房屋建筑、绿化带、农田庄稼等要第一时间丈量损失面积，告知客户提供第三方财产损失清单，并对受损财产仔细拍照。现场清点后，要列出物损清单，并要求事故双方当事人在清单上签名确认。

（3）确定人员伤亡情况。对于有人员伤亡的事故，查勘人员要及时与事故当事人沟通，确认事故中人员伤亡的数量、伤势和伤员就医的医院。属车上人员的，应核实事发时伤者的乘坐位置。有条件的，要前往伤者所在医院，确认伤者伤势、姓名、年龄、身份、职业、家庭状况等。

9. 撰写现场查勘报告

查勘人员在完成上述现场查勘工作后，应根据现场查勘情况，完成查勘报告。

案例小贴士

某日上午10时30分左右，王某驾驶私家车从过江大桥匝道由东往西行驶时，与一辆从临江大道突然穿插过来的电动车发生碰撞，造成两车受损、电动车驾驶员受伤的交通事故。经查实，该车发生事故时所购保险在保险期内，保险公司派人员查勘车损，并赶赴事故发生地复勘。

查勘结果：王某所驾私家车经过人行横道时没有减速行驶，当有情况突发时因为车速过快，自己已经无法控制好车辆，从而导致事故的发生。王某应负此次事故的主要责任。

知识分享

《中华人民共和国道路交通安全法》第四十七条规定："机动车行经人行横道时，应当减速行驶。"

四、现场查勘结束后的工作

（1）填写工作日志。按要求填写当天的查勘工作日志，注明违约案件及现核案件情况，对当天查勘情况进行统计。

（2）核定第三方财物损失。对于现场没有提供第三方财物损失清单的案件，查勘人员应主动与客户联系，要求客户提供损失清单，并根据现场查勘情况，核定第三方财物损失数量后，按要求交给相关核价人员核定价格。

（3）确认维修价格。对于现场核定完损失的案件，查勘人员在上传资料前应与客户或承修厂沟通，查看客户实际选择的承修厂，必要时对价格进行微调，确认客户或承修厂对现场核定的维修价格无异议。

（4）上传材料。现场查勘的所有相关资料，需要上传理赔系统的，查勘人员必须在规定时间内上传至车险理赔系统；若遇有疑难问题，与搭档沟通达成一致意见后及时与核赔人员沟通，将沟通意见上传至车险理赔系统。

五、询问记录（查勘笔录）的制作

现场查勘工作主要包括调查取证、现场照相、绘制现场图及现场查勘报告的填

微课
查勘技巧之
笔录技巧

写等。而调查取证工作又包括询问记录和收集物证。

询问记录是采集案件证言的常用方法，是从公安机关、检察机关等相关执法机关处学习而来的固定证据和勘验现场记录现场情况的一项重要载体，是指办案人员全面记录事故现场及相关场所的勘验、检查情况，以及依法搜集、提取证据等事项的证据性文书。在车险理赔的实务操作中，就有第一现场的查勘笔录、后续还原事情经过的询问笔录等形式，其实笔录存在的意义在于详实地记录当时事故发生的过程，将当事人的相关陈述和现场采集的相关证据进行书面化的固定，防止后续出现反悔或翻供。

在实际工作中，要根据不同的情况，采用不同的询问方法。关于车险理赔方面的查勘第一现场查勘笔录如何缮制，有哪些不为大家所熟悉的技巧，有哪些容易被大家忽略的问题，又有哪些需要注意的特殊事项等，便于大家在今后的车险理赔，尤其是第一现场查勘的工作中，怎样能够最大程度地发挥查勘笔录的作用，为反欺诈案件的成功侦破、证据锁定，提供最强有力的支持。查勘笔录首先应由两名询问人在场对被询问人进行提问；其次现场制作询问记录时，要注意一些技巧，要从事故和人员的基本情况问起，询问的语气要平和，尽量不要一开始就直接针对可能存在疑点的问题提问，以免引起警觉或反感，导致被询问人不配合。

虽然现在涉足车辆保险的保险公司在我国有 30 多家，但无论是对于车险查勘笔录的制式，还是填写的内容、相关的填写要求等都大同小异，需要注意以下几个方面。

（1）下笔之前先观察，观察之后再下笔。在缮制笔录之前，可以先行做好反保险欺诈宣导并观察一下被询问人的状态，因为一般涉嫌保险欺诈的嫌疑人，内心都是恐惧的，对于自己的行为败露都会产生不可预见性惊慌，往往会通过一些细微的动作、眼神和表情不经意地流露出来，这往往是查勘人员下笔之前需要非常关注的。

（2）查勘笔录一丝不苟。查勘笔录的字迹一定要清晰，可辨识度高，切忌字体"龙飞凤舞"，犹如天书一般，这样会严重影响查勘笔录的法律效应。保险法中有明文规定，并且在历年的司法实践当中也是大概率事件，但凡在保险相关解释当中出现有两种及两种以上的解释情况，司法实践是选择利于被保险人的那一种作为采信的证据或者解释。有时查勘人员辛辛苦苦缮制的查勘笔录有可能因为表述不清、记载不明而成为废纸一张或者更有甚者会起到反作用。所以，使用印刷版本的查勘笔录比较合适和稳妥。

（3）查勘笔录先小人后君子。所有询问记录均需询问人、被询问人签名，并按指纹。如果是两张或以上的，务必请被询问人在骑缝处完善签字和加按指纹，防止出现纠纷。

（4）查勘笔录慎修改，修改之处必见红。查勘笔录要细致周到的缮制，轻易不要修改，如果修改之处超过 3 处，请重新缮制，作废原来修改的笔录；如果不超过 3 处，建议修改处一定要请被询问人签字并加按指纹，并且双方在签字处下方备注"经双方已确认，全文共计 × 处修改"，作为说明。

（5）想的越周全，笔录越值钱。查勘笔录对于时间一定要精确，最好精确到分钟，并使用24小时制，地点要精确到街巷门牌号、公路的里程桩。

（6）查勘笔录在收尾阶段，务必要注意在拍摄最终完成的笔录时，最好把被询问人的身份证与笔录一并拍照，形成证据"命运共同体"，让证据彻底坐实，让证据无懈可击。

下面列举出酒后驾车、违反装载规定、改变使用性质、在营业性机构维修或养护期间、非大面积水淹、虚构顶包等出险现场案件的询问提纲供读者参考。

（1）酒后驾车造成的事故是典型的除外责任事故，但酒后驾车的取证工作也是相当困难的。下面给出了酒后驾车出险案件制作询问记录的方法。

① 询问提纲：

a.请你陈述一下事故发生的详细经过。你认为是什么原因造成事故的？

b.发生事故时你驾驶标的车在干什么？何时何地出发到哪里去？

c.发生事故前用餐了吗？在哪里用餐？（用餐时间一定要用24小时制进行记录）

d.几个人用餐？吃了什么饭菜？是否饮酒？（如果是数人喝酒，则要问明是哪些人）

e.你认识被保险人×××吗？你与他是何种关系？（如果有借车情节，要了解清楚借车的详细经过）

② 记录要点：a.一定要确认出险驾驶员饮酒的数量和具体的时间；b.时间一定要用24小时制记录。

（2）涉嫌违反装载规定的出险现场查勘笔录应注意的细节。

货车类：① 发生事故时标的车在执行什么任务？是谁委派的？记录好姓名电话。② 车上装的是什么货物？货物是如何包装的？③ 货主是谁？是谁装的或卸的？装货的时候你是否在场？何时何地装货起运？目的地是哪里？④ 货物一共多少件？每件多重？共重多少？⑤ 车上除载货外还载了多少人？分别是哪些人？在车上的什么位置？⑥ 有无该批货物的装车清单及发货凭证？

客车类：① 事发时标的车在执行什么任务？何时何地出发到哪里？谁委派的？② 车上坐的是谁？和你是什么关系？在哪上的车？③ 车上有多少乘客？都坐在什么位置？能否在图上标出？④ 你是否认识被保险人？他和你是什么关系？

（3）改变使用性质，导致被保险车危险程度显著增加，且未及时通知保险人，因危险程度显著增加而发生保险事故。较多的有：私家轿车违规冒充网约车进行营业性用车，在使用过程中发生事故；面包车违规营运进行退货拉货，在使用过程中直接导致的保险责任事故；被保险车按非营业投保，出险时从事营业运输。这类查勘笔录一定要确认标的车出险时是否营运，即有没有收钱或收了多少钱（谈妥收多少钱），同时确认标的车在平时是否也进行营运活动。面包车即使出险非营业，也应确认其加装改装而改变车辆性质的行为。

（4）标的车在营业性机构维修或养护期间事故出险现场查勘笔录应注意的细节。这种情况主要指车辆的使用人将保险车辆送至营业性机构维修或养护期间，修理厂相关人员驾驶保险车辆发生事故并造成损失的现场。此情况下的驾驶员多为修理厂人员，除了现场碰撞痕迹外还有其他修理期间出现的特征，驾驶员可能刻意隐瞒修车事实。调查时需详细记录当事人描述的取车经过，了解被保险人的基本情况及联系电话，详细记录当事人的身份描述，查看并记录修理厂的接车记录。主要可设问：可否提供车主姓名及被保险人姓名等信息？你与车主及被保险人是何种关系？该车为何由你驾驶？车主允许你驾驶该车出厂吗？该车是何时进厂维修的？什么原因进厂维修？该次事故发生前该车修理情况怎样？当时维修费用预计多少？付款方式是什么？

（5）非大面积水淹事故出险现场查勘笔录应注意的细节。这种情况主要指机动车辆在停放或行驶过程中被水浸泡，导致车辆受损的事故。针对非大面积水淹事故更需要注意风险防范，做笔录主要是掌握被保险人有无扩大损失的行为。特别需要详细记录当事人对于熄火后采取的措施的描述，确认熄火后有没有继续打火启动车辆，详细记录其中互相矛盾的地方。可主要设问：你与车主及被保险人是何种关系？该车为何由你驾驶？从哪里出发去哪里？事故的详细经过是怎样的？你是怎样发现车辆进水的？是车辆停放未启动情况下进水的，还是车辆在行驶过程中涉水后熄火的？事故发生后，你采取了哪些措施？有没有及时关闭车辆自动启停功能按钮，并且是否重新点火启动？一共重复点火启动多少次？

（6）虚构驾车肇事经历，顶替肇事驾驶人承担责任的出险现场查勘笔录应注意的细节。这种情况主要指无证驾驶保险车辆或酒后驾驶车辆的驾驶人在保险车辆发生事故后，找有合法驾驶资格人员顶替承担责任及处理事故的现场。现场表现为顶替者不能清楚地描述事故经过，对车主及被保险人的情况、车内物品存放及车上乘客乘坐位置不太清楚。特别需要详细记录当事人对事故经过（包括处理经过）、车主及被保险人的情况、车内物品存放及车上乘客乘坐位置的描述，需特别注意记录其中互相矛盾的地方。可主要设问：可否提供车主姓名及被保险人姓名等信息？你与车主及被保险人是何种关系？你从谁手上借的车？什么时候借的？在哪借的？有对方的联系电话吗（然后再与对方核对）？事故发生时你驾车在干什么？该车为何由你驾驶？你驾驶该车多长时间了？平时该车由谁驾驶？该车是什么车型？车况如何？最近维修情况如何？有无办理年检？发生事故的详细经过如何？（何时从何地到哪里？车上乘客有几个？分别是什么人？乘客的位置如何？车速及车辆损失情况如何？）

知识点2　立案

一、立案前的准备工作

立案是指经初步查验和分析判断，对属于保险责任范围内的事故进行登记予以受理的过程。查勘定损人员应根据"机动车辆保险事故现场查勘记录"和有关证明材料，依照保险条款的有关规定，全面分析主、客观原因，确保保险事故是否属于保险责任范围之内。

（1）接收查勘资料（查勘记录及附表、查勘照片和询问笔录，以及驾驶证、行驶证的照片或复印件等）。

（2）查阅出险车辆承保信息。

（3）查阅出险车辆历史赔案信息。

二、立案处理流程

1. 判断保险责任

（1）如是，在接收报案后72小时内立案。

（2）判断属于交强险还是商业险。

（3）经查勘人员核实是否为有效报案，无效报案进行报案注销处理。

2. 估计保险损失

应区分交强险、商业险，分别录入或调整损失金额。

任务实施

结合任务描述中的情景，要想更好地为客户王女士服务，查勘人员要第一时间赶到现场，及时联系报案人员，再一次确定出险地点，到达现场认真查勘。查勘人员必须掌握现场查勘内容和工作流程及拍照注意事项，了解单证填写要求和规范。建议按以下步骤来完成任务。

步骤一：拟订任务实施计划（表4-3）。

表4-3 任务实施计划

序号	工作流程	操作要点
1		
2		
3		
4		
5		
6		
计划审核	审核意见： 签字： 年　　月　　日	

步骤二：查勘前准备工作。要注意思考好本次现场查勘前，查勘人员应准备哪些工具及资料。

步骤三：接受查勘调度。要注意设计好查勘人员电话联系客户的话术。

步骤四：事故现场查勘。要注意本次事故中查勘人员应拍摄的照片、本次事故设计询问提纲、绘制事故现场草图等；填写现场查勘记录和现场查勘询问笔录。完成本项目任务工单 2 "机动车辆保险事故现场查勘记录实训报告"和任务工单 3 "机动车辆保险事故现场查勘询问笔录实训报告"。

步骤五：现场查勘结束后的工作。要注意在查勘平台上录入相关信息，并上传相关资料；指导客户填写索赔须知和索赔申请书。完成本项目任务工单 4 "机动车辆保险索赔须知实训报告"、任务工单 5 "机动车辆保险索赔申请书实训报告"和任务评价表。

 任务评价

任务评价表如表 4-4 所示。

表 4-4 任务评价表

评分项	评分内容	评分细则	自我评价	小组评价	教师评价
纪律 （5分）	1. 不迟到； 2. 不早退； 3. 学习用品准备齐全； 4. 积极参与课程问题思考和回答； 5. 积极参与教学活动	未完成 1 项扣 1 分，扣分不得超过 5 分			
职业素养 （15分）	1. 积极与他人合作； 2. 积极帮助他人； 3. 遵守礼仪礼节； 4. 正确佩戴胸牌； 5. 做事严谨	未完成 1 项扣 5 分，扣分不得超过 15 分			
专业技能 （40分）	1. 能准备必要的工具设备； 2. 能与报案人联系； 3. 能查验相关信息； 4. 能及时赶赴现场； 5. 能询问事故发生经过及原因； 6. 现场照片清晰，能反映出整个事故现场； 7. 能判定保险责任是否正确； 8. 能绘制现场草图； 9. 能由当事人填写事故经过及原因，并签字； 10. 能填写查勘结论，并签字； 11. 能填写标的车信息； 12. 遇特殊情况能及时反馈	未完成 1 项扣 5 分，扣分不得超过 40 分			

续表

评分项	评分内容	评分细则	自我评价	小组评价	教师评价
工具及设备的使用（10分）	1. 能正确使用计算机； 2. 能正确使用报表	未完成1项扣5分，扣分不得超过10分			
表单填写及报告撰写（30分）	1. 字迹清晰； 2. 语句通顺； 3. 无错别字； 4. 无涂改； 5. 无抄袭； 6. 内容完整； 7. 回答准确； 8. 有独到的见解	未完成1项扣5分，扣分不得超过30分			

 思考提升

　　张老师于 2021 年 6 月为其新买的宝来投保了交强险、机动车损失保险、机动车第三者责任保险。2021 年 8 月张老师在停车过程中不慎与停车场立柱发生碰撞，造成本车后保险杠受损。张老师已向保险公司报案，现需对张老师车辆进行现场查勘。假设你是该保险公司查勘人员，请为张老师车辆进行现场查勘。

　　（1）作为查勘人员，现场查勘过程中具体应做哪些工作？

　　（2）该案查勘的重点是什么？

能力测验

一、单选题

1. 各保险公司的车险条款都约定被保险人的报案时限的规定，在不存在不可抗力的情况下一般要求出险后（　　）小时内报案。

　　A. 12　　　　　　　B. 24　　　　　　　C. 36　　　　　　　D. 48

2. 中国平安保险公司的客服电话为（　　）。

　　A. 95502　　　　　B. 95518　　　　　C. 95500　　　　　D. 95511

3. 目前最普遍的报案方式是（　　）。

　　A. 电话报案　　　B. 网络报案　　　C. 上门报案　　　D. 传真报案

4. 车损查勘员一般仅对（　　）进行查勘。

　　A. 车损　　　　　B. 物损　　　　　C. 人伤　　　　　D. 道路设施损坏

5. 物损查勘员一般仅对事故相关（　　）损失进行查勘。

　　A. 车辆　　　　　B. 财产　　　　　C. 道路　　　　　D. 人员

6. 人伤查勘员一般仅对事故造成的（　　）伤亡进行查勘跟踪。

    A. 机动车　　　　　B. 非机动车　　　　C. 人员　　　　　D. 道路

7. 发生事故后至现场查勘前，由于受到了人为或自然原因的破坏，使现场的原始状态发生了部分或全部变动的现场称为（　　）。

    A. 原始现场　　　　B. 变动现场　　　　C. 恢复现场　　　　D. 第一现场

8. 当事人为逃避责任、毁灭证据或达到嫁祸于人的目的，或者为了谋取不正当利益，有意改变或布置的现场称为（　　）。

    A. 变动现场　　　　B. 原始现场　　　　C. 伪造现场　　　　D. 逃逸现场

9. 肇事人为了逃避责任，在明知发生交通事故后，仍故意驾车逃逸而造成的破坏现场称为（　　）。

    A. 变动现场　　　　B. 原始现场　　　　C. 伪造现场　　　　D. 逃逸现场

10. 保险车辆发生道路交通事故后，需要拨打（　　）向交警报案。

    A. 119　　　　　　　B. 114　　　　　　　C. 122　　　　　　　D. 110

二、多选题

1. 车险公司客服电话服务内容非常广泛，包括（　　）。

    A. 出险报案　　　　B. 保单查询　　　　C. 电话销售　　　　D. 投诉建议及咨询

2. 接听报案的主要内容有（　　）。

    A. 确认客户身份，了解客户保单信息及保障范围

    B. 了解出险情况，确认案件经过并详细记录

    C. 对可能存在的风险点进行相关信息的核实确认，并记录

    D. 对客户进行必要的理赔服务提醒

3. 报案的方式有（　　）。

    A. 传真报案　　　　B. 网络报案　　　　C. 电话报案　　　　D. 上门报案

4. 查勘调度按损失类型分为（　　）。

    A. 车损　　　　　　B. 物损　　　　　　C. 人伤　　　　　　D. 道路设施损坏

5. 现场查勘的目的为（　　）。

    A. 查明事故的真实性　　　　　　　　　B. 确定标的车在事故中的责任

    C. 确定事故的保险责任　　　　　　　　D. 确认事故的损失

6. 现场查勘需准备的用品及用具有（　　）。

    A. 查看设备　　　　B. 常用药具　　　　C. 作业资料　　　　D. 查勘车辆

7. 在现场查勘工作中，查验相关信息主要包括（　　）。

    A. 车　　　　　　　B. 证　　　　　　　C. 人　　　　　　　D. 路

8. 查勘人员现场取证主要通过（　　）方式取得。

    A. 问　　　　　　　B. 看　　　　　　　C. 思　　　　　　　D. 摄

9. 立案前的准备工作有（　　）。

    A. 接收查勘资料　　　　　　　　　　　B. 查阅出险车辆承保信息

C. 查阅出险车辆赔案信息　　　　　D. 打客户电话
10. 立案需接收的查勘资料一般包括（　　　　）。
　　A. 查勘记录及附表　　　　　　　B. 查勘照片
　　C. 询问笔录　　　　　　　　　　D. 驾驶证、行驶证的照片或复印件

三、判断题

1. 保险公司受理报案的行为不构成赔偿的依据。　　　　　　　　（　　）
2. 太平洋保险公司的客服电话为 95518。　　　　　　　　　　（　　）
3. 对于在异地出险的，如果保险人在当地有分支机构，被保险人就应直接向承保公司报案。　　　　　　　　　　　　　　　　　　　　　　　（　　）
4. 调度派工是受理报案结束后，保险公司安排查勘人员对人伤情况及车辆、财产损失等进行查勘跟踪和定损的过程。　　　　　　　　　　　　　　（　　）
5. 一级调度是指调度人员将案件派给委托的公估公司，由公估公司再次调度给其查勘人员。　　　　　　　　　　　　　　　　　　　　　　　（　　）
6. 保险事故现场按事故状态可分为原始现场、变动现场、伪造现场及逃逸现场。　　　　　　　　　　　　　　　　　　　　　　　　　　　　（　　）
7. 若当事人不知道发生事故（没有察觉）而驾车驶离现场，造成现场变动的应视为变动现场。　　　　　　　　　　　　　　　　　　　　　　（　　）
8. 查勘人员在赶赴现场之前，必须携带必要的查勘工具和救护用具，准备好查勘单证及相关资料。　　　　　　　　　　　　　　　　　　　　（　　）
9. 现场查勘工作主要包括调查取证、现场照相、绘制现场图及现场查勘报告的填写等。　　　　　　　　　　　　　　　　　　　　　　　　　（　　）
10. 事故中有第三者车辆受损的，应写明第三者车的相关情况，包括车牌号码、车型、车架号码、承保情况（交强险、商业险）等。　　　　　　　（　　）

项目五
汽车保险定损与核损

 **项目描述**

    汽车在发生交通事故时，常常伴随着人身伤亡、财产损失等，为了更好地履行汽车保险分摊风险、补偿损失的职责，需要对损失进行核定，这其中包括配件损失、维修工时费计算、施救费用确定、残值计算等，需要一定的专业基础。

    为了更好地完成相应学习目标，达成学习效果，本项目设计了两个典型的学习任务：汽车保险定损、汽车保险核损。

学习目标

知识目标

1. 熟悉车险定损的常用方法和流程；
2. 了解人身伤亡的赔偿项目；
3. 掌握事故车辆损失评估的基本方法；
4. 掌握事故车辆损失检查的技术手段；
5. 熟悉水灾、火灾、盗抢等特殊损失车辆的损坏形式；
6. 熟悉水灾、火灾、盗抢等特殊车辆损失评估的基本方法。

能力目标

1. 能够正确实施车辆施救工作；
2. 能够完成常见碰撞事故车辆的损失评估工作；
3. 能够完成水灾事故车辆的损失评估工作；
4. 能够完成火灾事故车辆的损失评估工作。

素质目标

1. 通过对保险损失核定技能的学习，培养学生爱岗敬业、严谨务实、勤于钻研的工匠精神，弘扬劳动光荣理念，培育职业素养。

2. 树立正确的技能观，努力提高自己的技能，为社会和人民造福，绝不利用自己的技能去从事危害公众利益的活动，提倡健康的道德准则，爱惜自己的职业信誉，鼓励学生利用自己所学的专业知识，积极参与社会救助活动。

学习任务一  汽车保险定损

任务描述

客户张先生在长江大道被追尾，随后车辆失控坠河，查勘人员到达现场进行查勘，请帮助张先生对他的事故车辆进行定损。

任务分析

要完成本学习任务，可以按照以下流程进行。
（1）收集客户基本信息。
（2）完成车辆定损。
（3）完成人员伤亡费用的确定。
（4）完成施救费用的确定。
（5）完成其他财产的损失确定和残值处理。
完成本学习任务需要准备的工作场景和设备如下。
（1）工作夹，内含汽车保险查勘定损相关资料、名片、笔、便笺纸等。
（2）按照顾客的信息及身份背景设定资料。
（3）为模拟真实场景，建议准备模拟事故车辆。
（4）其他需要用到的工具。

相关知识

知识点 1　车辆定损方法

一、定损流程

保险车辆出险后的定损项目包括车辆定损、人员伤亡费用的确定、施救费用的确定、其他财产的损失确定和残值处理等内容。

二、车辆定损原则

定损人员在车辆定损工作中应遵循以下原则：

（1）修理的范围仅限本次保险事故所造成的损失。主要是要区别本次事故损失和非本次事故损失，正常维护损失与保险事故损失。根据保险损失补偿原则只有本次保险事故所造成的损失才属于赔偿范围。

（2）能修复的部件应坚持修理，不能随意更换。

（3）能够进行局部修复的，不进行整体修理。

（4）能换零件的不换总成件。

（5）定损中应根据当地维修行业工时费用水平准确确定工时费用。

（6）定损中应按照市场情况准确掌握换件价格。

（7）确定车辆的维修方案时，应保证车辆维修后能达到原有的技术性能状态。

（8）在定损工作过程中，应积极主动，掌握定损的主动权。

（9）超过权限时及时报上级。

三、车辆定损内容与要求

出险涉及的受损车辆在车辆定损时应同被保险人和第三者车损方一起核定。在整个过程中要体现"以保险公司为主"的原则。车辆定损的基本内容、要求和程序包括以下几点。

（1）根据现场查勘情况认真检查受损车辆，确定受损部位、损失项目、损失程度，并进行登记。对投保新车出厂时车辆标准配置以外新增加的设备要进行区分；并分别确定损失项目和金额，损失严重的应将车辆解体后再确认损失项目，对估损金额超过本级处理权限的，应及时报上级公司协助定损。

（2）与客户协商确定修理方案，包括换件项目、数量、修复项目、检修项目。协商双方应本着实事求是、合情合理的原则。协商时注意区分本次事故和非本次事故的损失，注意事故损失和正常维修维护的界限，对确定事故损失部位应坚持能修不换的原则，能够更换部件的，绝不更换总成件。严禁"搭车"修理。车主要求扩大修理的，超出部分应由车主自己承担。

（3）根据换件项目、修理项目的有关内容，确定损失金额，并出具《机动车辆保险车辆损失情况确认书》。

（4）对损失金额较大，双方协商难以定损的或受损车辆技术要求高，难以确定损失的，可聘请专家或委托公估机构定损。

（5）受损车辆原则上采取一次定损。定损完毕后，可以由被保险人自行选择修理厂修理，也可以应被保险人要求推荐、招标修理厂修理。保险车辆修复后，保险人可根据被保险人的委托直接与修理厂结算修理费用，明确区分由被保险人自己负担的部分费用，并在《机动车辆保险车辆损失情况确认书》上注明，由被保险人、保险人和修理厂签字认可。

（6）车辆定损时应注意：经保险公司书面同意对保险事故车辆损失原因进行鉴定的费用可以负责赔偿；未经保险公司和被保险人共同查勘定损而自行送修的，根据条款规定，保险人有权重新核定修理费用或拒绝赔偿。

四、事故车损伤鉴定

进行碰撞损伤检查时，评估人员必须具有一套系统的检查模式。碰撞损坏可能非常复杂，尤其是严重碰撞损坏的车辆，损坏的零件可能有几十个，很容易遗漏和重复。若粗心大意或随意地检验，则评估过程变得非常混乱，并且会影响最后定损的准确性。

因此，有序的检验可以最大限度地减少损坏零件漏检的可能性，同时避免在修理过程中遗漏必须拆卸和更换的漏检零件。遵循预定的系统分析有助于评估人员避免重复记录零件和检查同一处损伤。按照预定的检查顺序，每次记录一项评估，从而可制作一份完整而准确的评估报告。

对严重碰撞损伤车辆的检查，首先应通过目测判断车身及其他机械零部件的损伤大致情况，对车身的前部和下部等精确度要求高的部位必须通过精确的测量，才能评价其损伤程度。损伤检查一定要注意合理的顺序，这样才能不至于遗漏损伤，为后面定损的准确性打下坚实的基础。下面主要以正面碰撞为例来分析损伤检查的步骤与方法。

1. 了解碰撞情况

了解碰撞事故发生情况，有助于全面、准确、迅速地检查所有损伤。因此，评估人员可通过与驾驶员交谈、现场观察等，对车辆有一个基本的了解，并且要特别注意以下几个方面。

（1）事故车的车型结构和车辆基本尺寸等。

（2）碰撞时的车速和碰撞位置等。

（3）碰撞的准确位置、碰撞力的方向和角度等。

（4）车辆的载重情况、人员或货物的数量和位置等。

2. 确定损坏部位

观察整个车辆，具体方法从碰撞点开始，环绕汽车一周，并统计撞击处的数量，评价其程度，确定其损坏顺序。

3. 检查外部损伤和变形

从车辆的前部、后部和侧部观察车辆，并从侧面检查横向和垂直方向弯曲、扭曲、变形的线条，以及车身上的隆起和凹陷。同时，检查外板变形或其他与碰撞部位相关联的部位。

4. 检查外部车身板件的定位情况

仔细检查所有带铰链部件（如发动机舱盖、车门、行李舱盖或后背舱门）的装配间隙和配合状况是否正常，开启与关闭是否正常。通过这些检查除了可以判断覆盖件的变形情况，还可以判断安装这些覆盖件的结构件变形情况。例如，车门是通过铰链安装在车身门柱上的。通过开关门和观察门边缘与车身两者间的曲面是否吻合及装配情况等，即可确定车门或支柱是否受到损伤。

5. 检查发动机舱

检查发动机支承以及变速器支座的变形，检查辅助系统与底盘以及线束与底盘间的接触情况。检查车身各部分的变形以及焊缝密封胶是否剥落。

6. 检查乘员室和行李舱

检查乘员室或行李舱内撞击力造成的间接零件损坏。检查转向柱、仪表板、内板、座椅、座椅安全带以及其他内饰件上因驾驶人或货物而导致的损坏。

7. 检查车身下部

检查发动机润滑油、变速器油、制动液或散热器冷却液的泄漏情况。检查车身底部各部分的变形以及焊缝密封胶是否剥落。

8. 对前轮转向装置进行性能检查

转向性能检查结果可以用于分析判断车身、转向和悬架装置是否有故障,为测量和鉴别行驶装置的性能提供帮助。

9. 功能检查

若一些机械零部件检查完好,则应进行功能检查。功能检查的主要项目包括:起动发动机,检查是否有异常的振动噪声或接触噪声;操作离合器、制动器、驻车制动杆以及变速杆,检查车辆功能是否正常;检查电气系统的功能,其中包括灯光和附件的开关功能。

10. 主要尺寸的测量

检查评估汽车的损坏程度时,用测量法检测是必不可少的手段之一,按维修手册给出的技术参数,测量车架和车身各指定部位点对点的距离,将测量结果与已知数据进行比较,可以查出损坏范围和方向,有助于对损伤程度进行分析。

11. 完成损伤检查报告

完成所有检查后,应认真完成损伤检查报告,填写损伤评估员记录表。

📖 知识点 2　碰撞车辆定损

一、钣金件的更换

1. 基本原则

损坏以弹性变形(弯曲变形)为主就进行修复;损坏以塑性变形(折曲变形)为主可进行更换。

2. 弹性变形

弹性变形特点:损伤部位与非损伤部位的过渡平滑、连续;通过拉拔矫正可使它恢复到事故前的形状,而不会留下永久性的变形。

修复方法:先对车身结构的整体变形和钣金件上的间接损伤进行拉拔、矫正;然后对钣金件表面,特别是直接损伤的撞击点进行整平作业。即使撞击不是很严重,车身没有整体变形,也要先修理间接损伤部位,再修理直接损伤部位。如果间接损伤部位有隆起或弯曲变形,应先进行拉拔使之展开,然后在弯曲部位进行整平作业,使弹性变形得以恢复后,再对直接损伤的撞击点进行整平处理。

3. 塑性变形

塑性变形的特点:弯曲变形剧烈,曲率半径很小,通常在很短的长度上弯90°

以上；矫正后，零件上有明显的裂纹和开裂，或者出现永久变形带，不经高温加热处理不能恢复到事故前的形状。

修换原则：

（1）若损伤发生在平面内，则矫正工作可能比棱角处的严重起皱和折曲容易得多；若在轮廓分明的棱角处发生了折曲变形，则只能采取更换的方法，如车门玻璃轨道折曲。

（2）若损伤部位处于纵梁的端部附近，而且压偏区并未受到影响或变形的范围影响不大，通过拉拔即可矫正的，则必须修复；若压偏区已出现折曲，并将碰撞力传递到后部，造成后部也变形，则必须予以更换。

（3）若损伤位置在发动机或转向器安装位置附近，重复性载荷会造成疲劳破坏（重复振动力或应力会加重并产生二次变形），这些安装位置发生折曲变形后，则必须更换。

（4）若由于严重冷作硬化而造成的严重折叠起装变形，则必须更换。

（5）若只有一个未曾完全修复的轻微折曲变形，其解决方法就不能与在大面积上有多个折曲变形方法相同，应采取挖补法修复。

二、塑料件的修复

1. 基本原则

热塑性塑料件损伤以修复为主，热固性塑料件损伤需更换。

2. 热塑性塑料件特点

（1）反复加热而变软，其外观及化学成分并不发生变化，冷却后即空硬。可用整料焊机焊接，太阳灯加热修复变形。

（2）在受到热、催化剂或紫外线的作用后会产生化学变化，其固化后的形状是永久性的，再加热和使用催化剂也不会使其变形，其无法焊接，但可用无气流焊机进行"黏结"。

3. 车身塑料件鉴别方法

（1）查看ISO识别码：此码常在注塑时模压在塑料件上，通常需要拆下该零件，常标在注模号或零件码前面。

（2）热塑性常用汽车塑料件名称：AAS、ABS、ABS/PVC、PC、PE、PP、TPCP、PVC等，以上配件在不影响外观的情况下可以修复。

（3）热固性常用汽车塑料件名称：ABS/MAT、PA、PPO、PUR、SAN等，以上配件在发生损伤后需要更换。

（4）玻璃钢件在变形破损不严重的情况下可以修复。

三、机械配件的修换原则

1. 基本原则

超过配合尺寸，通过加工也无法达到装配技术要求，或者变形通过矫正无法保证使用性能和安全技术要求，或者断裂无法焊接或焊接后无法保证使用性能和安全技术要求，原则上必须更换。

2. 事故造成发动机损伤

车辆发生碰撞、倾翻等交通事故，车身因直接承受撞击力会造成不同程度的损伤，同时由于波及、诱发和惯性的作用，发动机和底盘各总成也存在着受损伤的可能。由于发动机和底盘各总成的损伤往往不直观，因此在车辆定损查勘过程中，应根据撞击力的传播趋势认真检查发动机和底盘各总成的损伤程度。

汽车的发动机，尤其是小型轿车的发动机，一般布置于车辆前部的发动机舱内，车辆发生迎面正碰撞事故，不可避免地会造成发动机及其辅助装置的损伤。对于后置发动机的大型客车，当发生追尾事故时，也有可能造成发动机及其辅助装置的损伤。

一般发生轻度碰撞时，发动机基本上不受损伤。当碰撞强度较大，车身前部变形较严重时，发动机的一些辅助装置及其覆盖件会受到波及和诱发的影响而损坏，如空气滤清器总成、蓄电池、进排气歧管、发动机外围各种管路、发动机支撑座及胶垫、冷却风扇、发动机罩等。尤其是现代轿车，发动机舱的布置相当紧凑，碰撞还可能造成发电机、空调压缩机、转向助力泵等总成及管路和支架的损坏。更严重的碰撞事故还会波及发动机内部的轴类零件，致使发动机缸体的薄弱部位破裂，甚至导致发动机报废。

在对发动机进行损伤检查时，应注意详细检查有关支架所处的发动机缸体部位有无损伤，因为这些部位的损伤不易发现。发动机的辅助装置和覆盖件损坏能够直接观察到，可以采用就车拆卸、更换或修复的方法。若发动机支撑、罩和基础部分损坏，则需要将发动机拆下进行维修。当怀疑发动机内部零件有损伤或缸体有破裂损伤时，需要对发动机进行解体检验和维修，必要时应进行零件隐伤探查，但应正确区分零件形成隐伤的原因。因此，在对发动机定损时，应考虑各种修复方法及修复工艺的选用。

3. 事故造成独立悬挂损伤

悬架是车架（或承载式车身）与车桥（或车轮）之间的一切传力装置的总称。悬架系统的作用是：把路面作用于车轮上的垂直反力、纵向反力（牵引力和制动力）和侧向反力，以及这些反力所形成的合力，传递到车架（或承载式车身）上。悬架系统还承受车身载荷；悬架系统的传力机构维持车轮按一定轨迹相对于车架或车身跳动；独立悬架还直接决定了车轮的定位参数。

现在轿车的前后悬挂基本都是麦弗逊式或其变形款。主要结构是由螺旋弹簧加上减振器组成的，可避免螺旋弹簧受力时向前、后、左、右偏移的现象，限制弹簧只能做上下方向的振动，并可用减振器的行程长短及张力来设定悬挂的软硬及性能，由于这种结构相互间连接基本为活动缓冲式连接，对碰撞力传导有明显阻止作用，所以在定损核价时要认真检查。

由于悬架直接连接着车架（或承载式车身）与车桥（或车轮），其受力情况十分复杂。在碰撞事故中，悬架系统（尤其是独立悬架系统）经常受到严重的损伤，致使前轮定位失准，影响车辆的正常行驶。

　　车辆遭受碰撞事故时，悬架系统由于受到车身或车架传递的撞击力，悬架弹簧、减振器、悬架上支臂、悬架下支臂、横向稳定器和纵向稳定杆等元件会受到不同程度的变形和损伤。悬架系统元件的变形和损伤往往不易直接观察到，在对其进行损伤鉴定时，应借助设备和仪器进行必要的测量及检验。在具体车辆定损时应注意以下几点。

　　（1）注意仔细研究碰撞着力点位置、碰撞力传递方向、明显被碰撞损坏的零件。

　　（2）仔细研究悬挂各连接点松动量，检查连接点磨损情况，判断松动是自然磨损引起还是碰撞引起，从而推断碰撞力传导距离，控制保险责任范围。

　　（3）注意连接点有无变形夹紧，有变形夹紧则碰撞力有可能通过该连接点传导引起相连件损坏，应重点检查。

　　（4）可以肯定非碰撞力传导件也绝非事故损坏件。

　　（5）减振器检查办法。检查减振器有无漏油，区分是事故造成漏油还是机件磨损造成渗油（通过查勘油痕可区分），事故造成漏油的，则应更换；拆下减振器，检查有无变形、弯曲，有则予以更换；用手握住减振器两端，将其拉伸和压缩，若拉伸或压缩时用力都极小，表明减振器功能减退，与事故损坏无关。

　　4. 事故造成转向系统损伤

　　转向系统的技术状况直接影响着行车安全，而且由于转向系统的部件都布置在车身前部，通过转向传动机构将转向机与前桥连接在一起。当发生一般的碰撞事故时，撞击力不会波及转向系统元件，但当发生较严重的碰撞事故时，由于波及和传导作用，会造成转向传动机构的损伤。

　　转向系统易受损伤的部件有转向横直拉杆。转向系统部件的损伤不易直接观察，在车辆定损鉴定时，应配合拆检进行，必要时进行探伤检验。

　　5. 事故造成制动系统损伤

　　车辆制动性能下降会导致交通事故，造成车辆损失。车辆发生碰撞事故时，同样会造成制动系统部件的损坏。对于普通制动系统，在碰撞事故中，由于撞击力的波及和诱发作用，往往会造成车轮制动器的元器件及制动管路损坏，这些元器件的损伤程度需要进一步的拆解检验。对于装有 ABS 的制动系统，在进行车辆损失鉴定时，应对有些元件进行性能检验，如 ABS 轮速传感器。ABS 制动压力调节器管路及连接部分的损伤可以直观检查。

　　6. 事故造成变速器及离合器损伤

　　变速器及离合器总成与发动机组装为一体，并作为发动机的一个支撑点固定于车架（或承载式车身）上，变速器及离合器的操纵机构又都布置在车身底板上。因此，当车辆发生严重碰撞事故时，由于波及和诱发等原因，会造成变速器及离合器的操纵机构受损、变速器支撑部位壳体损坏、飞轮壳断裂损坏。这些损伤程度的鉴定，需要将发动机拆下进行检查鉴定。

四、电子元件损伤的修换原则

　　电气系统具有结构复杂、损伤直观性不强等特点，维修检测时需要采取相应的技术手段。通常情况下需要定损人员拥有一定的元器件构造检测常识，同时能够借助相应的工具和手段，进行简单的损伤情况诊断。在碰撞事故中较常出现损伤的电气系统有制冷系统、发电机、安全气囊等。

1. 制冷系统

制冷（空调）系统由压缩机、冷凝器、干燥器、膨胀阀、蒸发器、管道及电控元器件等组成。

（1）压缩机因碰撞造成的损伤有壳体破裂，皮带轮、离合器变形等。压缩机固定螺栓孔处断裂时应予以焊接修复；皮带轮和电磁离合器受损严重变形时，应单独更换皮带轮、离合器，而不予更换压缩机总成；压缩机壳体破裂、轴弯曲偏位卡死的，可以更换压缩机总成。

（2）冷凝器采用铝合金制成，中低档车的冷凝器一般价格较低，中度以上损伤一般可更换；高档车的冷凝器价格较贵，中度以下损伤或有渗漏现象的常可采用氩弧焊修复。当冷凝器受撞击后出现严重扭曲变形或三处以上漏损的，应予以更换。

（3）干燥器因碰撞变形一般以更换为主。如果系统在碰撞中以开口状态暴露于潮湿的空气中时间较长，则应更换干燥器，否则会造成空调系统工作时的"冰堵"。

（4）膨胀阀因碰撞损坏的可能性极小。

（5）蒸发器大多用热塑性塑料制成，常见损伤多为壳体破损。局部破损可用塑料焊修复，严重破损一般需更换，决定更换时一定要考虑有无壳体单独更换。蒸发器更换与维修的情况基本与冷凝器相同。

（6）空调管有多根，一定要注明损伤的空调管是哪一根。汽车空调管有铝管和胶管两种，铝管常见的碰撞损伤有变形、折弯、断裂等，变形后一般校正；价格较低的空调管折弯、断裂时一般更换；价格较高的空调管折弯、断裂时一般采取截去折弯、断裂处，再接一节用氩弧焊接的方法修复。胶管破损后一般予以更换。

在空调系统损伤的修换过程中，涉及拆检更换空调系统部件时，要考虑是否出现制冷剂泄漏。如果出现制冷剂泄漏，需要考虑空调系统的维修。此时需进行测漏、抽真空、添加制冷剂（含润滑油）、检测空调性能等一系列维修环节，所需工时费用较高。润滑油，即冷冻油，一般每车用量为二三十元左右。

2. 发电机

发电机一般安装在发动机机体前部或侧面。当车辆发生前面碰撞时，容易造成电枢轴、发电机外壳或者皮带轮等部件损坏。

通常处理方案如下。

（1）发电机带轮破裂或变形，一般更换处理（部分车辆可以单独更换皮带盘）。

（2）发电机壳体破裂，一般更换处理。

（3）电枢轴弯曲，更换处理。

（4）发电机后端，整流器或调节器损坏时，一般先予修复处理。

3. 蓄电池

蓄电池一般安装在发动机舱里、驾驶员座位下或车架纵梁外侧。

当蓄电池遭受撞击致使蓄电池外壳产生严重扭曲变形或破裂时，可以予以更换。对于免维护电池，一般受损只要外壳破裂或者电解液渗漏，需要给予更换。如果电池正负极接线柱变形或者松动也需要更换。注意：老旧车型，接线柱腐蚀属于正常现象。

4. 线束

由于碰撞或挤压造成线束插头损坏时，通常无单独供应。若多条电线断裂，影响系统信号传送安全性，如发动机系统、变速器系统、部分高档车的前照灯线路等，给予更换线束。

电阻的改变会影响线束的性能，如发动机控制系统线束、自动变速器控制系统线束、ABS 线束、数据总线等，两条以上线路断裂或者插头损坏不能牢固安装且也无单个插头供更换时，可以考虑更换线束。

不涉及计算机数据传输、电阻的改变对性能影响不大的线束（如灯光线束、后部线束、电动窗线束、仪表线束、空调线束等），以修复为主，除非两个及以上插头完全碎裂，无单个插头供更换时，可考虑更换线束。

5. 控制单元

汽车电子控制单元（electronic control unit，ECU）是由集成电路组成的用于实现对数据的分析、处理、发送等一系列功能的控制装置，目前在汽车上广泛应用，并且集成度越来越高，大大提高了汽车的舒适性以及控制性能。ECU 是多种高精度电子元器件的结合体，内部装有集成块模块、电路板、电容、电阻等部件。ECU 在车辆各种配件中价值较高。在严重的碰撞事故及水淹事故中，控制单元损伤比较常见。

目前在一些中高档轿车上，不但发动机上应用 ECU，其他许多地方也可发现ECU 的踪影，例如，ABS 系统、四轮驱动系统、电控自动变速器、主动悬架系统、安全气囊系统、多向可调电控座椅等都配置有各自的 ECU。随着轿车电子化、自动化的提高，ECU 将会日益增多，线路会日益复杂。为了简化电路和降低成本，汽车上多个 ECU 之间的信息传递就要采用一种称为多路复用的通信网络技术，将整车的ECU 形成一个网络系统，也就是 CAN（controller area network，控制器局域网络）数据总线。

针对 ECU 的定损，应注意以下五点。

（1）区分外围故障还是控制单元内部故障。在车辆维修和检测过程中，由于ECU 本身供电线路出现短路故障，同样也会引起 ECU 无法工作的现象。此种情况下，定损人员应当根据专用检测设备的检测结果进行有效分析。

（2）ECU 内部损坏造成功能丧失，通常以更换为主。对于部分常见车型，可以联系第三方专业部门进行 ECU 板修复。

（3）传感器元器件如果外观破损、变形严重可以直接给予更换；如果是功能丧失（如水淹车），可考虑更换。

（4）插接器及壳体损坏通常可以联系第三方专业部门进行修复。

（5）车辆遭遇水淹时，ECU 遭水浸泡，电路板会出现腐蚀，造成元器件引脚断路、粘连或元器件损坏，可逐项检查修复或更换元器件。例如，某修理厂接修一辆遭水淹的别克 GL8 轿车，故障现象是：发动机正常运转时如果开 / 关前照灯或其他电气设备就会出现排气管放炮现象，严重时可将排气管炸裂。经检查发现外电路并无问题，怀疑 ECU 有故障，打开 ECU 盒仔细检测，发现有一处接地线因腐蚀断路，此接地线正是氧传感器的信号屏蔽线通过 ECU 内部接地的位置，因断路使屏蔽失效，而造成氧传感器信号受到其他电气设备的干扰，用锡焊接通后，即恢复正常。

6. 安全气囊

安全气囊有驾驶员前气囊组件、前排乘客前气囊，部分车型装配有侧气囊以及侧气帘等，同时还有碰撞传感器、控制单元、连接线束等部件。安全气囊系统主要部件的定损如下。

（1）安全气囊：原则上只有已经引爆的安全气囊才给予更换，对于没有引爆的安全气囊，系统可能存有故障码，可以借用专用仪器清除。如果无法判断安全气囊是否正常，可以用一个 2～3 的电阻插在线束插头上，代替原来的安全气囊，假如故障码可以清除，说明安全气囊存在故障，如果依然有故障，则说明线束连接不良。

（2）安全带：如果是带引爆装置的安全带，必须更换安全带及引爆装置总成，因为引爆装置触发后，安全带就会锁死。普通式机械锁止安全带，安全带表面拉伸标签出现损伤，则应该予以更换。如果经检验表面未见异常，可以继续使用。

（3）安全气囊控制模块：即气囊 ECU。对于绝大多数车型来说，气囊 ECU 在引爆后必须更换，但有部分高档车，如奔驰和宝马，部分车型气囊 ECU 是可以反复使用三次的（主要是汽车设计厂家为适应环保法规而开发的新技术）。

（4）碰撞传感器：一般发生气囊引爆则直接给予更换。

（5）安全带锁扣装置：一经触发，也必须更换。

通常，在碰撞之后，正面安全气囊被引爆的情况下，要更换下列部件：ECU、被引爆的安全气囊组件、座椅安全带张紧装置、前碰撞传感器。

五、易耗材料的修换原则

（1）汽车上的各种橡胶皮带均与行车的安全性密切相关。正时皮带、转向助力泵度带、冷却风扇皮带、制动软管和散热器软管等均以橡胶制成，但橡胶会随着使用时间的延长而逐步老化。当皮带龟裂甚至断开时，会导致配件受损或方向盘沉重等问题，定损中要重点检查是保养不善龟裂、磨损等情况损坏引起事故，还是事故直接造成损坏。

（2）油脂类（如机油）和工作液类（如制动液、蓄电池液、冷却液等）具有润滑、冷却、防锈等作用，与发动机、变速箱、离合器、制动装置、蓄电池的运作息息相关。这些油液在使用过程中会变少和劣化，从而降低汽车配件的性能并可导致发动机和其他装置产生烧蚀、不良运作等故障，定损中要严格区分是事故造成损耗还是原车自然损耗。

（3）汽车中的制动摩擦片、离合器片、轮胎等零件由于工作中的不断磨损，本身有一定的使用寿命。事故中造成损坏，核价时应折旧。

微课
定损技巧之
汽车玻璃与
轮胎知识

六、新能源车常见事故的损伤范围

新能源车常见事故的损伤范围如表 5-1 所示。

表 5-1　新能源车常见事故的损伤范围

序号	类型	损伤范围
1	碰撞	侧面和尾部碰撞都可能造成动力电池损坏；正面碰撞一般不会造成动力电池损坏，但可能造成电机控制器、DC/DC、充电口等高压部件损坏
2	托底	一般会直接造成动力电池损坏
3	水淹	可造成各电气设备进水，包括动力电池
4	火灾	可造成动力电池损伤，甚至全车严重损毁

知识点 3　水灾车辆定损

一、水灾汽车的损害形式

1. 汽车静态进水损坏

汽车在停放过程中被暴雨或洪水侵入甚至淹没的现象，属于静态进水。

汽车在静态条件下，如果车内进了水，会造成内饰、电路、空气过滤器、排气管等部位的受损，有时气缸内也会进水。

如果发动机进了水，即使不启动，也可能造成内饰浸水、电路短路、ECU 芯片损坏，空气过滤器、排气管和发动机浸水生锈等损失；对于采用电喷发动机的汽车来说，一旦电路遇水，就极有可能导致线路短路，造成发动机无法启动，如果强行启动，极有可能导致相关电路的严重损坏；就机械部分而言，进入发动机的水分在高温作用下，会使内部的运动机件锈蚀，当吸入的水量过多时，容易导致连杆变形，严重时导致发动机报废。

另外，汽车进水后，车的内饰容易发霉、变质。如不及时清理，天气炎热时，会出现各种异味。

2. 汽车动态进水损坏

汽车在行驶过程中，可能会因气缸吸入水而导致发动机熄火，或者在强行涉水未果、发动机熄火后被水淹没。

在汽车的动态条件下，由于发动机仍在运转，气缸内因吸入了水而迫使发动机熄火。在这种情况下，除静态条件下可能造成的全部损失以外，还有可能导致连杆弯曲、活塞破碎，甚至发动机严重损坏的重大损失。

二、水灾汽车损失评估方法

1. 确定水的种类

评估水淹汽车损失时，通常将水分为淡水和海水。同时，还应该对水的混浊情况进行认真了解。多数水淹损失中的水为雨水和山洪形成的泥水，但也有由于下水道倒灌而形成的浊水，这种城市下水道溢出的浊水中含有油、酸性物质和各种异物。油、酸性物质和其他异物对汽车的损伤各不相同，必须在现场查勘时仔细检查，并准确记录。

2. 确定事故车的水淹高度

水淹高度是确定水损程度的一个非常重要的参数。高度的计量单位为 m 或 cm，它是以汽车上重要的具体位置为参数的。以乘用车为例，水淹高度通常分为以下 6 级。每级的损失程度各不相同，相互之间差异较大。

（1）1 级：制动盘和制动毂下沿以上，车身地板以下，乘员舱未进水。

（2）2 级：车身地板以上，乘员舱进水，水面在驾驶人坐垫以下。

（3）3 级：乘员舱进水，水面在驾驶人坐垫面以上，仪表工作台以下。

（4）4 级：乘员舱进水，仪表工作台中部。

（5）5 级：乘员舱进水，仪表工作台面以上，顶棚以下。

（6）6 级：水面超过车顶，汽车顶部被淹没。

3. 确定事故车的水淹时间

水淹时间也是水淹损失程度的一个重要参数，水淹时间的长短对汽车损伤的差异很大，在现场查勘时确定水淹时间是一项重要工作。水淹时间的计量单位常以小时为单位，通常分为以下 6 级。

（1）1 级：$t<1\,h$（t 为水淹时间）。

（2）2 级：$1\,h<t<4\,h$。

（3）3 级：$4\,h<t<12\,h$。

（4）4 级：$12\,h<t<24\,h$。

（5）5 级：$24\,h<t<48\,h$。

（6）6 级：$t>48\,h$。

4. 估算水灾事故车的损失

（1）水淹高度为 1 级时的损失评估。水淹高度在制动盘和制动毂下沿以上，车身地板以下，乘员舱未进水时，本书定义为 1 级水淹高度。

当汽车的水淹高度为 1 级时，有可能受损的零部件主要是制动盘和制动毂，损坏形式主要是生锈，生锈的程度主要取决于水淹时间的长短以及水质。通常情况下，无论制动盘和制动毂的生锈程度如何，所采取的补救措施主要是四轮的维护。

因此，当汽车的水淹高度为 1 级、水淹时间也为 1 级时，通常不计损失；水淹时间为 2 级或 2 级以上时，水淹时间对损失金额的影响也不大，损失率通常为 0.1% 左右。

（2）水淹高度为 2 级时的损失评估。水淹高度在车身地板以上，乘员舱进水，而水面在驾驶人坐垫以下时，本书定义为 2 级水淹高度。

当汽车的水淹高度为 2 级时，除 1 级水淹高度所造成的损失以外，还会造成以下损失。

① 四轮轴承进水。

② 全车悬架下部连接处因进水而生锈。

③ 配有 ABS 的汽车的轮速传感器的磁通量传感失准。

④ 车身地板进水后，如果其防腐层和油漆层本身有损伤，那么就会造成锈蚀。

⑤ 少数汽车将一些控制模块置于地板上的凹槽内（如上海大众帕萨特 B5），会造成一些控制模块损毁（如果水淹时间过长，被淹的控制模块就有可能彻底失效）。

损失率通常为 0.5%～2.5%。

（3）水淹高度为 3 级时的损失评估。当水淹高度在驾驶人坐垫面以上，仪表工作台以下时，本书定义为 3 级水淹高度。

当汽车的水淹高度为 3 级时，除 2 级水淹高度所造成的损失以外，还会造成以下损失。

① 座椅潮湿和污染。

② 部分内饰潮湿和污染。

③ 真皮座椅和真皮内饰损伤严重。

一般来说，水淹时间超过 24 h，还会造成以下损失。

① 实木内饰板分层开裂。

② 车门电动机进水。

③ 变速器、主减速器及差速器可能进水。

④ 部分控制模块被水淹。

⑤ 启动机被水淹。

⑥ 中高档车中 CD 机、音响功放被水淹。

损失率通常为 1.0%～5.0%。

（4）水淹高度为 4 级时的损失评估。当水淹高度在仪表工作台中部时，本书定义为 4 级水淹高度。

当汽车的水淹高度为 4 级时，除 3 级水淹高度所造成的损失以外，还可能造成以下损失。

① 发动机进水损伤。

② 仪表工作台中部分音响控制设备、CD 机、空调控制面板受损。

③ 蓄电池放电、进水。

④ 大部分座椅及内饰被水淹。

⑤ 音响的扬声器全损。

⑥ 各种继电器、熔断器盒可能进水。

⑦ 所有控制模块被水淹。

损失率通常为 3.0%～15.0%。

（5）水淹高度为 5 级时的损失评估。当乘员舱进水，水淹高度在仪表工作台面以上，顶棚以下时，本书定义为 5 级水淹高度。

当汽车的水淹高度为 5 级时，除 4 级水淹高度所造成的损失以外，还可能造成以下损失。

① 全部电气装置被水泡。

② 发动机严重进水。

③ 离合器、变速器、后桥可能进水。

④ 绝大部分内饰被泡。

⑤ 车架大部分被泡。

损失率通常为 10.0%～30.0%。

（6）水淹高度为 6 级时的损失评估。当水淹高度超过车顶，汽车顶部被淹没时，本书定义为 6 级水淹高度。

当汽车的水淹高度为 6 级时，汽车所有零部件都受到损失。损失率通常为 25.0%～60.0%。

三、水灾汽车的施救

在遇到暴雨或洪水时，一些经验不够丰富的驾驶人和处理水灾受损汽车经验不多的保险公司查勘人员、汽车维修人员往往会不知所措。由于所采取的措施不当，扩大了汽车的损失。例如，在汽车发动机被水淹熄火以后，绝大多数的汽车驾驶人会尝试重新启动发动机希望尽快脱离被困的险境，结果加重了汽车的损坏。

若汽车不幸被水淹没甚至落入水中，则要及时、准确地予以施救，避免损失的进一步扩大。

若查勘人员到达汽车的出险现场时，汽车仍处于水淹状态，则必须对其进行施救。在对进水汽车进行施救时，一定要遵循"及时、科学"的原则，既要保证进水汽车能够得到及时的救援，又要避免汽车损失的进一步扩大。

施救进水汽车时，应注意以下事项。

1. 严禁水中启动汽车

汽车因进水熄火以后，驾驶人绝对不能抱着侥幸心理贸然启动汽车，否则会造成发动机进水，导致损坏。在汽车被水淹的情况下，驾驶人最好马上熄火，及时拨打保险公司的报案电话，或者及时拨打救援组织的电话，等待拖车救援。

实践证明，暴雨中受损的汽车，在水中熄火后，有些驾驶人会再次启动发动机而加重发动机的损坏。据统计，约有 90% 的驾驶人当发现自己的汽车在水中熄火后会再次启动汽车，这是导致发动机损失扩大的主要原因。

2. 科学拖车

在对水淹汽车进行施救时，一般应采用硬牵引方式拖车，或者将汽车前轮托起后进行牵引，一般不采用软牵引的方式。若采用软牵引方式拖车，一旦前车减速，则被拖汽车就只有选择挂挡、利用发动机制动力的方式进行减速。这样一来，就会导致被拖汽车发动机转动，最终造成发动机损坏。若能将汽车前轮托起后牵引，则可以避免因误挂挡而引起的发动机损坏。另外，拖车时一定要将变速器置于空挡，以免车轮转动时反拖发动机运转，导致活塞、连杆和气缸等部件的损坏。对于装备自动变速器的汽车，注意不能长距离被拖曳（通常不宜超过 20 km），以免损伤变速器。

在将整车拖出水域后，应尽快把蓄电池的负极电缆拆下来，以免车上的各种电器因进水而发生短路。

四、水灾汽车的处理

1. 及时告知车主和承修厂商

在将水淹汽车拖出水域后，应及时告知车主和承修厂商，下列措施是被保险人应尽的施救义务，交被保险人或当事人签收，以最大限度地防止损失的进一步扩大。

容易受损的电器（如各类计算机模块、音响、仪表、继电器、电机、开关、电器设备等）应尽快从车上卸下，进行排水清洁，电子元件用无水酒精清洗（不要长时间用无水酒精清洗，以免腐蚀电子元件）并晾干，避免因进水而引起电器短路。某些价值昂贵的电气设备，如果清洗、晾干及时，那么完全可以避免损坏；如果清洗、晾干不及时，那么有可能导致报废。

2. 及时检修电子元器件

汽车 ECU 最严重的损坏形式是芯片损坏。汽车的前风窗玻璃处通常设有流水槽及排水孔，可以及时排掉积水。当汽车被水泡过以后，流水槽下往往沉积了许多泥土及树叶，这时极易堵住排水孔，应及时疏通排水孔，以免因排水不畅而造成积水。当积水过多时，水会进入车内，还可能危及汽车 ECU，导致电控系统发生故障，甚至损坏。一些电路因为沾水，其表皮会过早老化，出现裂纹，引起金属外露，最终导致电路发生故障，尤其是装有电喷发动机的汽车，其 ECU 更易受潮。车主应随时注意 ECU 的密封情况，避免因 ECU 进水，使控制功能紊乱而导致全车瘫痪。

安全气囊的保护传感器有时与 ECU 做成一体，若 ECU 装于车的中间，则一般为此结构，维修时只要更换了安全气囊，就无须再额外更换保护传感器。部分高档车（排量 3.0 L 以上）的安全气囊传感器一般用硅胶密封，其插头为镀银插头，水淹后一般无须更换，低档车插头为镀钢插头，水浸后呈绿色，可用无水酒精擦洗，并用刷子刷，再用高压空气吹干。

一般而言，如果 ECU 只是不导电，那么可以进行修理；如果是芯片出现故障，那么需要更换新的 ECU。

汽车上的各类电机进水以后，对于可拆解的电机，采用"拆解—清洗—烘干—润滑—装配"的流程进行处理，如发电机、天线电动机、步进电动机、风扇电动机、座位调节电动机、门锁电动机、ABS 电动机和油泵电动机等。对于无法拆卸的电动机，如刮水器电动机、喷水电动机、玻璃升降电动机、后视镜电动机、鼓风机电动机和隐藏式前照灯电动机等，则无法按上述办法进行，进水后即使当时检查是好的，使用一段时间后也可能会发生故障，一般应考虑一定的损失率，损失率通常为 20%~40%。

3. 及时检查相关机械零部件

（1）检查发动机。汽车从水中施救出来后，要对发动机进行检查。先检查发动机气缸是否进水，气缸进水会导致连杆被顶弯，损坏发动机。

检查机油中是否进水，机油进水会导致其变质，失去润滑作用，使发动机过度磨损。将发动机机油尺抽出，查看机油尺上机油的颜色。如果机油尺上的机油呈乳白色或有水珠，就需要将机油全部放掉，在清洗发动机后，更换新的机油。

将发动机上的火花塞全部拆下，用手转动曲轴，若气缸内进了水，则会有水从火花塞螺孔处流出来。若用手转动曲轴时感到有阻力，则说明发动机内部可能存在某种程度的损坏，不要借助其他工具强行转动，要查明原因，排除故障，以免引起损坏的进一步扩大。

若通过检查未发现发动机机油异常，则可从火花塞螺孔处加入 10～15 mg 的机油，用手转动曲轴数次，使整个气缸壁都涂上一层油膜，以起到防锈、密封的作用，同时也有利于发动机的启动。

（2）检查变速器、主减速器及差速器。检查变速器、主减速器及差速器是否进水，若上述部件进了水，则会使其内的齿轮油变质，造成齿轮损坏的加剧。对于采用自动变速器的汽车，还要检查 ECU 是否进水。

（3）检查制动系统。对于水位超过制动油泵的被淹汽车，应更换全车制动液。因为当制动液中混入水时，会使制动液变质，致使制动系统的制动效能下降甚至失灵。

（4）检查排气管。若排气管进了水，则要尽快把积水排除，以免水中的杂质堵塞三元催化转化器和损坏氧传感器。

（5）清洗、脱水、晾晒、消毒及美容内饰。若车内因潮湿而出现霉味，则除了在阴凉处打开车门，让车内水汽充分散发，消除车内的潮气和异味外，还需要对汽车内部进行大扫除，要注意更换新的或晾晒后的地毯及座套。还要注意车内生锈的痕迹。查看一下车门的铰链部分、行李舱地毯下面、座位下的金属部分以及备用轮胎的固定锁部位有没有生锈的痕迹。

车内清洁不能只使用一种清洁剂和保护品。由于各部位材质不同，应注意选择不同的清洁剂。多数做车内美容的装饰店会选用碱性较大的清洁剂，这种清洁剂虽然有增白、去污的功效，但是会有一定的隐患，碱性过强的清洁剂会浸透绒布、皮椅和顶棚，最终出现板结、龟裂。专业的做法是选择 pH 不超过 10 的清洗液，配合车内美容专用的抽洗机，在清洁的同时用大量的循环清水将脏物和清洗剂带出来，并将此部位内的水汽抽出。还有一种方法是采用高温蒸汽对汽车内的真皮座椅、车门内饰、仪表盘、空调风口、地毯等进行消毒，同时清除车内的烟味、油味、霉味等各种异味。

（6）维护汽车。若汽车整体被水浸泡，则除按以上方法排水以外，还要及时擦洗外表，防止酸性雨水腐蚀车体。最好对全车进行一次二级维护。全面检查、清理进水部位，通过清洁、除水、除锈、润滑等方式，恢复汽车的性能。

（7）谨慎启动。在未对汽车进行排水处理前，严禁采用启动机、人工推车或拖车方式启动被淹汽车的发动机。只有在对被淹的汽车发动机进行了彻底的排水处理，并进行了相应的润滑处理以后，才能进行启动尝试。

知识点 4　火灾车辆定损

一、车辆起火原因

在查勘汽车火险现场，分析起火原因时，需掌握构成燃烧的三大基本要素。

（1）导致汽车起火的火源（火花或电火花）在哪儿？

（2）周围是否存在易燃物品（如汽油、柴油、润滑油等易燃物）？

（3）火源与易燃物品的接触通道中是否有足够的空气可供燃烧？

只要牢牢把握住以上三点，通过查勘汽车车身不同位置的烧损程度，首先准确找出起火点的位置，进而分析出起火原因，判断出汽车起火的自燃、引燃属性，就可以为下一步准确理赔奠定基础。

汽车火灾原因众多，就发生概率而言，电路故障、油路故障、遗留火种、故意纵火是4种主要的发生形态。

1. 电路故障引发火灾的认定

由于汽车电路故障引发的火灾，一般具有以下特征。

（1）起火车型大多为老旧车型，存在着不同程度的线路老化现象，或者起火车型曾经被自行改装，加装了许多电气装置。

（2）起火点（部位）大多位于发动机机舱内或仪表板附近，也有可能在行李舱中。

（3）在起火点（部位）有可能发现电气设备或线路的故障点，并可以提取到用于送检的相关金属熔化痕迹，有熔珠。

（4）现场查勘时，没有发现明显的油路故障、遗留火种或故意纵火迹象。

（5）烧损之后的线束，局部呈现熔焊在一起的状态，而不是散开状态。

（6）汽车处于行驶状态或停驶状态。

2. 油路故障引发火灾的认定

由于汽车油路故障引发的火灾，一般具有以下特征。

（1）起火点（部位）大多位于发动机舱内或底盘下面。

（2）汽车起火之前，驾驶员大多感觉到汽车动力不足；汽车起火之时，往往首先看到黑烟；汽车起火之后，发动机舱内往往遗留明显的烟熏痕迹。

（3）现场查勘时，没有发现明显的电路故障、遗留火种或故意纵火迹象。

（4）在汽车的某处重点过热部位（如发动机缸体外壁、排气管、增压器外壳、三元催化器外壳等），也许可以发现机油、润滑油、转向助力油等油品的燃烧残留物附着其上，同时可以在附近找到疑似泄漏点。

（5）烧损之后的线束，局部呈现散开状态，而不是熔焊在一起的状态，没有熔珠。

（6）汽车一般处于行驶状态。

3. 超载引发火灾的认定

汽车超载，从两个角度来说可能导致起火。

（1）汽车部件高温自燃。汽车的相关部件因汽车超载而处于过度疲劳和过热状态，一旦超过疲劳极限，就有可能发生自燃。

制动器超负荷工作。制动系统是一种将动能转化为摩擦热能的机械系统，这种摩擦有助于汽车减速。制动系统的热量是通过固定在制动蹄片上的摩擦片与制动鼓或制动盘之间的摩擦产生的。这种聚集的热量不因汽车的行驶而消失或制动鼓的适当通风而散发，如果汽车超载行驶，则频繁的制动会使产生的热量增多。一旦液压油出现泄漏，聚集的热量就会将油液加热到燃点使其起火。

另外，长时间、高强度的制动，也会造成制动鼓过热，制动鼓随之将热量传导到附近的可燃物（轮胎或制动液），增加了自燃的可能性。

轮胎摩擦过热。轮胎摩擦过热有3种情况：一是气压不足；二是超载；三是气压不足与超载的综合效应。这些情况都会造成轮胎的侧壁弯曲。轮胎的侧壁弯曲产生热量的速度要比机动车行驶中散发热量的速度快得多，其结果是侧壁的温度升高。将侧壁纤维与橡胶材料的黏结破坏，所形成的分离加剧了松散线绳与橡胶间的摩擦，从而产生了更多的热量。若机动车停驶，失去了风的冷却作用，则聚积的热量会很快使侧壁的温度上升而导致自燃。

轮胎起火以在高速公路上行驶的车辆居多。从理论上来说，任何机动车的轮胎都可能发生这种情况，而对于货车或拖挂车上的双轮胎来说，则危险性更大。当两个轮胎中有一个气压不足时，就会发生这种情况。原因是相邻的轮胎承受了双倍载荷而形成过载，故而导致轮胎的摩擦过热。

（2）超载货物摩擦自燃。货车在严重超载的情况下，在高速行驶时，车厢底部的货物会发生挤压、摩擦，从而产生高温，导致自燃。

4. 遗留火种引发火灾的认定

遗留火种引发的火灾，一般具有以下特征。

（1）起火点（部位）大多位于驾驶室（轿车、客车、货车）、乘员舱（轿车、客车）、货厢（货车）。

（2）在起火点（部位）存在引燃起火的特征，而且有局部燃烧炭化的迹象。

（3）现场查勘时，没有发现明显的电路故障、油路故障或故意纵火迹象。

（4）驾乘人员大多吸烟，遗留火种大多为未熄灭的烟头。

（5）烧损之后的线束，局部呈现散开状态，而不是熔焊在一起的状态。

（6）汽车一般处于行驶状态。

（7）驾乘人员离车、锁车有一定的时间。

5. 故意纵火引发火灾的认定

故意纵火引发的火灾，一般具有以下特征。

（1）起火车型大多为老旧车型，或者车主存在经营不力的现象。

（2）距离保险有效期的起止时间较近。

（3）烧损之后的汽车，存在多个起火点，且大多位于发动机舱、驾驶室油箱附近，烧损程度严重。

（4）现场查勘时，没有发现明显的电路故障、油路故障或遗留火种迹象。

（5）起火地点偏僻、目击证人较少，车主亲自驾车、车内贵重物品均被及时抢救出来。

（6）在起火点附近的烧损物上提取相关物证，如炭化残留物体、车窗玻璃附着烟尘、车体附着烟尘、地面泥土附着烟尘、事故车附近的树干及绿化隔离带附着烟尘、非本车所有的可疑物品等，经过专业部门鉴定，发现有汽油、柴油、润滑油、煤油、油漆稀释剂等助燃物质的成分。

（7）烧损之后的线束，局部呈现散开状态，而不是熔焊在一起的状态，没有熔珠。

（8）车主大多声称汽车处于行驶状态起火。

（9）可能存在汽车行驶条件不足的问题。

二、火灾车辆损失评估方法

1. 火灾对车辆损坏情况的分析

火灾对车辆损坏情况一般分为整体燃烧和局部燃烧。

（1）整体燃烧。整体燃烧一般情况下损坏较严重，发动机舱内电路、电器、发动机附件、仪表工作台、内饰件、座椅烧损，机件壳体烧熔变形，车体金属件脱碳、表面漆层大面积烧损等。

（2）局部燃烧。局部燃烧分为以下3种情况。

① 发动机舱着火造成发动机前部电路、发动机附件、部分电器塑料件烧损。

② 车壳或驾驶室着火造成仪表工作台、部分电器、装饰件烧损。

③ 货运车辆货箱内着火。

2. 火灾车辆的损失评估处理方法

对明显烧损的进行分类登记。

对机件应进行测试、分解检查。转向、制动、传动部分的密封橡胶件，一般予以更换。对金属件（特别是车架，前、后桥，壳体类），考虑是否因燃烧而变形。对于因火灾而使被保险机动车遭受损害的，分解检查工作量很大，且检查、维修工期较长，一般很难在短时期内拿出准确估价单，只能是边检查边定损，反复进行。

3. 火灾汽车的损失评估

汽车起火燃烧以后，其损失评估的难度相对较大。

若汽车的起火燃烧被及时扑灭了，则可能只会导致一些局部的损失，损失范围只是局限在起火部分的车体油漆、相关的导线及非金属管路、起火部分的汽车内饰。只要参照相关部件的市场价格，并考虑相应的工时费，即可确定出损失的金额。

如果汽车的起火燃烧持续了一段时间后才被扑灭，虽然没有对整车造成毁灭性的损坏，但是可能也造成了比较严重的损失。凡被火"光顾"过的车身的外壳、汽车轮胎导线线束、相关管路、汽车内饰、仪器仪表、塑料制品、外露件的美化装饰等，可能都会报废，定损时要考虑相关更换件的市场价格、工时费用。

如果起火燃烧程度严重，外壳、汽车轮胎、导线线束、相关管路、汽车内饰、仪器仪表、塑料制品、外露件的美化装饰等肯定会被完全烧毁。部分零部件，如控制元件、传感器、铝合金铸造件等，可能会被烧化，失去使用价值。一些看似"坚固"的基础件，如发动机、变速器、离合器、车架、悬架、车轮轮毂、前桥、后桥等，在长时间的高温烘烤作用下，会因"退火"而失去应有的精度、强度，无法继续使用，此时汽车离完全报废的距离已经很近了。

知识点 5 新能源车定损

一、动力电池定损

目前动力电池的维修方式主要有 3 种：返厂维修、厂家派遣技术员到维修厂修复、厂家委托授权单位维修。在送修之前，需要对动力电池的损伤形态进行查验，如对外壳凹陷、破裂、漏液拍照取证留存，作为动力电池损伤程度评估的基本依据。

动力电池的碰撞损伤和水淹损伤的定损要点分别如下。

1. 动力电池的碰撞损伤

（1）确定车辆故障信息。在条件允许的情况下，读取并打印车辆故障检测报告，或者截屏拍照，确定车辆故障发生的时间、里程等信息。

（2）定损。对动力电池的损伤进行详细检查，根据损伤程度并参考维修手册，三方协商制定维修方案。碰撞损伤一般包括 3 种类型：外壳轻微划痕或仅造成绝缘涂层微损、箱体轻微凹陷、箱体严重凹陷或破裂。

① 外壳轻微划痕或绝缘涂层微损：目测金属箱体没有变形、气密性检测正常，可判断内部的模组及其他部件未受影响，一般仅对箱体涂层做修复处理。

② 箱体轻微凹陷：需对气密性、绝缘性及相关故障进行检测。经检测，如气密性、绝缘性及各项参数均正常，可仅对箱体进行修复或更换。

③ 箱体严重凹陷或破裂：多数情况会影响模组，还可能影响气密性和绝缘性。定损时，首先检查绝缘性是否正常，在确保安全的前提下，开箱检修，视壳体损伤程度进行修复或更换，对受损模组和部件进行更换处理。如模组损伤数量较多，可考虑更换动力电池总成。

2. 动力电池的水淹损伤

动力电池具有一定的防水能力，短暂的涉水行驶不会造成动力电池内部进水，但遭遇水淹事故时，由于水淹时间较长，可能导致内部进水，进而造成气密性和绝缘性失效。在处理水淹事故时，首先应对绝缘性进行检测，穿戴好防护装备，在确保人身安全的前提下，进行损失确认工作。

动力电池包损伤的判断方法如下。

（1）检查外观：主要检查以下部位是否可能进水，如高压线束插接口、低压线束插接口、冷却水管结合处、单向阀或通气口、箱体结合部位等。

（2）性能检测：检查绝缘性和气密性。

（3）未进水判断：各结合部未见水渍、气密性好、绝缘值高，说明动力电池包未进水。

（4）进水判断：各插接口、结合部有水渍，建议开箱检查，根据检查、检测结果，协商维修方案。

二、充电口定损

充电口有快充和慢充两种，充电口由插接件、线束和支架组成。大部分安装在车前部中网和后部行李箱盖上，碰撞极易造成损坏。

充电口座损伤或破裂，建议更换；线束破裂或断裂，更换；充电口塑料支架破裂，更换，铁支架变形，视情修复；如报故障，应采集相关数据。

充电口如有石子泥沙，建议清洁、烘干处理，绝缘值不超标的，继续使用；插口内有明显锈蚀的，建议更换；充电口支架有锈蚀的，清理除锈，继续使用。

三、高压线束定损

新能源汽车高压线束均为橙色，由插接件、绝缘层、线芯、卡箍四部分组成。

高压线束碰撞损伤处理：插接件或外壳轻微损伤，修复；线芯损伤，更换线束；绝缘层损坏，更换线束；如报故障，应采集相关数据，拍照留存。

高压线束水淹损伤处理：参见充电口定损。

四、其他高压部件定损

其他高压部件包括电机控制器、车载充电机、DC/DC 变换器、高压分配单元 / 高压配电箱、驱动电机、高压空调泵、PTC 加热器等。

外壳破裂变形，且内部元件无损伤，局部铝焊修复；插接件外壳，如有配件，可更换，如无配件，可塑焊处理；内部元件损伤，如有配件，更换部件，如无配件，更换总成。

水淹损伤：如内部元件无水渍、泥沙，建议进行清洁干燥处理；如内部元件有轻微水渍、无锈蚀，进行清洁干燥处理及绝缘监测；如内部元件进水较多或有锈蚀，可考虑更换总成；如报故障，应收集故障码信息并留存。

知识点 6　人员伤亡定损

一、人身伤亡损失评估方法

车辆发生事故后，造成人身伤亡的，需要对伤亡人员的抢救、治疗过程，以及死亡原因鉴定和伤残等级进行评定，并就相关费用的使用情况进行调查。

1. 当场死亡处理方法

除非是当场死亡，现场一般都有移动。若出现当场死亡，则需要做以下两点。

（1）确认死者身份：死者照片、身份证、其他携带物品。

（2）确认驾驶人身份。

2. 轻伤案件处理方法

对于轻伤未住院的，可通过电话调查并告知被保险人理赔须知或对客户提供的人伤索赔材料进行核定。

（1）确认伤者身份（姓名、年龄、性别、工作单位、个人收入、联系电话、身份证）。

（2）确认事故经过（是否有目击者、是否有明显痕迹）。

（3）确认伤情（部位、表现、面积、深度、是否出血、是否活动受限）。

（4）争取现场调解。

3. 重伤案件处理方法

对于重伤或因伤住院的，调查人员应及时到医院对伤者进行当面调查。

（1）初勘。

① 伤者已经入院的，协同被保险人或查勘人员单独前往医院。

② 在医院大门前，拍摄医院大门整体照片，并显示日期。

③ 通过逐一询问急诊外科室、收费室或住院部外科，查看科室内住院病人一览表找到伤者在医院的具体位置。

④ 若伤者未住院，则同护士或医生了解伤者基本情况，查阅门急诊登记本，记录伤者入院时间、诊断报告、各种检查编号等。

⑤ 若伤者已经住院，则在查勘住院病人一览表后，记录伤者住院号码、诊断报告、年龄、护理级别等内容。

⑥ 了解基本情况后，看望伤者，进入病房，确定伤者后，递交名片，自我介绍。

⑦ 查看伤情，边查看边表达问候、关心，缓解伤者的压力，向伤者宣传保险知识和有关法律法规。进行事前告知，争取伤者对查勘人员的信任和对保险公司的理解、配合，向伤者索取其身份证复印件，以备后用。

⑧ 查看伤情时，按照查勘规范拍摄伤情照片。

⑨ 选择合适时机向伤者或其家属、护理人员等进行询问，详细了解事故发生经过、救治经过、碰撞方式、汽车颜色、驾驶员情况、汽车碰损、伤者既往病史及事故发生前身体健康状况、护理人员状况，家庭成员状况等内容，并做询问笔录，案情重大或事故复杂的，应同时进行录音。

⑩ 核对伤者身份和病情，根据伤者伤情初步判定事故真实性，判定伤情是否符合该事故创伤方式，归纳案件风险要点并做相应处理。

⑪ 对于事故事实明确、证据充分，且损失不超过一定限额的案件，现场可以明确该案免赔或部分免赔的，做好解释沟通工作并及时向保险公司汇报。

⑫ 寻找伤者主治医生，向医生自我介绍后了解伤者病情。问清楚诊断、治疗方式、后续治疗时间、合计治疗费用、遗留功能障碍等内容；制止超前消费和不合理开销行为，防止产生不合理费用。

⑬ 在护士站向护士查询当前费用并做记录，拍摄伤者的 X 光片。

⑭ 对于在查勘过程中遇到的特殊情况或重大案件的有关问题，应及时向保险公司请示处理。

⑮ 医院查勘完毕，及时向客户告知有关信息，交代客户在后续事故处理过程中需要注意的问题。

⑯ 在医院查勘前或查勘后，选择适当时机对客户进行询问，并做询问笔录，对照车主与伤者对事故经过的描述，确认事故是否真实。

（2）复勘。

① 若伤者住院超过一定时间，则回访医院，复勘伤者病情，重点了解伤者治疗经过和病情恢复情况，了解费用和伤者的护理情况，拍摄现场照片及伤情照片。

② 根据病情判断伤者是否需要继续住院治疗，若无特殊治疗，则积极主动协商

出院；若需继续住院治疗，则向医生了解或商讨治疗方案。

③ 若发现医疗费用超过预期，则应观察伤者的治疗用药和治疗项目，查看伤者的床头柜，治疗期间则查看治疗卡，发现问题后应与医生沟通，争取降低后期费用。

④ 在随后的时间里，继续与伤者和客户保持电话联系，随时了解伤者病情变化或伤者思想状况。如有必要，或者病情发生重大变化及进行重大手术等，随时查勘。

⑤ 伤者住院治疗时间超过 30 天者，要第三次查勘，其后每隔两周查勘一次，直至伤者出院，防止伤者故意扩大损失。

⑥ 伤者出院时，必要时要进行结算监督，对于明显不合理的费用，应坚持被保险人不得支付，医院有过错的，应立即寻求医院方解决。

⑦ 办理出院手续后，告知被保险人事故处理程序和注意要点，防范道德风险。

4. 人身伤亡费用计算

人员伤亡的各项赔偿费用，保险公司是根据《最高人民法院关于审理人身损害赔偿案件适用法律若干问题的解释》以及机动车辆保险条款的有关规定进行逐项计算的，对于受害人仅遭受轻微人身损害的案件，涉及七项费用，即医疗费、误工费、护理费、交通费、住宿费、住院伙食补助费和必要的营养费；受害人因伤致残的案件，除涉及轻微伤案件的七项费用之外，还涉及六项费用，即残疾赔偿金、残疾辅助器具费、被扶养人生活费、康复费、护理费和后续治疗费；受害人死亡的案件，除涉及轻微伤案件的七项费用之外，还涉及丧葬费、被扶养人生活费、死亡补偿金；受害人或死者近亲属遭受精神损害的，赔偿权利人可向人民法院提请求偿精神损害抚慰金。

（1）医疗费根据医疗机构出具的医药费、住院费等收款凭证，结合病历和诊断证明等相关证据确定。赔偿义务人对治疗的必要性和合理性有异议的，应当承担相应的举证责任。医疗费的赔偿数额，按照一审法庭辩论终结前实际发生的数额确定。器官功能恢复训练所必要的康复费、适当的整容费以及其他后续治疗费，赔偿权利人可以待实际发生后另行起诉。但根据医疗证明或者鉴定结论确定必然发生的费用，可以与已经发生的医疗费一并予以赔偿。

（2）误工费根据受害人的误工时间和收入状况确定。误工时间根据受害人接受治疗的医疗机构出具的证明确定。受害人因伤致残持续误工的，误工时间可以计算至定残日前一天。受害人有固定收入的，误工费按照实际减少的收入计算；受害人无固定收入的，按照其最近三年的平均收入计算；受害人不能举证证明其最近三年的平均收入状况的，可以参照受诉法院所在地相同或者相近行业上一年度职工的平均工资计算。

（3）护理费根据护理人员的收入状况和护理人数、护理期限确定。护理人员有收入的，参照误工费的规定计算；护理人员没有收入或者雇用护工的，参照当地护工从事同等级别护理的劳务报酬标准计算。护理人员原则上为一人，但医疗机构或者鉴定机构有明确意见的，可以参照确定护理人员人数。护理期限应计算至受害人恢复生活自理能力时止。受害人因残疾不能恢复生活自理能力的，可以根据其年龄、健康状况等因素确定合理的护理期限，但最长不超过二十年。受害人定残后的护理，应当根据其护理依赖程度并结合配制残疾辅助器具的情况确定护理级别。

（4）交通费根据受害人及其必要的陪护人员因就医或者转院治疗实际发生的费用计算。交通费应当以正式票据为凭；有关凭据应当与就医地点、时间、人数、次数相符合。

（5）住院伙食补助费可以参照当地国家机关一般工作人员的出差伙食补助标准予以确定。受害人确有必要到外地治疗，因客观原因不能住院，受害人本人及其陪护人员实际发生的住宿费和伙食费，其合理部分应予赔偿。

（6）营养费根据受害人伤残情况参照医疗机构的意见确定。

（7）残疾赔偿金根据受害人丧失劳动能力程度或者伤残等级，按照受诉法院所在地上一年度城镇居民人均可支配收入标准，自定残之日起按二十年计算。但六十周岁以上的，年龄每增加一岁减少一年；七十五周岁以上的，按五年计算。受害人因伤致残但实际收入没有减少，或者伤残等级较轻但造成职业妨害严重影响其劳动就业的，可以对残疾赔偿金做相应调整。

（8）残疾辅助器具费按照普通适用器具的合理费用标准计算。伤情有特殊需要的，可以参照辅助器具配制机构的意见确定相应的合理费用标准。辅助器具的更换周期和赔偿期限参照配制机构的意见确定。

（9）丧葬费按照受诉法院所在地上一年度职工月平均工资标准，以六个月总额计算。

（10）死亡赔偿金按照受诉法院所在地上一年度城镇居民人均可支配收入标准，按二十年计算。但六十周岁以上的，年龄每增加一岁减少一年；七十五周岁以上的，按五年计算。

（11）被扶养人生活费计入残疾赔偿金或者死亡赔偿金。

（12）被扶养人生活费根据扶养人丧失劳动能力程度，按照受诉法院所在地上一年度城镇居民人均消费支出标准计算。被扶养人为未成年人的，计算至十八周岁；被扶养人无劳动能力又无其他生活来源的，计算二十年。但六十周岁以上的，年龄每增加一岁减少一年；七十五周岁以上的，按五年计算。被扶养人是指受害人依法应当承担扶养义务的未成年人或者丧失劳动能力又无其他生活来源的成年近亲属。被扶养人还有其他扶养人的，赔偿义务人只赔偿受害人依法应当负担的部分。被扶养人有数人的，年赔偿总额累计不超过上一年度城镇居民人均消费支出额。

（13）赔偿权利人举证证明其住所地或者经常居住地城镇居民人均可支配收入高于受诉法院所在地标准的，残疾赔偿金或者死亡赔偿金可以按照其住所地或者经常居住地的相关标准计算。被扶养人生活费的相关计算标准，依照前款原则确定。

（14）超过确定的护理期限、辅助器具费给付年限或者残疾赔偿金给付年限，赔偿权利人向人民法院起诉请求继续给付护理费、辅助器具费或者残疾赔偿金的，人民法院应予受理。赔偿权利人确需继续护理、配制辅助器具，或者没有劳动能力和生活来源的，人民法院应当判令赔偿义务人继续给付相关费用五至十年。

（15）赔偿义务人请求以定期金方式给付残疾赔偿金、辅助器具费的，应当提供相应的担保。人民法院可以根据赔偿义务人的给付能力和提供担保的情况，确定以定期金方式给付相关费用。但是，一审法庭辩论终结前已经发生的费用、死亡赔偿金以及精神损害抚慰金，应当一次性给付。

（16）人民法院应当在法律文书中明确定期金的给付时间、方式以及每期给付标准。执行期间有关统计数据发生变化的，给付金额应当适时进行相应调整。定期金按照赔偿权利人的实际生存年限给付，不受本解释有关赔偿期限的限制。

（17）本解释所称"城镇居民人均可支配收入""城镇居民人均消费支出""职工平均工资"，按照政府统计部门公布的各省、自治区、直辖市以及经济特区和计划单列市上一年度相关统计数据确定。"上一年度"，是指一审法庭辩论终结时的上一统计年度。

（18）精神损害抚慰金适用《最高人民法院关于确定民事侵权精神损害赔偿责任若干问题的解释》予以确定。

5. 人身损害赔偿费用计算标准

交通事故赔偿标准存在地区差异，可查询受诉法院所在省、自治区、直辖市、经济特区、计划单列市上一年度国民经济和社会发展统计公报，每年修订一次。2019—2021年浙江省交通事故人身损害赔偿有关费用计算标准如表5-2所示。

表5-2　2019—2021年浙江省交通事故人身损害赔偿有关费用计算标准

项目	2019年	2020年	2021年
浙江省全体居民人均可支配收入	49 899元	52 397元	57 541元
浙江省全体居民人均消费支出	32 026元	31 295元	36 668元
浙江省城镇居民人均可支配收入	60 182元	62 699元	68 487元
浙江省城镇居民人均消费支出	37 508元	36 197元	42 193元
浙江省农村居民人均可支配收入	29 876元	31 930元	35 247元
浙江省农村居民人均消费支出	21 352元	21 555元	25 415元

二、虚假人伤案件特点与识别

（1）先出险，后投保。对在保险单起期和止期7天内出险的保险事故应该予以高度关注。特别是单方事故，而对于无现场、无目击证人，很不容易取证。因此，对于客户主动上门投保和推迟报案时间的，应展开详细调查。特别是要对在医院保留的就诊时间和病理描述做重点调查，不能仅凭有关部门的证明。在保险赔付实际中，不乏客户串通有关部门工作人员作假的案例。

（2）伪造单证。骗取赔款常见的虚拟或篡改单证有假医疗发票、假住院发票、假交通费发票、假出院证明书、假疾病诊断证明、假医生或相关人员签字、假公章、假伤残评定书、假事故认定书、假事故当事人协议书、假收据、假身份证、假户籍证明、假残疾证明、假供养证明等。

（3）小伤大养。例如，门诊能治疗的要求住院治疗、医生认为可出院的拖延出院、挂床住院、在门诊长期看病开病假条等，此类案件应加强人伤调查和监控的力度，及时阻止事态扩展，必要时可对伤情进行司法鉴定。

（4）搭车看病，冒名顶替。借交通事故之名治疗原发疾病或做美容手术，还有"张三受伤李四看病"等现象。

（5）混淆险种。常见现象为车上人员受伤说成第三者人员受伤，特别是货车，货箱人员受伤谎称撞行人。这种混淆险种的现象，往往会使保险公司的支出赔偿金大幅度增加，因为车上人员或不买机动车车上人员责任保险，或保障数额较低，而一旦混淆为第三者，则赔付金额往往会增加数十万元甚至上百万元。

（6）增加被扶养人，减少扶养义务人。常见现象为计算被扶养人时虚报被扶养人，把伤情或死亡前实际无扶养义务的人列为被扶养人。另一种现象是把伤残或死亡者列为扶养义务人或按农村风俗只算男不算女。

案例小贴士

王女士骑自行车时与一辆小客车发生碰撞，造成左侧髋臼骨折。就诊期间，"人伤黄牛"夏某通过在医院蹲点寻找客源的方式了解到王女士受伤的情况后，即冒充律师主动搭讪，并自称专门从事交通事故理赔业务，可为伤者提供垫付医药费、安排伤残鉴定、向保险公司索赔等一条龙服务。在夏某的诱导下，王女士为贪图方便，与之签订了交通事故理赔委托代理协议，约定由夏某为其代理交通事故理赔事宜，获赔的保险理赔金中2.5万元归王女士，超出部分则归夏某所有。12月份，夏某通知王女士至其办公场所进行伤残鉴定，期间仅为王女士拍摄了手持证件的正面照片。随即夏某与上海某民营鉴定所负责人兼主要鉴定人张某相互串通，由张某在未实际开展伤残鉴定的情况下，认定王女士左下肢活动受限，构成十级伤残，出具虚假的鉴定意见书。律师钱某则在未与王女士直接联系沟通的情况下，作为王女士的诉讼代理人，凭借伪造的民事诉状起诉肇事驾驶员及保险公司，要求赔付医疗费、三期费用等，同时还凭借伤残等级虚高的鉴定意见书要求额外赔付残疾赔偿金及精神损害抚慰金，最终获赔保险理赔金12万元。在这一"人伤骗保"案例中，被保险人获得了2.5万元理赔金，而"人伤黄牛"获得了9.5万元。骗保获得保险理赔金由保险公司支付。

知识分享

《中华人民共和国刑法》第一百九十八条规定，进行保险诈骗活动，数额较大的，处五年以下有期徒刑或者拘役，并处一万元以上十万元以下罚金；数额巨大或者有其他严重情节的，处五年以上十年以下有期徒刑，并处二万元以上二十万元以下罚金；数额特别巨大或者有其他特别严重情节的，处十年以上有期徒刑，并处二万元以上二十万元以下罚金或者没收财产。

知识点 7 其他费用

一、其他财产的损失确定

第三者责任险的财产和附加车上货物责任险承运货物的损失，应会同被保险人和有关人员逐项清理，确定损失数量、损失程度和损失金额。同时，要求被保险人提供有关货物、财产的原始发票。定损人员审核后，制作《机动车辆保险财产损失确认书》，由被保险人签字认可。

对于车上货物责任险中的货物损失，在确定损失金额，进行赔偿处理时，需要被保险人提供运单、起运地货物价格证明以及第三方向被保险人索赔的函件等单证材料。

二、施救费用的确定

当保险车辆或其所涉及的财物或人员遭遇保险责任范围内的车祸时，被保险人采取措施进行抢救以防止损失的扩大。其中因采取施救措施而支出的费用即为施救费用。施救费用必须是直接的、必要的、合理的，是按照国家有关政策规定为施救行为付出的费用。

施救费用的确定要严格遵照条款的规定。以下几种情况应特别注意。

（1）用非专业消防单位的消防设备所产生的费用，应予赔偿。

（2）施救保险车辆时雇用吊车和其他车辆进行抢救的费用，以及将出险车辆拖运到修理厂的运输费用，应予赔偿。

（3）因抢救而不慎或不得已对他人财产的损坏，可酌情予以赔偿，但在抢救时抢救人员个人物品的丢失，不予赔偿。

（4）抢救车辆在拖运受损保险车辆途中发生意外事故造成的损失和费用支出，如果该抢救车辆是被保险人自己或他人义务派来抢救的，应予赔偿；如果该抢救车辆是有偿的则不予赔偿。

（5）保险车辆出险后，被保险人赶赴肇事现场处理所支出的费用，不予负责。

（6）保险公司只对保险车辆的救护费用负责。

（7）经保险公司同意去外地修理的移送费，可予负责，但护送车辆者的工资和差旅费，不予负责。

（8）当施救、保护费用与修理费用相加，已达到或超过保险车辆的实际价值时，则可推定全损予以赔偿。

（9）不得超过第三者责任险的责任限额。

（10）施救费应按照规定扣减相应的免赔率。

施救费原则根据各省份施救服务收费标准执行，以浙江省为例，《浙江省定价目录（2022 年版）》在高速公路救援服务收费中，继续对"吊车服务收费"实行政府指导价，如表 5-3 所示。取消拖车收费、放开抢修服务费和车辆停放费。

表 5-3　浙江省高速公路吊车服务收费标准（2022 年版）

项目			收费标准
吊车	吊车辆	一类车	1 000 元 /（车·次）
		二类车	1 300 元 /（车·次）
		三类车	1 800 元 /（车·次）
		四类车	2 300 元 /（车·次）
		五类车及以上	2 800 元 /（车·次）
	吊货物	吊车后再吊货物	50 元 /t
		只吊货物	800 元 +50 元 /t

其中：

①上述吊车作业收费标准为基准价，实际收费允许上浮 20%。在 2 000 m（含）以上高速公路隧道救援，吊车服务收费标准允许再上浮 20%。起吊装运属于国家规定的易燃、易爆及危险品的车辆，吊车服务收费标准允许再上浮 50%。吊车作业收费标准也允许下浮，下浮不限。

②根据拖曳（牵引）需要，使用拖吊一体车辆的简易起吊功能对被救援车辆进行拖曳（牵引）方向、方位调整的，不得收取吊车服务费。

③起吊高速公路路基以外的车辆、货物或动用 50 t（含）以上吊车的，费用由双方协商。

④应被救援车辆当事人要求，吊车到达现场而无须吊车服务的，按不高于上述表中相应车辆收费标准的 50% 向当事人收费。

⑤车型分类按交通运输部《收费公路车辆通行费车型分类》（JT/T 489—2019）标准执行。

⑥拖车服务的距离为被拖车辆起拖点至就近高速公路出口的距离，高速公路出口以外的费用由双方协商。

特别提醒：

①《浙江省公路条例》（2020 年 9 月 1 日起施行）第五十条规定，高速公路上的清障、救援工作由高速公路经营管理者负责实施，接受公安机关交通管理部门和交通运输主管部门的组织和调度。对停留在主线上的故障车辆、事故车辆，高速公路经营管理者应当及时免费拖曳、牵引至最近出口外的临时停放处，司乘人员应当予以配合。高速公路经营管理者承担拖曳、牵引费用的事项，应当在高速公路特许经营协议中予以明确。

②表 5-3 是高速公路吊车服务收费标准，在普通公路，建议相关费用按 80% 以下计算。

任务实施

步骤一：拟订任务实施计划（表 5-4）。

表 5-4 任务实施计划

序号	工作流程	操作要点
1		
2		
3		
4		
5		
6		
计划审核	审核意见： 签字： 年 月 日	

步骤二：整理基本信息。事故车辆定损是一项复杂的系统性工作，要完成车辆定损、人员伤亡费用的确定、施救费用的确定、其他财产的损失确定和残值处理这些工作。其中车辆定损还涉及水灾车辆和火灾车辆等特殊情况。接收任务首先必须掌握标的车辆的基本信息，确定保险利益关系。

步骤三：了解碰撞情况、确认碰撞位置。评估人员可通过与驾驶人交谈、现场观察等，对车辆事故有一个基本的了解。观察整个车辆，具体方法从碰撞点开始，环绕汽车一周，并统计撞击处的数量，评价其程度，确定其损坏顺序。

步骤四：确认是否涉及水灾、火灾。

步骤五：确认损坏零件及损坏程度。仔细检查车辆各部件损伤情况，确认其损伤程度，给出维修建议并拍照存证。

步骤六：确定维修方案。根据车辆损失情况，确定换件定损、维修定损及辅料定损内容。

步骤七：确定人伤费用。在车辆发生事故后，造成人身伤亡的，需要对伤亡人员的抢救、治疗过程，以及死亡原因鉴定和伤残等级进行评定，并就相关费用的使用情况进行调查并确定人伤费用。

步骤八：确定施救费用。

步骤九：填写本项目任务工单 1 "机动车辆事故信息确认实训报告"、任务工单 2 "事故车辆定损实训报告"及任务评价表。

 **任务评价**

任务评价表如表 5-5 所示。

表 5-5　任务评价表

评分项	评分内容	评分细则	自我评价	小组评价	教师评价
纪律 （5分）	1. 不迟到； 2. 不早退； 3. 学习用品准备齐全； 4. 积极参与课程问题思考和回答； 5. 积极参与教学活动	未完成1项扣1分，扣分不得超过5分			
职业素养 （15分）	1. 积极与他人合作； 2. 积极帮助他人； 3. 遵守礼仪礼节； 4. 做事态度严谨认真； 5. 能有效提升客户满意度； 6. 具备劳动精神，能主动做到场地的6S管理	未完成1项扣5分，扣分不得超过15分			
专业技能 （40分）	1. 熟悉车险定损的常用方法和流程； 2. 了解人身伤亡的赔偿项目； 3. 掌握事故车辆损失评估的基本方法； 4. 掌握事故车辆损失检查的技术手段； 5. 熟悉水灾、火灾、盗抢等特殊损失车辆的损坏形式； 6. 熟悉水灾、火灾、盗抢等特殊车辆损失评估的基本方法； 7. 能够正确实施车辆施救工作； 8. 能够完成常见碰撞事故车辆的损失评估工作； 9. 能够完成水灾事故车辆的损失评估工作； 10. 能够完成火灾事故车辆的损失评估工作	未完成1项扣5分，扣分不得超过40分			
工具及设备的使用 （20分）	1. 能正确使用 iPad、手机上的一些图片处理和视频拍摄软件； 2. 能正确使用谈判桌等场地工具	未完成1项扣10分，扣分不得超过20分			
任务工单填写 （20分）	1. 字迹清晰； 2. 语句通顺； 3. 无错别字； 4. 无涂改； 5. 无抄袭； 6. 内容完整； 7. 回答准确； 8. 有独到的见解	未完成1项扣5分，扣分不得超过20分			

思考提升

张先生出车祸住院期间，认识一位声称能帮张先生拿到更多保险赔偿金的"董先生"，董先生说他认识该院某医生，可以将张先生的病情夸大，虚报医疗费用，董先生从这部分获利中抽取提成作为报酬。

（1）请根据案例，你认为张先生应该怎么做？

（2）请问董先生的行为存在什么风险？对保险公司、保险行业有什么影响？

（3）作为保险从业人员，应该如何防范这类事件发生？

学习任务二 汽车保险核损

任务描述

客户张先生在长江大道被追尾，随后车辆失控坠河，已经完成现场查勘和定损工作，假设你是保险公司核损员，请完成该案件核损工作。

任务分析

要完成本学习任务，可以按照以下流程进行。

（1）案件审核。

（2）报案信息查看。

（3）保险单信息查看。

（4）图片信息查看。

（5）定损录入查看。

（6）查勘和复勘意见查看。

（7）录入核损意见及赔案相关信息。

完成本学习任务需要准备的工作场景和设备如下。

（1）工作夹，内含汽车保险查勘定损相关资料、名片、笔、便笺纸等。

（2）按照顾客的信息及身份背景设定资料。

（3）其他需要用到的工具。

相关知识

知识点 1　核损概述及流程

一、事故车辆核损概述

微课
核损

核损是继查勘定损完成后核损人员根据查勘人员现场查勘的情况、估损单和损失照片等，初步核实事故的真实性、发生过程，核定车辆和相关物损损毁情况，确定车辆更换部件、维修工时、相关物损赔偿费用、施救费用的过程。同时，核损兼负查勘的管理监督工作、复勘工作和旧件处理等，是车险理赔的风险控制核心环节。核损还可以进一步细分为核损（狭义）与核价。狭义的核损仅指核定损失的项目，核价是指核定每个损失的具体报价。

1. 核损的工作要求

（1）按照核损人员工作流程标准进行操作。

（2）认真核对损失照片，迅速核定查勘点上传的案件。

（3）熟悉计算机的使用，能处理日常工作中的常见问题。

（4）严格执行车险配件价格、工时费用标准，合理确定相关费用。

（5）严格执行车险定损核价运作规范。

2. 核损的职责范围

（1）根据案情需要发起调查、稽查等风险控制请求。

（2）监督查勘定损岗执行规章制度的情况。

（3）核价核损人员通过对案件信息、事故照片、定损单及相关资料的审核，及时发现案件风险，提高理赔成本管控效果和处理时效。

二、事故车辆核损流程

（1）选择待核损案件。

（2）审核案件。

（3）查看报案信息。

① 报案信息内容包括出险时间、报案时间、出险地点、出险经过、损失程度、报案人、报案地点和出险驾驶人。

② 报案信息相对风险分析。午饭或晚饭后1 h内可能存在酒后驾驶，半夜或非正常时间可能有故意行为。出险后马上报案，经过描述可信度较高；事故经交警处理后报案，经过描述可信度较高；出险后第二日报案，经过描述可信度一般；出险后48 h后报案，经过描述可信度低。繁华市区相对风险较小；车流量较大道路风险相对较小；偏僻及可疑地区风险相对较高；修理厂人员报案，报案信息可能经过专业人员指点，车损有被扩大的可能；保险公司业务员报案，有被专业人员指点的可能，扩大赔偿。现场报案风险相对小；交警停车场报案可确认交警处理，风险相对较小；修理厂报案可能存在扩大损失。

（4）查看保险单信息。

① 车辆信息。车辆信息包括牌照号码、VIN、厂牌车型、使用性质和车龄等。

② 承保信息。查看投保险种、保额、特别约定等信息。

③ 历史信息。历史出险多次的，应认真分析出险经过及出险原因，是否有骗赔的可能。

（5）查看图片信息。

① 标的车辆行驶证。查看行驶证年检是否合格，基本信息是否与保险单一致，临时牌照是否在有效期内。

② 出险驾驶人驾驶证。核对是否与报案驾驶人姓名相符，核实准驾车型与实际驾驶车辆是否相符，核实驾驶证有效期。

注意：由于在核损环节可能只收集了部分单证（主要为两证），所以在审核单证时以从简为准，详细的单证审核有后面的缓制及核赔环节审核。

③ 车辆验标及损失图片。查看 VIN、车牌号是否与保险单行驶证等相关信息吻合；查看整体损坏照片、撞击部位、碰撞痕迹、受损程度，分析出险经过是否与客户描述相符，判断事故的真实性；看损坏部位照片，判断是否与本次事故有关联；审核车损照片与更换项目及修理项目是否对应及是否符合标准。

（6）查看定损损失录入。查看配件更换项目是否与车损一致及配件价格是否符合当地价格标准，维修项目是否与车损一致及工时费用是否符合当地工时费用标准。

（7）查看查勘和复勘意见。

① 查勘信息是指查勘人员对出险经过的真实描述或补充。相对于出险通知书和报案信息内容来说，查勘信息更可信。

② 复勘信息是指复勘人员对复勘结果的反映，一般以复勘报告的形式体现。

（8）录入核损意见及赔案相关信息。若对事故无疑问，同意定损价格，则可以核损通过，在核损平台录入核损意见，核损结束；若对案件有疑问或不同意，则定损可退回查勘或发起调查处理。

知识点 2　车辆核价

一、整体要求

（1）在定损环节应当合理定损，优先使用市场价格方案，积极推送车商维修。

（2）主动核对车型配置，积极落实当地市场价格。

（3）上报审核时，尽量提供配件编码，并说明特殊配件的型号规格。

（4）详细备注定损说明或机构意见。

（5）针对核价差异，积极协谈及时沟通，优选直供配件。

（6）配件核价力求准确，并符合当地市场行情。

（7）坚持标准统一、差异化处理的原则。

（8）坚持合理扣减、有价有市的原则。

（9）核价环节应主动核实车型配置及配件价格，避免依赖定损上报填价。

（10）应积极使用 EPC 查询等系统工具，建立询核价及供货支持渠道。

（11）应关注事故责任，防范渗漏风险，针对异常定损，主动提示前、后端核实。

（12）对价格差异，应主动落实合理调整，避免争议升级。

（13）对灾害案件坚持合规、合理、高效处理。

二、核价规则

1. 车辆信息

（1）车辆定型。

① 车辆定型时，应当核对行驶证、承保车型和实际受损车型，并确保 VIN 一致，选择车型应准确，必须与实际受损车型完全一致。

② 系统中有数据的，定型操作时必须点选系统内的车型，优先采用 VIN 定型，定型时，应准确核实并选择配置参数。

③ 系统中有精确车型数据的，定型操作时应当精确点选，不得选择其他品牌、车组和车型，包括近似车型。

④ 若系统无法精确点选车型，则应选择系统中同一车组的最近似车型，并在定损意见中备注实际的受损车型。

（2）配置信息。

① 定损配件，应与定损车型配置相符。

② 定损时应主动采集车辆铭牌、总成标签、实物编码和配件标识等重要信息，必要时上传配件 EPC 配置截屏，若系统车型中配置与实际不符，定损意见中须注明。

③ 更换发动机、变速器、电动汽车驱动电机、电动汽车电池模块等主要总成的，应提供实物铭牌和实物配件编号照片。

2. 价格方案

（1）整体价格方案。

① 在综合修理厂、合作修理厂维修的车辆，按市场价定损。

② 在 4S 店维修的车辆，使用系统 4S 价格方案。

③ 使用系统 4S 价格方案定损，与实际 4S 店资质及配件系数相匹配。

（2）配件定价方案。

① 配件存在多种价位的，按受损配件的实际品质，选择相应的价位进行定损。

② 按市场价方案定损，配件价格最高不超过原厂价。

③ 定损配件，照片清晰，品质明显，上传辅助判断配件品质的证明材料，实物标签、防伪标记、进货凭证、进货包装等。

④ 配件市场价应按同质件价格水平进行合理定损。

（3）零配件项目。

① 系统点选。

a. 系统有数据的，必须一次点选配件（即系统内有配件项目且有对应的配件编码和金额），系统故障或允许跟单录入的情况除外。

b. 非因缺少系统数据而无法一次点选配件的，定损意见中详细说明原因，并且上传定损点选界面截屏。

c. 定损使用二次点选配件（系统内有标准配件名称，但无真实编码和系统金额），名称应当规范，指代与实物一致，存在歧义的，可备注准确名称或自定义录入。

d. 定损使用二次点选配件，应主动备注配件编码，特别针对超过 1 000 元的配件，定损原厂件的，均应备注配件编码。

e. 定损时核对系统本地价格数据正确，能点选的全部点选系统数据，配件定损价格不高于本地维护价格。

② 配件自定义。

a. 定损自定义配件应名称规范，不使用非汽车专用术语或难以理解的俗称。

b. 定损自定义配件应指代清晰，或者对易混淆、结构复杂等特殊件进行专门说明，并上传对应影像资料。

c. 定损自定义配件应当同时录入配件名称和配件编码，并相互对应。

d. 定损自定义配件应主动录入准确的配件编码，尤其是超过 1 000 元的配件。定损原厂件的，均应录入准确的配件编码。

e. 自定义配件编码应与受损实物的编码一致。

f. 定损自定义配件，以配件编码为准。

g. 维修配件的编码与系统编码不一致，或者存在更新或替换的，应进行定损说明或提供 EPC 截屏照片。

（4）特殊零部件。

① 总成件。

a. 车辆定损的多个"零件组件"的金额之和，应低于其总成件的价格。

b. 车辆受损部位没有单独零件提供维修只有总成件的，定损应正确录入总成件的名称（如后翼子板）（定损金额是总成件价格的，按总成件核价，并注明总成件名称和编码。定损金额明显低于总成件价格的，参考损失比例或修复成本定价，并注明意见）。

c. 受损部位的零件，如果原厂仅提供总成件，但市场上有配套的同质零件，优先按零部件定损（市场上有配套的同质零件，但未按零部件定损，按零部件核价，明确核价意见并注明详细信息）。

d. 总成配件已建成直供渠道的，按直供管理要求定损，其中货车常见三大件（驾驶室总成、驾驶室壳总成、车架总成）依据商用车直供方案进行定损。

② 成套件。

a. 可单独销售的配件，不按成套件定损（零件可单独销售，定损为成套件，按单独零件核价，并注明）。

b. 一般成套销售的配件不按单件定损，并注明回收或扣残情况。

③ 玻璃件。

a. 更换汽车玻璃，"一般辅料"不需录入配件项目，定损金额含安装费的应说明。

b. 定损拍照上传玻璃标识，并对规格型号进行必要的说明，其中大客车风窗玻璃应注明尺寸（无法提供玻璃标识照片的，按照 VIN 确定玻璃配置，或者按该车型的市场低配进行核价）。

c. 进口车未约定的按进口玻璃理赔，且市场上有国产配套件的，优先使用国产件定损（进口车未约定的按进口玻璃理赔，且市场上有国产配套件的，按国产件价格核价）。

d. 若因车型更新换代，市场上已无原配玻璃，则按同等规格的玻璃价格进行定损，并备注说明（若市场上已无原配玻璃流通，仍按历史价格定损）。

④ 轮胎件。

a. 定损应提供受损轮胎品牌、规格。

b. 标的车辆定损应按原车配置的轮胎型号规格进行定损。

⑤ 加装 / 改装件。

a. 标的车辆加装件未投保的，受损后不予定损，保险杠、上车踏板等在行驶证首页验车照片上能显示的，可视作原车配置（标的车辆加装件实际未投保新增设备险的，剔除加装件，核价 0 元提交核损，行驶证照片上可显示的配置，无须剔除）。

b. 标的车辆改装件未投保的，定损不超过原车配置件的价格（标的车辆改装件实际未投保新增设备险）。

c. 标的车加装、改装件已投保新增设备险的，定损金额上限不高于保险金额（定损金额高于新增设备的保险金额）。

d. 定损加装件、改装件等特殊配件时，应提供详细型号规格和实物照片，或者必要的改装结构说明，涉及保险杠、上车踏板等的，应主动上传行驶证首页验车照片。

e. 精品件、装饰装潢件等定损为 4S 店价格的，同时提交属于 4S 店特有配件的信息证明。

⑥ 进口件。

a. 针对纯进口车型，定损应核对 4S 店的授权服务范围及其配件来源，通常按照进口配件的市场价格协商定损，提交审核时进行特别说明。

b. 针对合资车型，定损时应核对受损件是否为进口配件（现有资料无法判断该配件是否为进口件的，要求补充实物编码照片）。

c. 进口件已有国产件可以替代的，优先使用国产配件定损。

d. 经沟通客户明确要求使用与受损原件一致的配件，定损时上传实物编码照片，并说明情况，后续进行复检（未要求的，按国产件核价通过）。

⑦ 老旧疑难件。

a. 定损车型及配件已停产，且市场上也没有新件配套的，按回用件或再制造件进行定损。

b. 对于 6 年以上的老旧车型（商用货车 2 年以上），按照市场价格方案、同质件品质进行定损，否则应详细说明机构意见。

c. 6 年以上的老旧车型（商用货车 2 年），定损配件总额接近车辆实际价值的，应说明维修方案及估损要求（老旧车型定损配件总额接近车辆实际价值的，若未说明推定全损维修方案，应提示需考虑推定全损）。

d. 定损疑难车型或配件，应详细备注定价依据或价格渠道。

（5）特殊案件。

① 第三方定价。

a. 第三方机构定损的，定损人员应上传评估清单，系统录入的配件项目信息，应与清单保持一致，不满足点选系统本地价的配件允许自定义提交。

b. 定损应核对第三方定损单，确定配件金额是否合理，并说明协调结果。

c. 由同业保险公司定损的（同责以上），定损人员需核实对方公司是否已审定金额并执行赔付，同时上传相关资料，定损录入项目与清单保持一致（不满足点选系统本地价的配件允许自定义提交）。

d. 对方保险公司负次责的，应由本公司进行定损。

e. 法院终审或调解结案的案件，定损应上传判决或调解文件，明确赔偿总额并说明定损明细（不满足点选系统本地价的配件允许自定义提交）。

f. 在公司协议单位维修并直接由指定配件商供货的，即透明修车或配件直供，定损提交时应明确注明"直供案件"，并按管理要求提供配件商报价单或支付凭证、盖章供货清单、发票及其他有效凭证（未提供的按正常配件核价处理）。

g. 对于透明修车或配件直供案件，定损录入的配件项目、金额和管理费，应与供货清单一致，不满足点选系统本地价的配件允许自定义提交（如果已由机构车物管理岗确认，可直接认可通过）。

h. 对于透明修车或配件直供案件，定损时应当核对大额配件，针对异常情况与供货单位进行沟通，整单直供的，应确保整体合理，案件提交时进行必要的说明（对于配件直供案件，单个配件的定损金额超过 5 000 元且不合理的，进行审核核价）。

② 拒赔案件。对于拒赔案件，定损人员应根据车辆实际损失准确点选配件，合理预估价格；无法点选的，允许自定义核价。

③ 协议定损。对于推定全损及协议定损，需要录入系统估损的，应据实录入损失项目，上传全部的损失照片，并明确待查配件或说明估损要求，进行正常核价（对于推定全损及协议定损，上报配件明显不合理难以估价，且未明确待查件估损要求的，注明意见，提示核损整体审核）。

④ 补差价。本地维护的配件价格不满足定损要求的，定损应主动与承修方及客户协调差价，上报分公司维护岗核实及调整。

已结案案件，经诉讼程序后法院判决金额高于本公司结案金额的，定损应录入工时费备注"诉讼差额"进行补赔。

📝 知识点 3　车险核损

一、特别约定

保险单中有特别约定的案件，按照特别约定内容进行处理。

二、疑似欺诈类案件

（1）疑似倒签单。根据出险时间、报案时间、保险期限起始时间判断，案件可能存在脱保期出险，但系统缺乏必要调查材料或证据的，应要求核实车辆投保时间、验车照片，并提供能够证明事故实际发生时间的相关证据，包括事故证明、当事人（被保险人）笔录、走访笔录、驾驶人通话记录和监控资料等确认事故不存在欺诈情况。

（2）疑似酒驾、调包案件。应要求核实事故发生的实际时间和当时实际驾驶人，并提供能够证明事故发生时间和当事驾驶人的相关证据，包括事故证明（事故责任认定）、当事人（被保险人）笔录、走访笔录、驾驶人通话记录和监控资料等，确认事故不存在欺诈情况。

（3）疑似倒装旧件案件。应面见被保险人，详细了解事故发生前车辆维修及保养情况，核实被保险人是否了解本次事故发生的时间、地点、驾驶人、车辆损失部位以及损失程度，并将此过程体现在查勘报告或查勘笔录（须使用笔录模板，并须三级机构理赔经理签字确认）中，审核人员依次对案件情况进行判断，能确认非倒装旧件。

（4）疑似拼凑事故案件。根据事故方损坏痕迹判断可能存在拼凑事故的，应做好事故双方笔录，了解案件发生的时间、地点、驾驶人、车辆损失部位及损失程度，并通过当地行业协会理赔查询平台或其他保险公司渠道核实两车的近期事故及索赔情况，将此过程体现在查勘报告或查勘笔录（须使用笔录模板，并须三级机构理赔经理签字确认）中，审核人员依次对案件情况进行判断，确认非拼凑案件。

（5）疑似重复索赔案件。根据事故方损坏痕迹、损坏痕迹新旧判断可能存在重复索赔事故的，应做好驾驶人及被保险人笔录，了解案件发生的时间、地点、驾驶人、车辆损坏部位及损坏程度，并通过当地行业协会理赔查询平台或其他保险公司渠道核实两车的近期事故及索赔情况，将此过程体现在查勘报告或查勘笔录（须使用笔录模板，并须三级机构理赔经理签字确认）中，审核人员依次对案件情况进行判断，确认非重复索赔案件。

（6）其他疑似欺诈案件。根据现场照片、复勘照片、损坏照片、已提供材料或证据等判断为疑似欺诈案件的，应根据实际情况要求机构补充相关调查材料或对案件疑点进行说明。

三、影像规范类

1. 总体影像要求

（1）现场照片、拆解照片、损失照片、行驶证照片、驾驶证照片和 VIN 照片等必须有日期时间显示，且显示的时间日期必须与物理时间相符。

（2）现场查勘及定损照片需用指定照相机拍摄。除编辑照片名称外，不得对照片进行任何修改。使用精拍仪扫描上传的证明类单证可无日期显示。

（3）上传的照片应方向正确，影像清晰可辨，不允许出现模糊不清、不能判断内容或与事故无关的照片。

　　2. 查勘影像规范

　　（1）现场照片不能准确反映事故成因的，应绘制现场草图并拍照上传系统。现场草图必须反映出发生事故的地点、方位、车辆及其运动轨迹、碰撞物体和简单标识等要素。

　　（2）现场照片应能反映出现场环境、当时的地容地貌、车辆行驶路线、两车碰撞高度痕迹和现场制动痕迹等，并且照片应能够反映出事故发生的经过。

　　（3）车辆单独照须从前45°、后45°拍摄，照片应能够清楚地显示车牌号、VIN码及具体损失部位。货车VIN码不能清晰拍照时，需上传发动机号或VIN拓模；保险单中有约定主拖带第一挂车的，主、挂车辆的照片必须同时上传。

　　（4）须提供标的车辆及第三者车辆清晰的驾驶证、行驶证等有效证件。

　　（5）事故车辆照片中必须有车辆受损部位、受损程度、痕迹走向和损坏部位附着物等，能反映车辆的总体受损情况及外观的损坏配件，现场初步确认损失。

　　（6）单方事故损失万元以上的，需提供第一现场照片或复堪现场照片，有约定免现场的情况除外。

　　（7）盗抢案件必须提供现场照片、询问笔录和调查报告。

　　3. 定损影像规范

　　（1）照片按先远后近、先外后内、先全貌后配件的顺序拍照上传。

　　（2）需提供拆检前局部外观、内饰等损失照片并补充拆检过程照片及损失细节照片。

　　（3）涉及底盘、悬架、电器及前部昂贵配件的，必须提供拆检前车上整体外观损失照片。

　　（4）涉及轮胎、轮毂、减振器、万向节、摆臂、连杆和球头等配件的，必须按照配件名称在一张照片中体现，并逐一拍摄配件损坏部位照片。

　　（5）轮胎损失需核实轮胎位置、品牌和型号。

　　（6）照片不能明显反映出的裂纹、变形，应上传测量、变形对比的照片，并在照片名称中注明。

　　4. 财产影像规范

　　（1）照片应能够反映出财产损失的全貌及损失部位，多种财产受损的，应反映受损财产种类。

　　（2）带包装的物品受损的，应将包装拆下后拍摄，并上传包装物上的数量、类型、型号和重量等足以判断财产损失的照片。

　　（3）涉及两种及两种以上财产损失的，必须单独拍摄损失照片。

　　（4）涉及通信、电力、电线杆和路灯等损失的，必须拍摄受损的电路型号，控制箱型号、受损程度，电线杆铭牌等照片。

　　（5）涉及庄稼、蔬菜等损失的，必须拍摄总体受损情况及受损财产的种类。

　　（6）涉及家禽、牲畜和宠物等损失的，拍摄照片应反映出受损数量和动物品种。

（7）涉及运输车辆、路边店铺等中的小商品损失的，无法逐一拍摄受损物品照片的，应尽量拍摄受损物品包装及规格，但因事故导致物品起火烧毁的除外。

5. 严控照片数量

力求以最少的照片反映最多处、多件的损失，定损照片一般控制在换件数的1.5倍之内。

四、录入规范类

1. 基本信息

（1）损失类型。

① 标的车辆车牌号码、驾驶人姓名、联系方式、驾驶证号码须录入实际信息；

② 对于第三者车辆须录入车牌号码、驾驶人姓名、驾驶证号码、联系电话、VIN码、发动机号、交强险承保公司。

（2）车型。定损车辆型号应根据车辆VIN码进行定型，并且选择实际配置，VIN码定型后无相应车型的，可以自定义车型。对于第三者车辆必须上传VIN码，并按VIN码定型。

（3）修理厂信息。定损时必须根据车辆实际承修方选择承修方名称，选择的修理厂为合作车商、合作4S店、非合作4S店的必须核对修理厂名称与"机动车辆估损清单""机动车辆保险赔案现场处理单"、维修发票、转账支付授权书、"维修清单""结算单"等单证上修理厂的印章是否一致。其他修理厂按市场价格方案定损。

（4）险种录入。系统险种录入须准确。

2. 损失信息

（1）配件

① 配件录入。

a. 案件录入需按实际损失分项录入。

b. 定损配件中不允许出现"补差价配件"。

c. 自定义配件的，按自定义配件名称模板录入名称和零件编号。

d. 配件价格自动核价通过，核损应对高套配件进行查询。

② 总成与半总成。

a. 损坏配件定损，能更换零部件的更换零部件，不单独提供零配件给予更换总成件，总成件损坏的需按总成件给予更换（如倒车镜壳损坏更换倒车镜总成）。

b. 拆检配件后总金额高于总成件价格的按总成件录入。

③ 高套配件。

系统配件应严格核对，杜绝高套配件（如前风窗玻璃是否带雨量感应器，倒车镜是否带电加热器，前照灯是否是卤素或氙气前照灯）。

④ 加装、改装、新增设备。

a. 涉及保险杠、上车踏板等疑似加装件项目时，须上传行驶证首页验车照片。

b. 对于标的车辆改装受损的配件，按不超过约定金额进行赔付；如果未承保新增设备损失险，只按照车辆原车配置进行赔偿，加装配件不予赔偿。

　　c. 属于标的车辆改装配件给予定损的，按照不高于原配置的配件价格进行核定金额。

（2）工时

① 工时录入。

a. 工时项目须系统点选，无法点选的允许自定义录入。

b. 工时费用应按实际工种准确录入。

② 工时辅料。

a. 做漆：工时费根据分公司的工时标准定损，多幅喷漆应给予定损折扣。

b. 拆装：工时费根据分公司的工时标准定损，要剔除具有包含关系的拆装项目。

c. 钣金、机修等：工时根据分公司系统维护的工时给予定损。

d. 外修件：对于发动机、变速器及价格高昂件等配件外修的，根据机构商谈的结果给予核定。对于普通配件，外修金额应按合作单位协议价格且不超过配件价格的 50%。

（3）辅料

① 辅料应按公司《车辆维修辅料参考标准》给定录入。

② 辅料中不允许录入工时或配件项目。

③ 点选"其他辅料"的需备注辅料的名称、数量和单价。

④ 辅料应按照实际使用情况录入。

（4）残值处理

① 残值参照公司《车辆旧件扣残标准》的价格进行扣减。

② 更换货车驾驶室、车桥壳、车架总成的，残值扣减不低于该配件定损金额的 10%。

③ 整车全损或推定全损的，按整车处理意见处理，不单独扣残。

④ 案件整体残值不得在一项配件中扣除。

（5）物损

① 物损需按损失明细录入。

② 涉及通信、电力、电线杆和路灯等损失的，需根据受损财产的型号、规格确定其价格，并根据实际受损数量确定总金额，可认可电力、通信和路政等部门损失清单中的材料价格及维修工时、设备费用，但涉及的项目必须符合照片中反映出的受损财产。

③ 涉及庄稼、蔬菜等损失的，必须列明各损失财产的实际损失数量，根据实际损失数量确定损失。

④ 涉及家禽、牲畜和宠物等损失的，根据损失数量及出险时受损动物的市价确定损失，涉及宠物等抢救、治疗的费用咨询宠物医院后确定损失金额。

⑤ 涉及家用电器、电瓶车和摩托车等损失的，分别根据受损财产的品牌型号确定损失金额，总损失金额不得高于出险时此类财产的实际价值。

⑥ 涉及砖墙、活动板房、简易房和大棚等损失的，需说明实际受损财产的面积、数量，并根据所用材料列明细定损，定损金额应符合当地市场实际情况。

⑦物损应按损余物资的实际价值进行扣残，路政部门无法回收的物损可不予扣残。

五、特殊案件类

1. 拒赔案件

对于拒赔案件，维修厂名称按"拒赔案件"录入，价格方案点选市场价，按定损金额通过。

2. 盗抢案件

盗抢案件根据车辆保险单中保险金额进行核定。

3. 自燃、火灾、爆炸案件

自燃、火灾、爆炸导致车辆全损的根据车辆的保险金额进行核定。

4. 车辆灭失案件

车辆发生全损（灭失）但无法拍摄车辆照片的，根据车辆保险单中保险金额进行核定。

5. 推全案件 / 全损案件

（1）推全案件

①定损意见需明确有"推定全损""残值由 ×× 拍卖公司处理"等内容。

②定损金额 = 实际价值 − 残值拍卖成交价（成交确认函上残值拍卖成交价应取实际拍卖成交价与本公司平台中标价两者中的高者）。

③系统影像中需包含拍卖公司提供的"拍卖成交确认书""拍卖出价记录"，本公司提供的询价管理系统上的竞价影像记录、客户购车发票（若无法提供，补充其他相关凭证或二级机构理赔总意见）。

（2）非推全案件

①符合以下条件且无询残截屏的需退回补充询残截屏。

a. 前部受损严重且纵梁明显变形。

b. 安全气囊爆出 +A 柱受损。

c. 安全气囊爆出 + 发动机受损。

d. 安全气囊爆出 + 散热器受损 + 其他部位受损。

e. 车身存在严重变形。

f. 其他预估损失超过车损险保额 50% 的情况。

②非推定全损（全损）案件。

a. 定损金额≥实际价值 − 询残金额，未推全案件，须走呈报流程，以呈报终审意见为准。

b. 定损金额＞实际价值 50%，不按推定全损处理（如协议定损、正常维修等）或未经平台拍卖而客户自留的案件，需走呈报流程，以呈报终审意见为准。

6. 法院判决案件

①总体要求。法院判决案件需点选"诉讼案件"。

②法院判决的案件须核实判决金额是否计算准确，是否扣减未承保不计免赔率

险的免赔金额。

六、其他类

1. 施救费用

（1）车损险施救费用的法定释义

保险事故发生后，被保险人为防止或者减少保险标的的损失所支付的必要的、合理的费用，由保险人承担；保险人所承担的费用数额在保险标的损失赔偿金额以外另行计算，最高不超过保险金额的数额。

（2）施救费用标准

施救费用范围包含拖运费、吊车费等为施救标的所产生的直接、必要合理的费用，不包含间接施救产生损失所发生的费用，如封路费、困境费、保管费、停车费、扣车费、清障费及各种罚款不予赔偿。若受损车辆无须施救，交警队强制拖车费不予赔偿。

根据《车险理赔施救费标准》计算直接拖运与吊车费用（当地物价部门颁布的标准须报备）。

拖运费：根据出险地点至维修地点的单程距离计算拖运费，拖运费应遵循就近施救的原则（具有维修资质）。

吊车费：选用吊车的吨位原则上不应超过标的车及车上货物总质量的1.5倍，施救环境复杂的可结合实际施救环境、车辆吨位及现场施救照片，根据实际情况核定。

其他机械费：每项机械费用的赔付标准不超过相应吨位吊车费用的1/3。

（3）施救费用录入

车物分摊：车辆与货物无法分割的施救费，应按车辆与货物的价值比例分开计算，查勘记录中应注明需要施救的车上货物的总价值、车上货物的总质量。

主、挂车分摊：主、挂车同时存在某一单项施救（如吊车费）的情况，按照主、挂车的价值比例进行分摊（先车物分摊、后主挂分摊。主、挂车价值可以是新车购置价、购车发票金额、机动车损失保险的保险金额、实际价值等进行横向对比计算）。

系统录入：按照核定的施救费全额录入施救费金额。主、挂车施救费对应定损单整体录入。在定损意见中列明施救费计算公式。核损环节审核施救费金额。

2. 易碎贴规范

更换价值超过500元的配件或有争议的，需粘贴易碎贴。

底盘悬挂件、电器、空调泵、发电机、助力泵、进气歧管、排气歧管等外观损失不明显的，拆检前需粘贴易碎贴。

3. 互碰自赔

单车损失2 000元以内。交强险项下录入标的车辆车牌号，标的车辆损失在交强险项下录入损失项目，系统选中"互碰自赔"项。

损失超出2 000元。交强险项下录入第三者受损车辆车牌号，交强险部分只录入损失 2 000 元，同时选中"互碰自赔"项，然后在机动车损失保险中全额定损。

4. 货车案件录入

主、挂车损失须分开录入。

对于主、挂车案件，主、挂车保在同一公司的，第三者损失须在定损意见中注明另一案件的案件号，并录入明细，正常审核。另一案件号里可按总损失分大项简化录入。

5. 其他

交强险、商业险不关联案件，且保在同一保险公司的，应在定损意见中注明另一案件的案件号，并按实际总损失明细录入。

同业定损需提供对方保险盖章定损单、定损清单、能够反映损失的照片，可按总损失分大项简化录入。

物价及第三方价格评估公司定损，可按总损失分大项简化录入，按照一般案件审核。

七、灾害处理规则

（1）因客观因素无法查勘现场的，认可客户自拍现场照片及查勘人员案件说明。

（2）媒体已有报道的灾害，免气象证明。

（3）水淹车辆要求损失照片明确水位线位置和车辆整体进水高度。

（4）损失争议案件，按损失金额以补充报备内相关岗位呈报意见为准。

（5）施救费标准可适当上浮。

任务实施

步骤一：拟定任务实施计划（表 5-6）。

表 5-6 任务实施计划表

序号	工作流程	操作要点
1		
2		
3		
4		
5		
6		
计划审核	审核意见： 签字： 年 月 日	

步骤二：查看报案信息。调取"车险理赔教学系统"中的核损信息。

步骤三：查看保单信息。根据保险报案单完善相应信息。

步骤四：查看图片信息。检查本次报案的图片判定相应信息。

步骤五：查看定损损失录入。根据"车险理赔教学系统"的定损结果进行核损。

步骤六：核损信息录入。请在"车险理赔教学系统"核损平台完成事故核损结果信息录入。

步骤七：填写本项目任务工单 3"事故车辆核损实训报告"及任务评价表。

任务评价

任务评价表如表 5-7 所示。

表 5-7　任务评价表

评分项	评分内容	评分细则	自我评价	小组评价	教师评价
纪律（5分）	1. 不迟到； 2. 不早退； 3. 学习用品准备齐全； 4. 积极参与课程问题思考和回答； 5. 积极参与教学活动	未完成1项扣1分，扣分不得超过5分			
职业素养（15分）	1. 积极与他人合作； 2. 积极帮助他人； 3. 遵守礼仪礼节； 4. 做事态度严谨认真； 5. 能有效提升客户满意度； 6. 具备劳动精神，能主动做到场地的6S管理	未完成1项扣5分，扣分不得超过15分			
专业技能（40分）	1. 熟悉车险核损的流程； 2. 了解车险核损的职责范围； 3. 能够根据报案信息分析潜在风险； 4. 能够完成定损信息检查； 5. 能够对定损信息进行复核； 6. 能够审核车损照片及修换项目是否符合标准； 7. 能够完成核损结果录入	未完成1项扣5分，扣分不得超过40分			
工具及设备的使用（20分）	1. 能正确使用平板电脑、智能手机上的一些图片处理和视频拍摄软件； 2. 能正确使用谈判桌等场地工具	未完成1项扣10分，扣分不得超过20分			

续表

评分项	评分内容	评分细则	自我评价	小组评价	教师评价
任务工单填写（20分）	1. 字迹清晰； 2. 语句通顺； 3. 无错别字； 4. 无涂改； 5. 无抄袭； 6. 内容完整； 7. 回答准确； 8. 有独到的见解	未完成1项扣5分，扣分不得超过20分			

 思考提升

　　某物流公司标的车辆在临江公路不慎发生倾覆事故，车上装载有毒危险化学品翻入江内，该江水流域属于当地重要的水源，当地政府高度重视，紧急干预抢险，施救费用高达12万元，后保险公司及时对当地的吊车价格市场进行了解，核实到了吊车的施救标准（160 t吊机市场无明确标准，一般都已议价为主，价格为2万元一天，50 t吊机市场价格为8 000元一天，如涉及危险化学品吊装上浮50%，在得知这一价格后经过测算该起事故最终实际费用约7万元较为合理，通过与分公司及时报备及与被保险人多次努力最终达成6万元左右的施救费赔偿意向。

　　这个案例给你什么启示？

 能力测验

一、单选题

1. 以下不属于保险车辆出险后的定损项目的是（　　）。
　　A. 车辆定损　　　　　　　　　　B. 人员伤亡费用
　　C. 精神损害抚慰金　　　　　　　D. 残值处理
2. 发生（　　）损伤需要更换零部件。
　　A. 弹性变形　　　　　　　　　　B. 塑性变形
　　C. 热塑性塑料件　　　　　　　　D. 冷凝器渗漏
3. 损坏以弹性变形（弯曲变形）为主就进行（　　），损坏以塑性变形（折曲变形）为主就进行（　　）。
　　A. 修复　　　　　　B. 更换
4. 水灾车辆可依据水淹时间分为（　　）级。
　　A. 4　　　　　　　　B. 5　　　　　　　　C. 6　　　　　　　　D. 7
5. 下列不属于易耗材料的是（　　）。

A. 正时皮带、转向助力泵皮带、冷却风扇皮带、制动软管和散热器软管

B. 制动液、蓄电池液、冷却液等

C. 制动摩擦片、离合器片、轮胎等

D. 发动机控制系统线束、自动变速器控制系统线束、ABS 线束、数据总线等

6. 下列不属于故意纵火火灾的特征是（　　）。

A. 起火车型大多为老旧车型，或者车主存在经营不力的现象

B. 起火点（部位）大多位于驾驶室（轿车、客车、货车）、乘员舱（轿车、客车）、货厢（货车）

C. 距离保险有效期的起止时间较近

D. 烧损之后的汽车，存在着多个起火点，且大多位于发动机舱、驾驶室油箱附近，烧损程度严重

7. （　　）不是构成燃烧的三大基本要素。

A. 火源　　　　B. 易燃物品　　　　C. 空气　　　　D. 高温

8. 残疾赔偿金赔偿年限，自定残之日起按（　　）年计算。但 60 周岁以上的，年龄每增加 1 岁减少 1 年；75 周岁以上的，按 5 年计算。

A. 10　　　　B. 20　　　　C. 30　　　　D. 40

9. 误工费不包括（　　）。

A. 受害人本人因受伤、治疗及治疗结束后，需一段时间进行康复休息而误工

B. 受害人本人因达到伤残等级无法劳动至定残之日这段时间的误工

C. 受害人受伤的，其亲属因照顾受害人而误工

D. 受害人死亡的，其亲属因办理丧葬事宜而误工

10. 保险事故发生后，被保险人为防止或者减少保险标的的损失所支付的必要的、合理的费用，由（　　）承担。

A. 投保人　　　B. 被保险人　　　C. 保险人　　　D. 第三方机构

11. 选用吊车的吨位原则上不应超过标的车及车上货物总质量的（　　）倍。

A. 1　　　　B. 1.5　　　　C. 2　　　　D. 2.5

12. 每项机械费用的赔付标准不超过相应吨位吊车费用的（　　）。

A. 2 倍　　　B. 1 倍　　　C. 1/2　　　D. 1/3

13. 单车损失（　　）元以内。交强险项下录入标的车辆车牌号，标的车辆损失在交强险项下录入损失项目，系统选中"互碰自赔"项。

A. 100　　　B. 200　　　C. 1 000　　　D. 2 000

14. 对方保险公司负次责的，应由（　　）。

A. 本公司进行定损　　　　　　B. 对方公司定损

C. 双方公司共同定损　　　　　D. 第三方机构定损

15. 标的车辆加装件未投保的，受损后不予定损，保险杠、上车踏板等在行驶证首页验车照片上能显示的，可视为（　　）（标的车辆加装件实际未投保新增设备险的，剔除加装件，核价 0 元提交核损，行驶证照片上可显示的配置，不需剔除）。

    A. 加装配置   B. 改装配置   C. 原车配置   D. 其他

16. （　　　），经过描述可信度一般。

    A. 出险后马上报案   B. 事故交警处理后报案

    C. 出险后第二日报案   D. 出险后 48 h 后报案

17. 照片按（　　　）的顺序拍照上传。

    A. 先远后近、先外后内、先全貌后配件

    B. 先外后内、先远后近、先全貌后配件

    C. 先全貌后配件、先外后内、先远后近

    D. 先全貌后配件、先远后近、先外后内

二、多选题

1. 以下属于保险车辆出险后的定损项目的是（　　　）。

    A. 车辆定损   B. 人员伤亡费用 C. 施救费用   D. 残值处理

2. 转向性能检查结果可以用于分析（　　　）是否有故障，为测量和鉴别行驶装置的性能提供帮助。

    A. 车身   B. 轮胎   C. 转向系统   D. 悬架装置

3. 制冷（空调）系统由（　　　）、蒸发器、管道及电控元器件等组成。

    A. 压缩机   B. 冷凝器   C. 干燥器   D. 膨胀阀

4. 水淹高度 3 级时的损失评估（　　　）。

    A. 座椅潮湿和污染   B. 部分内饰潮湿和污染

    C. 真皮座椅和真皮内饰损伤严重   D. 离合器、变速器、后桥可能进水

5. 进水车辆施救时应注意（　　　）。

    A. 启动车辆快速驶离   B. 严禁水中启动汽车

    C. 硬牵引方式拖车   D. 软牵引方式拖车

6. 汽车火灾原因众多，但就发生概率而言，主要的发生形态有（　　　）。

    A. 电路故障   B. 油路故障   C. 遗留火种   D. 故意纵火

7. 轻伤案件处理方法（　　　）。

    A. 确认伤者身份（姓名、年龄、性别、工作单位、个人收入、联系电话、身份证）

    B. 确认事故经过（是否有目击者、是否有明显痕迹）

    C. 确认伤情（部位、表现、面积、深度、是否出血、是否活动受限）

    D. 争取现场调解

8. 人身伤亡费用包括（　　　）。

    A. 医疗费   B. 误工费   C. 护理费   D. 交通费

    E. 住宿费   F. 住院伙食补助费   G. 营养费

    H. 残疾补偿金   I. 残疾辅助器具费   J. 被扶养人生活费

    K. 后续治疗费   L. 死亡赔偿金   M. 丧葬费

9. 第三者责任险的财产和附加车上货物责任险承运货物的损失，应会同被保险人和有关人员逐项清理，确定（　　）。

　　A. 损失种类　　　　B. 损失数量　　　　C. 损失程度　　　　D. 损失金额

10. 施救费用包括（　　）。

　　A. 消防设备　　　　　　　　　B. 吊车、拖车

　　C. 施救过程中个人丢失财物　　D. 赶赴现场交通费

11. 下列正确的是（　　）。

　　A. 案件录入需按实际损失分项录入

　　B. 定损配件中不允许出现"补差价配件"

　　C. 自定义配件的，按自定义配件名称模板录入名称和零件编号

　　D. 配件价格自动核价通过，核损应对高套配件进行查询

12. 下面有关推全案件正确的说法是（　　）。

　　A. 定损意见需明确有"推定全损""残值由××拍卖公司处理"等内容

　　B. 定损金额 = 实际价值 − 残值拍卖成交价（成交确认函上残值拍卖成交价应取实际拍卖成交价与本公司平台中标价两者中的高者）

　　C. 系统影像中需包含拍卖公司提供的"拍卖成交确认书""拍卖出价记录"，本公司提供的询价管理系统上的竞价影像记录、客户购车发票（若无法提供，补充其他相关凭证或二级机构理赔总意见）

　　D. 定损金额≥实际价值 − 询残金额

13. 下列属于欺诈案件的有（　　）。

　　A. 疑似倒签单　　　　　　　　B. 疑似酒驾、调包案件

　　C. 疑似倒装旧件案件　　　　　D. 疑似重复索赔案件

14. 核损的职责范围是（　　）。

　　A. 保险公司核价核损人员应及时检查查勘定损人员是否按规范完成现场查勘定损工作

　　B. 审核查勘定损资料的规范性、完整性

　　C. 审核案件真实性及事故损失是否属于保险责任

　　D. 审核定损中的维修方式及零部件、工时费等价格结果的合理性、准确性。

15. 轮胎损失需核实（　　）。

　　A. 轮胎位置　　　B. 尺寸　　　　C. 品牌　　　　D. 型号

16. 核损是继查勘定损完成后核损人员根据查勘人员现场查勘的情况、估损单和损失照片等，初步核实事故的真实性、发生过程、核定车辆和相关物损损毁情况，确定车辆（　　）。

　　A. 更换部件　　　　　　　　　B. 维修工时

　　C. 相关物损赔偿费用　　　　　D. 施救费用的过程

17. （　　）经过描述可信度较高。

　　A. 出险后马上报案　　　　　　B. 事故交警处理后报案

　　C. 出险后第二日报案　　　　　D. 出险后 48 h 后报案

18. 现场照片、拆解照片、损失照片、（　　　）等必须有日期时间显示，且显示的时间日期必须与物理时间相符。

    A. 购车凭证　　　　B. 行驶证照片　　　C. 驾驶证照片　　　D. VIN 照片

19. 现场草图必须反映出发生事故的（　　　）和简单标识等要素。

    A. 地点　　　　　　　　　　　　　B. 方位

    C. 车辆及其运动轨迹　　　　　　　D. 碰撞物体

20. 水淹车辆要求损失照片明确（　　　）。

    A. 水位线位置　　　　　　　　　　B. 车辆整体进水高度

    C. 落水位置　　　　　　　　　　　D. 标志性建筑

三、判断题

1. 定损人员在车辆定损的工作中应遵循"确定车辆的维修方案时，应保证车辆维修后能达到原有的技术性能状态"的原则。　　　　　　　　　　（　　　）

2. 以正面碰撞为例，损伤检查应先确定车辆损坏部位。　　　　（　　　）

3. 出险涉及的受损车辆在车辆定损时应同被保险人和第三者车损方一起核定。在整个过程中要体现"以保险公司为主"的原则。　　　　　　　（　　　）

4. 当蓄电池遭受撞击致使蓄电池外壳产生严重扭曲变形或破裂时，可以予以修复。　　　　　　　　　　　　　　　　　　　　　　　　　（　　　）

5. 定（核）损中要严格区分易耗材料是事故造成损耗还是原车自然损耗。

    （　　　）

6. 汽车上的各类电机进水以后，对于可拆解的电机，采用"拆解—清洗—烘干—装配—润滑"的流程进行处理。　　　　　　　　　　　　　（　　　）

7. 汽车超载会造成部件高温自燃。　　　　　　　　　　　　（　　　）

8. 出险后增加被扶养人，减少抚养义务人以获得更高赔款的方法是被允许的。

    （　　　）

9. 出险后被扶养人生活费赔偿只算男不算女。　　　　　　　（　　　）

10. 当施救、保护费用与修理费用相加，已达到或超过保险车辆的实际价值时，则可推定全损予以赔偿。　　　　　　　　　　　　　　　　（　　　）

11. 定损拍照上传玻璃标识，并对规格型号进行必要的说明，其中大客车风窗玻璃应注明尺寸（无法提供玻璃标识照片的，按照 VIN 码确定玻璃配置，或按该车型的市场高配进行核价）。　　　　　　　　　　　　　　　（　　　）

12. 进口件已有国产件可以替代的，优先使用国产件定损。　　（　　　）

13. 对于拒赔案件，定损人员应根据车辆实际损失准确点选配件，合理预估价格；无法点选的，允许自定义核价。　　　　　　　　　　　　（　　　）

14. 玻璃损坏不明显的，需上传玻璃击碎后的照片。　　　　　（　　　）

15. 做漆工时费根据分公司的工时标准定损，多幅喷漆应给予定损折扣。

    （　　　）

16. 拆装工时费根据分公司的工时标准定损，要剔除具有包含关系的拆装项目。

（　　）

17. 钣金、机修等工时根据 4S 店的工时给予定损。 　　　　　　（　　）

18. 对于发动机、变速器及价格超过 2 000 元的前照灯等配件外修的，根据机构商谈的结果给予核定，但不能超过该配件的价格。 　　　　（　　）

19. 对于普通配件，外修金额应按合作单位协议价格且不超过配件价格的 70%。

（　　）

20. 案件整体残值可在一项配件中扣除。 　　　　　　　　　　（　　）

项目六
汽车保险赔款理算与核赔

 项目描述

　　汽车保险通过赔款发挥补偿损失、分摊风险的作用，在实际交通事故车辆赔款理算过程中，通常涉及多方、多险种、多项目计算，因此使得理算过程复杂化，又因为存在各类人为或意外因素，使得核赔工作变得更加重要。在理算核赔之前我们只有熟练掌握保险原则、保险职能等，才能更好地理解赔款理算算法及核赔原则。

　　为了更好地完成相应学习任务，达成学习目标，本项目设计了两个典型的学习任务：汽车保险赔款理算和汽车保险核赔。

学习目标

知识目标

1. 具备表单查询能力。
2. 能够掌握核赔内容及其流程，并对赔案的各项内容进行审核。
3. 能够发现问题，并及时与理赔各环节负责人及相关核保业务部门进行沟通，规避风险，提出建议。
4. 能够参与各项理赔赔付标准的制定。
5. 能够对各岗位流程和工作质量进行监督指导。

能力目标

1. 能正确理算交强险赔款。
2. 能正确理算车辆损失险赔款。
3. 能正确理算第三者责任险赔款。
4. 能正确理算车上人员责任险赔款。
5. 能正确理算附加险赔款。
6. 能正确填写表单，撰写报告。
7. 能够对所有特殊赔案、垫付赔案、预付赔案等进行仔细审核并给出意见。

素质目标

1. 通过对汽车保险理算核赔技能的学习，培养学生爱岗敬业、严谨务实、勤于钻研的工匠精神，弘扬劳动光荣理念，培育职业素养。

2. 树立正确的技能观，努力提高自己的技能，为社会和人民造福，绝不利用自己的技能去从事危害公众利益的活动，提倡健康的道德准则，爱惜自己的职业信誉，鼓励学生利用自己所学的专业知识，积极参与社会救助活动。

学习任务一　汽车保险赔款理算

任务描述

碰碰购买了一辆新车并为新车投保了交强险、车辆损失险、第三者责任险 50 万元。一天出门，和撞撞的车相撞发生了交通事故，事故责任认定碰碰承担 70% 责任，车损 3 000 元，撞撞承担 30% 责任，车损 5 000 元，碰碰在购买车险时加购了附加绝对免赔率 15%，请分别为碰碰和撞撞进行赔款理算。

任务分析

要完成本学习任务，可以按照以下流程进行。

（1）收集客户基本信息。

（2）理算交强险赔款。

（3）理算车辆损失险赔款。

（4）理算第三者责任险赔款。

（5）理算车上人员责任险赔款。

（6）理算附加险赔款。

（7）填写表单，撰写报告。

完成本学习任务需要准备的工作场景和设备如下。

（1）工作夹，内含汽车保险赔款理算相关资料、名片、笔、便笺纸等。

（2）按照顾客的信息及身份背景设定资料。

（3）其他需要用到的工具。

相关知识

在项目二中，我们已经初步认识了机动车辆保险险种，而各险种的保险标的不同，其赔款理算的方法也不尽相同。本节将分别介绍交强险、车辆损失险、第三者责任险及附加险的赔款理算方法。

知识点1 交强险的赔款理算

一、交强险赔款理算的流程

交强险赔款理算的工作流程如图 6-1 所示。

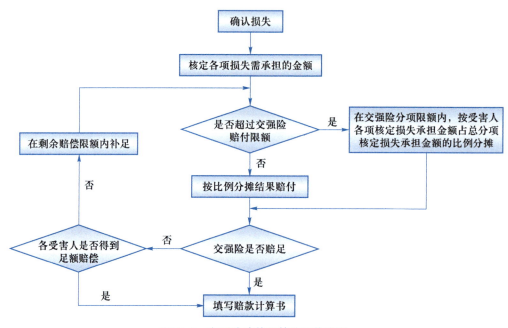

图 6-1 交强险赔款理算的工作流程

第1步：确定哪些损失属于本方机动车交强险受害人的损失。

第2步：确定本方机动车交强险的分项核定损失承担金额。

第3步：判断分项核定损失承担金额，有无超过交强险赔偿限额，若无超过，按比例分摊结果赔付；若超过，在交强险分项限额内，按受害人核定损失承担金额占总分项核定损失承担金额的比例分摊。

第4步：判断交强险是否赔足，若交强险限额未赔足，且有受害方没有得到全额赔付的，应在剩余赔偿限额内按分配结果赔付各方，直至各受害方获得足额赔偿或赔付方交强险无剩余限额。

第5步：填写赔款计算书。

二、交强险赔款计算方法

1. 基本计算公式

交强险是保险公司在责任限额内对被保险机动车发生道路交通事故造成受害人的人身伤亡、医疗费用、财产损失予以赔偿的强制性责任保险。因此，在交强险赔款理算时，就上述三项需分别计算。交强险基本公式如下。

$$总赔款 = \sum 各分项损失赔款$$
$$= 死亡伤残费用赔款 + 医疗费用赔款 + 财产损失费用赔款$$

在具体计算时，各分项的赔款一般情况下应为核定损失承担金额，当核定损失承担金额超过交强险各分项赔偿限额时，各分项的赔款即交强险各分项的赔偿限额。

注意：这里的受害人不包括本车人员和被保险人。

2. 涉及多个受害人时

当保险事故涉及多个受害人时，同一机动车交强险所需赔偿的受害人增加，基本计算公式也发生相应的变化：

$$总赔款 = \sum 各受害人各分项核定损失承担金额$$

在具体计算时，各受害人各分项的赔款一般情况下应为核定损失承担金额，当各受害人各分项核定损失承担金额之和超过交强险各分项赔偿限额时，各分项的赔款即交强险各分项的赔偿限额，具体到各受害人应得到的赔偿金额如下。

$$某受害人某分项损失的赔款 = 交强险该分项限额 \times \frac{该受害人该分项核定损失承担金额}{\sum 各受害人该分项核定损失承担金额}$$

注意：各受害人只能在被保险机动车辆交强险的限额内获得赔偿，各受害人在各分项获得赔款总和不得超过交强险各分项限额。

3. 涉及多辆机动车时

当保险事故涉及多辆机动车时，同一受害人由多辆机动车交强险分别赔款，基本计算公式也发生相应的变化：

$$某机动车辆某分项核定损失承担金额 = 该分项损失金额 \times \frac{该机动车辆交强险该分项赔偿限额}{\sum 各致害方交强险该分项赔偿限额}$$

在具体计算时，各机动车辆各分项的赔款一般情况下应为核定损失承担金额，当各分项核定损失承担金额超过交强险各分项赔偿限额时，各分项的赔款即交强险各分项的赔偿限额。

肇事机动车辆适用于同一限额的，如均有责任或均无责任，可简化为各方机动车对受害人的各分项损失进行平均分摊。

初次计算后，如有受害方损失未得到充分补偿，且有致害方赔款未达到交强险限额的，对受害方的损失在剩余交强险限额内再次进行分配，直至各受害方得到足额赔偿或各致害方交强险无剩余限额。

注意：

在肇事机动车辆中的无责车辆，不对其他无责车辆损失或车外财产损失进行赔付，只赔付各有责车辆损失或车外人员伤亡损失。

无责方车辆对有责方车辆损失承担的赔偿金额，由有责方保险公司代赔（部分省份实行"交不代商不扣"）。

肇事车辆应投保而未投保交强险，在理算中视同投保机动车参与计算。

未经过相关部门责任认定的事故，统一适用有责任限额计算方式。

三、交强险"互碰自赔"的处理方法

"互碰自赔"是指在同时满足下列"互碰自赔"条件时，由各保险公司在本方机动车辆交强险责任赔偿限额内对本车损失进行赔付。

（1）两车或多车互碰，各方均投保交强险。

（2）仅涉及车辆损失（包括车上财产和车上货物），不涉及人员伤亡和车外财产损失，且各方车损金额均在交强险有责任财产损失赔偿限额（2 000元）内。

（3）由交通警察认定或当事人根据出险地交通事故快速处理相关规定自行协商确定各方均有责任。

（4）当事人均同意采用"互碰自赔"处理方式。

四、交强险赔偿项目

1. 死亡伤残赔偿项目

丧葬费、死亡补偿费、残疾赔偿金、残疾辅助器具费、护理费、康复费、交通费、被扶养人生活费、住宿费、误工费，被保险人依照法院判决或调解承担的精神损害抚慰金。

2. 医疗费用赔偿项目

医药费、诊疗费、住院费、住院伙食补助费，必要的、合理的后续治疗费、整容费、营养费。

3. 财产损失赔偿项目

直接财产损失是指道路交通事故造成的财产利益的直接减损，通常包括车辆、随身携带财产损失、车载货物损失、现场抢救、善后处理的费用等。

🔧❄ 案例分析

红绿灯路口，被保险机动车 A 与机动车 B 发生追尾事故后，造成 B 车撞上前车 C，后又被机动车 D 追尾，造成四车损坏，B 车车上人员赵某和 D 车车上人员钱某受伤。交警进行处理并确定 A 车负 60% 的责任、D 车负 40% 的责任、B 车和 C 车没有责任。伤者痊愈出院后经裁定，事故费用如下：

A 车维修费用 2 000 元，B 车维修费用 1 000 元，C 车维修费用 500 元，D 车维修费用 1 500 元；

赵某医药费 1 000 元，诊疗费 500 元，住院费 200 元，误工费 2 800 元，交通费 200 元，护理费 600 元；

钱某医药费 2 000 元，诊疗费 600 元，住院费 1 000 元，误工费 4 000 元，交通

费 200 元，护理费 600 元。

理算结果如下：

（1）各项损失

	死亡伤残	医疗费用	财产损失
A 车	无	无	车辆维修费 2 000 元
B 车	误工费 2 800 元 交通费 200 元 护理费 600 元	医药费 1 000 元 诊疗费 500 元 住院费 200 元	车辆维修费 1 000 元
C 车	无	无	车辆维修费 500 元
D 车	误工费 4 000 元 交通费 200 元 护理费 600 元	医药费 2 000 元 诊疗费 600 元 住院费 1 000 元	车辆维修费 1 500 元

（2）财产损失分项赔款

先计算无责方赔付有责方：

由于 B 车、C 车在财产损失分项中的赔款显然超过 100 元限额，因此在赔偿限额内平均分摊赔偿费用：

B 车交强险赔付 A 车财产损失 50 元，D 车财产损失 50 元；

C 车交强险赔付 A 车财产损失 50 元，D 车财产损失 50 元。

再计算有责方赔付：

A 车交强险财产损失核定承担金额 =（B 车车损核定承担金额 +
C 车车损核定承担金额 +
D 车车损核定承担金额）=1 000/2＋500/2＋
（1 500−100）=2 150（元）（超过赔偿限额）

A 车交强险财产损失赔款金额 =A 车交强险财产损失责任限额 =2 000 元

A 车交强险赔付 B 车财产损失 2 000×（500/2 150）=465.12（元）；

C 车财产损失 2 000×（250/2 150）=232.56（元）；

D 车财产损失 2 000×（1 400/2 150）=1 302.32（元）。

D 车交强险财产损失核定承担金额 =（B 车车损核定承担金额 +
C 车车损核定承担金额 +
A 车车损核定承担金额）=1 000/2＋500/2＋
（2 000−100）=2 650（元）（超过赔偿限额）

D 车交强险财产损失赔款金额 =A 车交强险财产损失责任限额 =2 000 元

D 车交强险赔付 B 车财产损失 2 000×（500/2 150）=465.12（元）；

C 车财产损失 2 000×（250/2 150）=232.56（元）；

A 车财产损失 2 000×（1 400/2 150）=1 302.32（元）。

四方交强险无剩余限额，该分项计算结束。

（3）医疗费用分项赔款

先计算无责方赔付有责方：

B车交强险医疗费用赔付金额 =D车医疗费用核定承担金额

$$=3\,600 \times [\,1\,800/\,(\,1\,800+1\,800+18\,000\,)\,]$$

$$=300（元）$$

C车交强险医疗费用赔付金额 =D车医疗费用核定承担金额

$$=3\,600 \times [\,1\,800/\,(\,1\,800+1\,800+18\,000\,)\,]$$

$$=300（元）$$

再计算有责方赔付：

A车交强险医疗费用赔付金额 =（B车医疗费用核定承担金额 +

D车医疗费用核定承担金额）

$$=1\,700/2+（3\,600-600）=3\,850（元）$$

D车交强险医疗费用赔付金额 =B车医疗费用核定承担金额 =1\,700/2=850（元）。

各受害方均获得足额赔偿，该分项计算结束。

（4）死亡伤残分项赔款

先计算无责方赔付有责方：

B车交强险死亡伤残赔付金额 =D车死亡伤残核定承担金额

$$=4\,800 \times [\,18\,000/\,(\,18\,000+18\,000+180\,000\,)\,]$$

$$=400（元）$$

C车交强险死亡伤残赔付金额 =D车死亡伤残核定承担金额

$$=4\,800 \times [\,18\,000/\,(\,18\,000+18\,000+180\,000\,)\,]$$

$$=400（元）$$

再计算有责方赔付：

A车交强险死亡伤残赔付金额 =（B车死亡伤残核定承担金额 +

D车死亡伤残核定承担金额）

$$=3\,600/2+（4\,800-800）=5\,800（元）$$

D车交强险死亡伤残赔付金额 =B车死亡伤残核定承担金额 =3\,600/2=1\,800（元）。

各受害方均获得足额赔偿，该分项计算结束。

知识点 2　车辆损失险的赔款理算

一、车辆损失险赔款理算的流程

车辆损失险赔款理算的工作流程如图 6-2 所示。

第 1 步：推断是否全损，形成实际全损或推定全损两种情况，都可以认定为车辆全损。保险车辆在保险事故中发生整体损毁，或者受损严重失去修复价值，即形成实际全损；当施救费用和修理费用之和大于或等于被保险机动车辆出险时的实际价值时，即可推定为全损。

第 2 步：计算车辆损失赔款和施救费用赔款。

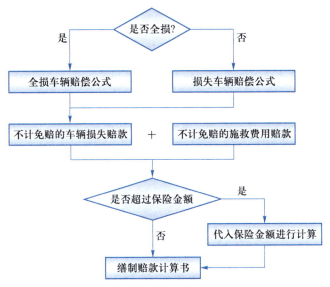

图 6-2　车辆损失险赔款理算的工作流程

第 3 步：判断车辆损失赔款和施救费用赔款之和是否超过保险金额。若未超过，则继续计算，若超过，则代入保险金额进行计算。

第 4 步：缮制赔款计算书。

二、车辆损失险赔款计算方法

1. 全部损失

赔款 = 保险金额 − 被保险人已从第三方获得的赔偿金额 − 绝对免赔额

2. 部分损失

被保险机动车发生部分损失，保险人按实际修复费用在保险金额内计算赔偿：

赔款 = 实际修复费用 − 被保险人已从第三方获得的赔偿金额 − 绝对免赔额

3. 施救费用

在施救的财产中，含有本保险合同之外的财产，应按本保险合同保险财产的实际价值占总施救财产的实际价值比例分摊施救费用。

🔧❄ 案例分析

一辆投保了足额投保车辆损失险的新车，在保险期限内发生了保险事故，造成车辆全损，新车购置价为 15 万元，驾驶员承担次要责任，车辆残值 2 000 元，交强险赔偿 2 000 元，计算车损险赔款金额。

理算结果如下：

赔款 = 保险金额 − 残值 − 交强险赔偿金额 − 已从责任方得到的赔款金额

　　 =150 000−2 000−2 000−0

　　 =146 000（元）

知识点3 第三者责任险的赔款理算

一、第三者责任险赔款理算的流程

第三者责任险赔款理算的工作流程如图6-3所示。

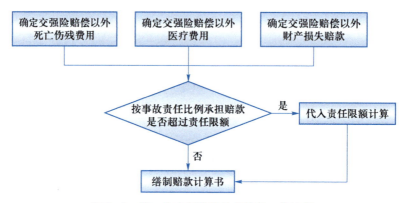

图6-3 第三者责任险赔款理算的工作流程

第1步：确认受害人死亡伤残费用、医疗费用、财产损失核定金额。

第2步：计算交强险赔偿额以外的受害人死亡伤残费用、医疗费用、财产损失赔款。

第3步：确认被保险人按事故责任比例承担的死亡伤残费用赔款、医疗费用赔款、财产损失赔款之和是否超过责任限额。若无超过，则继续计算；若超过，则代入责任限额后继续计算。

第4步：缮制赔款计算书。

二、第三者责任险赔款计算方法

（1）当（依合同约定核定的第三者损失金额－机动车交通事故责任强制保险的分项赔偿限额）× 事故责任比例等于或高于每次事故责任限额时：

$$赔款 = 每次事故责任限额$$

（2）当（依合同约定核定的第三者损失金额－机动车交通事故责任强制保险的分项赔偿限额）× 事故责任比例低于每次事故责任限额时：

$$赔款 =（依合同约定核定的第三者损失金额－机动车交通事故$$
$$责任强制保险的分项赔偿限额）× 事故责任比例$$

具体计算时，如果被保险人按事故责任比例承担的死亡伤残费用赔款、医疗费用赔款、财产损失赔款之和超过责任限额时，应代入责任限额进行计算。

注意：

（1）对不属于保险合同规定的赔偿项目但被保险人已自行承诺或支付的费用，保险人不予承担。

（2）法院判决被保险人应当赔偿第三者的金额，但不属于保险合同中规定的赔

偿项目（如精神损失抚慰金等），保险人不予承担。

（3）保险人对第三者责任事故赔偿后，对受害第三者的任何赔偿费用的增加不再负责。

（4）第三者责任险诉讼仲裁费用必须经保险人事先书面同意，在第三者责任险责任限额的30%以内计算赔偿。

（5）主车和挂车连接使用时视为一体，发生保险事故时，由主车保险人和挂车保险人按照保险单上载明的机动车第三者责任保险责任限额的比例，在各自的责任限额内承担赔偿责任。

案例分析

2022 年 7 月，一辆投保商业第三者责任险的家用车，第三者责任险限额 20 万元，在保险期间发生保险事故，造成第三方财产损失 15 万元，医疗费用 2 万元，死亡伤残费用 6 000 元，负主要责任，计算商业第三者责任保险赔款金额。

理算结果如下：

赔款 =（死亡伤残费用 + 医疗费用 + 财产损失）× 事故责任比例

$\qquad$ = [（6 000-6 000）+（20 000-18 000）+（150 000-2 000）]×70%

$\qquad$ =105 000（元）

知识点 4　车上人员责任险的赔款理算

一、车上人员责任险赔款理算的流程

车上人员责任险赔款理算的工作流程如图 6-4 所示。

第 1 步：确认每座车上人员人身伤亡核定损失金额。

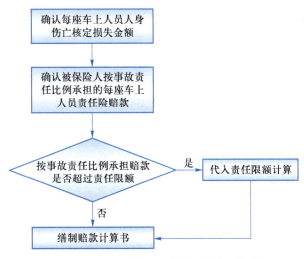

图 6-4　车上人员责任险赔款理算的工作流程

第2步：确认被保险人按事故责任比例承担的每座车上人员责任险赔款，其中注意减交强险赔偿金额。

第3步：确认被保险人按事故责任比例承担的每座车上人员责任险赔款是否超过责任限额。若无超过，则继续计算；若超过，则代入责任限额计算。

第4步：每座车上人员责任险赔款相加。

第5步：缮制赔款计算书。

二、车上人员责任险赔款计算方法

（1）对每座的受害人，当（依合同约定核定的每座车上人员人身伤亡损失金额－应由机动车交通事故责任强制保险赔偿的金额）× 事故责任比例高于或等于每次事故每座责任限额时：

$$赔款 = 每次事故每座责任限额$$

（2）对每座的受害人，当（依合同约定核定的每座车上人员人身伤亡损失金额－应由机动车交通事故责任强制保险赔偿的金额）× 事故责任比例低于每次事故每座责任限额时：

$$赔款 = （依合同约定核定的每座车上人员人身伤亡损失金额 －$$
$$应由机动车交通事故责任强制保险赔偿的金额）× 事故责任比例$$

🔧❄ 案例分析

2022年7月，A车与B车相撞，A车共五座，每座均投保了5万元的车上人员责任险，A车车上共有甲乙两人，甲经抢救无效死亡，乙残疾。甲的死亡补偿费用12万元，抢救费用1万元，乙的残疾赔偿金8万元，医疗费用1万元，A车在事故中负主要责任。请计算A车车上人员责任险赔偿金额。

理算结果如下：

（1）甲的赔偿：

B车交强险对甲死亡伤残费用赔款＝交强险死亡补偿限额 ×［甲死亡补偿费用／
（甲死亡补偿费用＋乙残疾赔偿金）］
＝180 000 ×［120 000/（120 000+80 000）］
＝108 000（元）

B车交强险对甲医疗费用赔款＝交强险医疗费用限额 ×［甲医疗费用／（甲医疗费用＋乙医疗费用）］
＝18 000 ×［10 000/（10 000+10 000）］
＝9 000（元）

A车车上人员责任险对甲的伤亡赔偿金额＝（甲的死亡补偿费用＋甲的抢救费用－交强险已赔付金额）× 事故责任比例
＝（120 000+10 000－108 000－9 000）× 70%
＝9 100（元）

（2）乙的赔偿：

B车交强险对乙死亡伤残费用赔款 = 交强险死亡补偿限额 × [乙残疾赔偿金 /
（甲死亡补偿费用 + 乙残疾赔偿金）]
= 180 000 × [80 000/（120 000+80 000）]
= 72 000（元）

B车交强险对乙医疗费用赔款 = 交强险医疗费用限额 × [乙医疗费用 /（甲医疗
费用 + 乙医疗费用）]
= 18 000 × [10 000/（10 000+10 000）]
= 9 000（元）

A车车上人员责任险对乙的伤残赔偿金额 = (乙的残疾赔偿金 + 乙的医疗费用 −
交强险已赔付金额) × 事故责任比例
= (80 000+10 000−72 000−9 000) × 70%
= 6 300（元）

（3）A车车上人员责任险赔款 = 9 100+6 300=15 400（元）。

📖 知识点5　附加险的赔款理算

一、附加绝对免赔率特约条款

绝对免赔率为 5%、10%、15%、20%，由投保人和保险人在投保时协商确定，具体以保险单载明为准。被保险汽车发生主险约定的保险事故，保险人按照主险的约定计算赔款后，扣减本特约条款约定的免赔。附加绝对免赔率特约条款的基本计算公式如下。

主险实际赔款 = 按主险约定计算的赔款 × （1− 绝对免赔率）

二、附加车轮单独损失险

保险期间内，被保险人或被保险机动车驾驶人在使用被保险机动车过程中，因自然灾害、意外事故，导致被保险汽车未发生其他部位的损失，仅有车轮（含轮胎、轮毂、轮毂罩）单独的直接损失，且不属于免除保险人责任的范围，保险人依照附加险合同的约定负责赔偿。附加车轮单独损失险的基本计算公式如下。

赔款 = 实际修复费用 − 被保险人已从第三方获得的赔偿金额

注意：在保险期间内，累计赔款金额达到保险金额，附加险保险责任终止。

三、附加新增加设备损失险

保险期间内，投保了附加险的被保险机动车因发生机动车损失保险责任范围内的事故，造成车上新增加设备的直接损毁，保险人在保险单载明的附加险的保险金额内，按照实际损失计算赔偿。附加新增加设备损失险的基本计算公式如下。

赔款 = 实际修复费用 − 被保险人已从第三方获得的赔偿金额

四、附加车身划痕损失险

保险期间内，被保险机动车在被保险人或被保险机动车驾驶人使用过程中，发生无明显碰撞痕迹的车身划痕损失，保险人按照保险合同约定负责赔偿。附加车身划痕损失险的基本计算公式如下。

$$赔款 = 实际修复费用 - 被保险人已从第三方获得的赔偿金额$$

注意：在保险期间内，累计赔款金额达到保险金额，附加险保险责任终止。

五、附加修理期间费用补偿险

保险期间内，投保了附加险的机动车在使用过程中，发生机动车损失保险责任范围内的事故，造成车身损毁，致使被保险机动车停驶，保险人按保险合同约定，在保险金额内向被保险人补偿修理期间费用，作为代步车费用或弥补停驶损失。

全车损失，按保险单载明的保险金额计算赔偿；部分损失，在保险金额内按约定的日补偿金额乘以从送修之日起至修复之日止的实际天数计算赔偿。附加修理期间费用补偿险的基本计算公式如下。

$$赔款 = 日补偿金额 \times 实际天数$$

具体计算时，实际天数超过双方约定修理天数的，以双方约定的修理天数为准。

注意：保险期间内，累计赔款金额达到保险金额，附加险保险责任终止。

六、附加发动机进水损坏除外特约条款

保险期间内，投保了该附加险的被保险机动车在使用过程中，因发动机进水后导致的发动机的直接损毁，保险人不负责赔偿。

七、附加车上货物责任险

保险期间内，发生意外事故致使被保险机动车所载货物遭受直接损毁，依法应由被保险人承担的损害赔偿责任，保险人负责赔偿。被保险人索赔时，应提供运单、起运地货物价格证明等相关单据。保险人在责任限额内按起运地价格计算赔偿。

八、附加精神损害抚慰金责任险

保险期间内，被保险人或其允许的驾驶人在使用被保险机动车的过程中，发生投保的主险约定的保险责任内的事故，造成第三者或车上人员的人身伤亡，受害人据此提出精神损害赔偿请求，保险人依据法院判决及保险合同约定，对应由被保险人或被保险机动车驾驶人支付的精神损害抚慰金，在扣除机动车交通事故责任强制保险应当支付的赔款后，在本保险赔偿限额内负责赔偿。附加险赔偿金额依据生效法律文书或当事人达成且经保险人认可的赔付协议，在保险单所载明的赔偿限额内计算赔偿。

九、附加医保外医疗费用责任险

保险期间内，被保险人或其允许的驾驶人在使用被保险机动车的过程中，发生主险保险事故，对于被保险人依照中华人民共和国法律（不含港、澳、台地区法律）应对第三者或车上人员承担的医疗费用，保险人对超出《道路交通事故受伤人员临床诊疗指南》和国家基本医疗保险同类医疗费用标准的部分负责赔偿。被保险人索赔时，应提供出具备医疗机构执业许可的医院或药品经营许可的药店出具的、足以证明各项费用赔偿金额的相关单据。保险人根据被保险人实际承担的责任，在保险单载明的责任限额内计算赔偿。

任务实施

步骤一：拟定任务实施计划（表 6-1）。

表 6-1 任务实施计划表

序号	工作流程	操作要点
1		
2		
3		
4		
5		
6		
计划审核	审核意见： 签字： 年　　月　　日	

步骤二：交强险赔款理算。根据保险原则中的顺序分摊原则，首先分别计算碰碰和撞撞的交强险赔款。完成本项目任务工单 1 "交强险赔款理算实训报告"。

步骤三：车辆损失险赔款理算。当交强险分别用尽用足后，开始分别计算各自商业险赔款，这里先计算车辆损失险。完成本项目任务工单 2 "车辆损失险赔款理算实训报告"。

步骤四：第三者责任险赔款理算。当交强险分别用尽用足后，开始分别计算各自商业险赔款，注意商业险赔款计算与事故责任有关。完成本项目任务工单 3 "第三者责任险赔款理算实训报告"。

步骤五：车上人员责任险赔款理算。当交强险分别用尽用足后，计算商业险赔款，这里开始计算车上人员责任险赔款，注意车上人员包含正在上下车的人员。完成本项目任务工单4"车上人员责任险赔款理算实训报告"。

步骤六：缮制赔款计算书，完成本项目任务工单5"机动车辆保险赔款计算书"。

步骤七：总结并填写任务评价表。

 任务评价

任务评价表如表6-2所示。

表6-2 任务评价表

评分项	评分内容	评分细则	自我评价	小组评价	教师评价
纪律 （5分）	1. 不迟到； 2. 不早退； 3. 学习用品准备齐全； 4. 积极参与课程问题思考和回答； 5. 积极参与教学活动	未完成1项扣1分，扣分不得超过5分			
职业素养 （15分）	1. 积极与他人合作； 2. 积极帮助他人； 3. 遵守礼仪礼节； 4. 做事态度严谨认真； 5. 能有效提升客户满意度； 6. 具备劳动精神，能主动做到场地的6S管理	未完成1项扣5分，扣分不得超过15分			
专业技能 （40分）	1. 能正确调取理赔车辆检验报告； 2. 能正确调取理赔车辆检验照片； 3. 能正确调取理赔零部件检验报告； 4. 能正确查询理赔车辆维修费用； 5. 能正确理算交强险理赔金额； 6. 能正确理算车损险理赔金额； 7. 能正确理算第三者责任险赔金额； 8. 能正确理算车上人员责任险理赔金额； 9. 能正确理算附加险理赔金额； 10. 能正确将理赔数据整理成册	未完成1项扣5分，扣分不得超过40分			
工具及设备的使用 （20分）	1. 能正确使用平板电脑、智能手机上的一些图片处理和视频拍摄软件； 2. 能正确使用谈判桌等场地工具	未完成1项扣10分，扣分不得超过20分			
任务工单填写 （20分）	1. 字迹清晰； 2. 语句通顺； 3. 无错别字； 4. 无涂改；	未完成1项扣5分，扣分不得超过20分			

续表

评分项	评分内容	评分细则	自我评价	小组评价	教师评价
任务工单 填写 （20分）	5. 无抄袭； 6. 内容完整； 7. 回答准确； 8. 有独到的见解	未完成1项扣 5分，扣分不得 超过20分			

 思考提升

A、B、C 三车发生碰撞事故，三车均投保了交强险。事故责任认定显示 A 车全责，B 车无责，C 车无责；A 车损失 3 000 元，B 车损失 1 200 元，C 车损失 800 元。

（1）请根据案例，计算各方交强险赔款金额？

（2）你怎么理解"交不扣商不减"？

学习任务二 汽车保险核赔

 任务描述

某天下暴雨，A 某开着一辆奥迪车，在山区滨海路，由东往西方向行驶，由于前方撞撞的汽车突然紧急制动，碰碰避让不及，车辆碰撞石头后，甩尾冲下河道，发动机进水受损。系统显示，A 某在保险公司已投保交强险、车损险、第三者责任险 50 万元、车上人员责任险每座 5 万元等险种。

理算平台收到已核损通过的案件，已对赔款进行理算。核赔平台收到理算平台发来的案件，请对案件进行审核。

任务分析

要完成本学习任务，可以按照以下流程进行。

（1）能够掌握核赔内容及其流程，并对赔案的各项内容进行审核。

（2）能够发现问题并及时与理赔各环节负责人以及相关核保业务部门进行沟通，规避风险提出建议、提议。

（3）能够对所有特殊赔案（垫付赔案、预付赔案等）进行仔细审核并给出意见。

（4）能够参与各项理赔赔付标准的制定。

（5）能够对各岗位流程和工作质量进行监督指导。

完成本学习任务需要准备的工作场景和设备如下。

（1）工作夹，内含汽车保险核赔相关资料、名片、笔、便笺纸等。

（2）按照顾客的信息及身份背景设定资料。

（3）其他需要用到的工具。

相关知识

知识点 1 单证类核赔

核赔中应当重点关注这些单证：驾驶证、行驶证、从业资格证、运输证、按揭证明、权益转让书、交警单、维修发票，以及其他证件。

一、驾驶证

1. 核赔规则

存在以下情形的，保险公司按约定责任免除。

（1）无驾驶证，驾驶证被依法扣留、暂扣、吊销、注销期间。

（2）驾驶与驾驶证载明的准驾车型不相符合的机动车。

（3）第三者险、车上人员险，以及此两种险的附加险，非被保险人允许的驾驶员。

2. 处理方法

驾驶证免责情况，应固定证据，按责任免除处理；

因业务、内部流程瑕疵等原因无法拒赔，协商赔付部分按非标处理。

二、行驶证

1. 核赔规则

发生保险事故时被保险机动车行驶证、号牌被注销的，按责任免除处理。

2. 处理方法

因业务、内部流程瑕疵等原因无法拒赔的，协商比例赔付按非标处理。

三、从业资格证、运输证

1. 核赔规则

特种车条款，操作人员使用被保险机动车无国家有关部门核发的有效操作证、许可证书或其他必备证书。

2. 处理方法

无法提供的，按责任免除处理。因业务、内部流程瑕疵等原因无法拒赔，协商比例赔付按非标处理。

四、按揭证明

标的车为银行按揭贷款购买，如约定第一受益人为贷款银行。在保险责任事故中，造成车辆全损、推定全损、盗抢事故或损失较大的，将直接影响受益人银行的抵押权的实现，则应通知受益人，除其书面同意可直接支付给被保险人之外，均应将理赔款直接支付给受益人，如有剩余，则剩余部分可直接支付给被保险人。

五、权益转让书

例外支付需明确支付对象及金额，并将材料上传至例外支付文件夹，支付对象为非被保险人，除提供支付对象本人／本单位的身份证明材料之外，需额外提交资料。

（1）道路交通事故赔偿权利人作为支付对象的，被保险人直接支付给道路交通事故赔偿权利人的合法授权手续，被保险人怠于请求支付责任险赔款，道路交通事故赔偿权利人直接向保险人请求支付责任险赔款的，由道路交通事故赔偿权利人提供相应的证明材料和索赔材料。

（2）按规定交强险抢救医疗费垫付或支付到抢救医院账户，抢救医院作为支付对象应提供公安交通管理部门出具的抢救医疗费垫付或支付通知书等交强险实务规定的能够证明医院抢救受害人的材料。

（3）通过人民法院判决、调解、裁定或协助执行将保险赔款直接支付至被保险人之外的第三方，第三方作为支付对象应提供人民法院的判决书、调解书、裁定书、协助执行书、第三方的支付申请书。人民法院作为支付对象的，须提供合法的法律文书和人民法院划款通知。

（4）保险车辆被转让未及时通知保险公司，但符合《中华人民共和国保险法》规定的。当事人之间已转让并交付机动车和办理所有权转移登记，《机动车辆登记证书》中车辆所有人为新行驶证车主，但车险保单被保险人未作批改的，新的行驶证车主作为支付对象，应提供《机动车辆登记证书》原件。当事人之间已转让并交付机动车，但未办理所有权转移登记，车险保单被保险人也未作批改的，新的车辆所有权人作为支付对象，应提供《机动车辆登记证书》、行驶证、二手车销售统一发票、《二手车买卖合同》或转让协议、车辆所有权和处置权法律声明书（或公证书）等能够证明转让行为实际发生的合法手续。

（5）签订"直赔"协议的修理单位作为支付对象修理单位提供被保险人确认的委托授权书。

（6）共保业务由主承保公司向被保险人、道路交通事故的受害人支付保险赔款，其他承保公司按共保协议约定，向主承保公司支付应承担的保险赔款，主承保公司作为支付对象。应提供共保协议和主承保公司的赔款分摊表（理赔部门提供）。

（7）投保人、索赔权益人、行驶证车主与被保险人不符，投保人、索赔权益人、行驶证车主作为支付对象。被保险人授权投保人、索赔权益人、行驶证车主作为支付对象的委托授权书、双方的身份证明。

（8）其他情形，应提供代领赔款委托授权书、双方的身份证明。

理赔人员负有指导与复核客户填具《赔款支付授权书》的真实性的义务，可根据实际情况增加银行卡面复印或面签影像或身份证原件等必要手段，确保取得准确的银行账户信息，但身份证明原件、面签影像等不作为核赔退案要求。应获取授权方真实的签名或单位公章，但对被授权方（事故赔偿权利人）不做要求。原则上不允许支付至与案件无关的单位或人员。

六、交警单

1. 核赔规则

核赔审核判断认为需提交职能部门认定书的案件，对象包括现场查勘且存在风险的案件、损失超万元的案件、责任存在争议的案件。

2. 处理方法

若未提供的交警单，核赔当天退回处理且要求补充意见。高风险案件可由核赔人员根据案件实际情况要求补充。整案赔付金额 1 万元以内，应根据案件风险程度来判断是否需更换交警单，不作为退案要求。

七、维修发票

1. 核赔规则

主责以上、损失金额 5 000 元以上 4S 定损的案件，4S 店定损必须提供保险公司抬头专票或《补充专票承诺书》，不愿提供需机构备注原因。需要委托直赔划付的案件，需另增《直赔维修服务协议》和《补充专票承诺书》。只要能提供以上协议的修理厂都可以（附名单，不在名单内的直赔协调员备注）。被保险人身份证、被保险人章必须具备，单车损失万元以上还需面签委托书（单车而非整案），修理厂可不盖章，《补充专票承诺书》上修理厂必须盖章（但不强求公章），直赔最主要把控的就是客户是否同意委托。

2. 处理方法

未按定损方案开具发票的（如按 4S 店定损，提供非 4S 店发票），按实际维修方案重新核实维修金额，退回估损，案件备注与客户告知反馈的情况。

三者物损无法提供发票的案件，系统上传事故认定书、其他佐证的物损材料（包括不限于三者物损定价单、物损收据等），三者物损至少需要提供事故方与当事方之间的过款凭证，单证人员需再次核实确认三者物损是否已支付，案件备注后提交。

后补承诺的，车辆赔付金额在 2 000（含）元以下，可减免发票；车辆损失金额在 2 000～10 000 元（含），可提供发票后补承诺书，其中 4S 店需单证协调员备注；交强险先结的案件，在赔付商业险时，单车损失参照前两点。

📖 知识点 2 施救费核赔

一、施救费核赔规则

项目 5 中我们提到了，施救费原则根据各省份施救服务收费标准执行，以浙江省为例，依据《浙江省公路条例》《浙江省定价目录（2022 年版）》在高速公路救援服务收费中，对"吊车服务收费"实行政府指导价，如表6-3所示。取消拖车收费、放开抢修服务费和车辆停放费。

表6-3 浙江省高速公路救援吊车服务收费标准（2022年版）

项目			收费标准
吊车	吊车辆	一类车	1 000元/（车·次）
		二类车	1 300元/（车·次）
		三类车	1 800元/（车·次）
		四类车	2 300元/（车·次）
		五类车	2 800元/（车·次）
	吊货物	吊车后再吊货物	50元/t
		只吊货物	800元+50元/t

其中：

（1）上述吊车作业收费标准为基准价，实际收费允许上浮20%。在2 000 m（含）以上高速公路隧道救援，吊车服务收费标准允许再上浮20%。起吊装运属于国家规定的易燃、易爆及危险品的车辆，吊车服务收费标准允许再上浮50%。吊车作业收费标准也允许下浮，下浮不限。

（2）根据拖曳（牵引）需要，使用拖吊一体车辆的简易起吊功能对被救援车辆进行拖曳（牵引）方向、方位调整的，不得收取吊车服务费。

（3）起吊高速公路路基以外的车辆、货物或动用50 t（含）以上吊车的，费用由双方协商。

（4）应被救援车辆当事人要求，吊车到达现场而无须吊车服务的，按不高于上述表中相应车辆收费标准的50%向当事人收费。

（5）车型分类按交通运输部《收费公路车辆通行费车型分类》（JT/T489—2019）标准执行。

（6）拖车服务的距离为被托车辆起拖点至就近高速公路出口的距离，高速公路出口以外的费用由双方协商。

特别提醒：

《浙江省公路条例》（2020年9月1日起施行）中第五十条规定，高速公路上的清障、救援工作由高速公路经营管理者负责实施，接受公安机关交通管理部门和交通运输主管部门的组织和调度。对停留在主线上的故障车辆、事故车辆，高速公路经营管理者应当及时免费拖曳、牵引至最近出口外的临时停放处，司乘人员应当予以配合。高速公路经营管理者承担拖曳、牵引费用的事项，应当在高速公路特许经营协议中予以明确。

表6-3是高速公路吊车服务收费标准，在普通公路，建议相关费用按80%以下计算。

二、处理方法

在事故发生后，应当及时到达施救现场，确定施救费用。当施救费用处理有异议时，核赔需分情况处理。

📖 知识点 3 怠于请求核赔

一、怠于请求定义

被保险人对第三者应负的赔偿责任确定后，被保险人不履行赔偿责任，且第三者以保险人为被告或者以保险人与被保险人为共同被告提起诉讼时，被保险人尚未向保险人提出直接向第三者赔偿保险金的请求的，可以认定为属于《中华人民共和国保险法》第六十五条第二款规定的"被保险人怠于请求"的情形。

二、怠于请求判断方法

（1）行政、司法机关证明被保险人拒绝向受害人赔偿或无力赔偿，受害人要求保险人就其应获得的赔偿部分直接给予赔偿。

（2）受害人作为利害关系人通过法院宣告被保险人失踪的，并提供未获得过被保险人赔偿的证明。

（3）被保险人被追究刑事责任，受害人提供未获得过被保险人赔偿证明。

（4）人民法院发出协助执行书，提供相应索赔单证的。

三、怠于请求处理方法

按照《中华人民共和国保险法》的理解，被保险人怠于请求的举证责任在于受害人，只要受害人能够举证被保险人怠于请求第三者责任险赔偿，且未赔偿过受害人的，均应接受受害人的直接赔偿请求，但受害人应当提供证实被保险人应当赔偿的责任证据，并且无责任免除，且只能获得其应获得的部分，注意保留其他受害人的份额。受害人死亡的，其所有的赔偿权利人应委托一人办理手续，并提供委托授权公证书。

📖 知识点 4 汽车保险欺诈预防

一、汽车保险欺诈的概念和特点

保险欺诈不等同于保险犯罪，而较保险犯罪的含义更加广泛。保险欺诈是一种基于投保方的不当目的，利用保险合约牟取利益的行为。根据保险欺诈的性质不同，通常将保险欺诈分为保险硬欺诈和保险软欺诈。保险硬欺诈是指投保方在保单承保范围内故意编造或制造保险事故，保险软欺诈则是指投保方夸大合法的索赔。

保险活动参与者均有可能是保险欺诈的行为主体，如保险人、投保人及第三方。例如，机动车保险投保前，投保方故意未履行如实告知义务，并在投保后骗保；保险代理人签订假合同，故意制造事故；机动车修理商与车主串谋欺诈保险公司，或被保险人与理赔人员串谋欺诈保险公司；保险人不诚信经营等。车险欺诈在现实中具有一些比较明显的特征，如事故现场没有警方的事故报告，损坏车辆比较旧，没有人员或家畜受伤的客观证明，索赔人精通索赔技术，被保险人感到很生气拒绝承担责任，人员受伤与警方的报告不一致等。

车险已成为财产保险的龙头险种，在整个产险中具有很高的地位，然而车险的支付赔付支出占整个产险赔付支出超过70%，赔付率超过50%，高于产险整体，而车险欺诈在其中起到了推波助澜的作用。

近年来，车险欺诈逐渐呈现出团伙化、专业化和职业化的特点。

团伙化是指车险欺诈人员内部组织严密，分工明确，涉及伪造、编造修车发票，伪造公安交警部门出具的交通事故认定书，伪造车主身份证等行为。骗保人员多为团伙勾结作案。

专业化是指车险欺诈作案手法专业性越来越强，极具隐蔽性，由于参与车险欺诈的作案人员对于车险查勘、定损及理赔的流程和漏洞比较了解，作案现场布置极具有极强的迷惑性，再加上高科技的发展，伪造的交通事故认定书及医院的诊断书等证明材料，在很大程度上能够以假乱真。

职业化是指车险欺诈由机会型欺诈逐渐向职业化转变，所谓机会型欺诈，是指事故发生后伪造现场或找人顶包，或理赔时夸大损失，如碰瓷等行为。主要是诈骗实施主体具有侥幸心理，而此类诈骗在查勘时则比较容易发现疑点。但随着车险市场的不断发展，车险诈骗成功率随之提高，极为特殊的诈骗事件的成功，使得人们为追逐利益而铤而走险进行保险诈骗的勾当，这其中包括专门制造假事故或伪造理赔资料向保险公司要求赔偿，也包括骗取保险金的行为，犯罪人员制售假保单，出具假保险证收据、印章等，骗取消费者的保费，严重影响着保险市场的秩序。

保险欺诈人员，从业人员包括以下几类。

（1）相关人员：其中以从事保险理赔诉讼案件的律师、法律工作者及相关医务人员、司法鉴定人员、汽车维修业务人员为主。他们为客户的保险责任争端提供法律援助或利用职务之便，为客户开具医疗、伤残、误工、维修单据等各类理赔证明，此类人员若涉及保险欺诈，危害性极大。目前，专业从事交通事故代理的律师事务所也开始倾向于和索赔公司合作，索赔公司提供案源，在由其负责后续诉讼工作。

（2）保险从业人员：其中以4S店保险中介、保险公司核心业务人员、理赔人员为主。他们提供理赔黄牛服务，主要为了维系保险关联业务或赚取咨询服务费，机会型欺诈较多，危害性相对较小。

（3）保险消费者：此类人员主要以熟悉保险理赔业务的保险消费者为主，服务对象主要是身边的朋友，通常只坚持提供理赔业务流程咨询服务，危害性较小。

（4）专业理赔黄牛（图6-5）：此类人员提供理赔代理服务，擅长保险欺诈，工作专业理赔黄牛通常都有一双顺风耳，在车祸中的伤员一送到医院，黄牛就在第一时间得到消息，赶往医院病床前取得伤者和家属的信任，顺理成章地成为全权代理人，以此买断理赔业务，然后很容易地掌握到病史等资料。等保险公司的人赶来，已经不能直接接触伤者，而且因为不是当事人，无法看到病史资料。黄牛的信息来源通常来自交警队、救护车司机、护工、医务人员等，由前端人员负责介绍，然后由黄牛跟进，形成完整利益链，等完成索赔后再进行利益层层分配。大部分伤员被送到黄牛的咨询点毗邻医院、交通事故处理点及伤残鉴定机构，便于开展工作。危害性极大。

图 6-5　汽车保险欺诈行为

为了规避此类人员进行保险欺诈，服务专员应及时参与事故现场查勘，人伤服务专员应及时入院探视完成对伤者的伤情和工作、居住情况、家庭关系的了解。对后期理赔做好铺垫，提供后期理赔时被保险人提供证明进行鉴别的依据，和被保险人、伤者或家属沟通后续理赔方式、流程及大致赔偿金额，增加和被保险人、伤者等之间的信任度，减少黄牛介入的机会。从根本上切断利益链，减少其他相关人员的介入。

二、汽车保险欺诈的危害

车险欺诈的存在是保险公司经营面临的风险增加，假车险事故发生后，保险公司对保险事故进行调查时，要付出大量人力、物力和财力，而带有欺诈性的事故调查，通常更加的困难，因为现在车险欺诈案件往往具有更强的隐蔽性，作案手法也具有更高的专业性，获取欺诈证据已经变得非常艰难。因而，欺诈者比较容易得到赔付，使保险公司的经济利益受损。另外，在社会舆论影响力日益扩大的今天，当保险公司在调查案件过程中，欺诈者为逼迫保险公司尽快赔付，就会在社会公众面前散布谣言，损害保险公司的声誉，使保险公司的现有客户和潜在客户不断流失（图6-6）。

保险诈骗　三思而行

诈骗成本

个人影响	个人形象及名誉受损+心情沮丧+时间成本+经济赔偿
家庭影响	家人担忧+家属颜面+家庭破裂+身败名裂+生意破产 子女参军、入党、报考公务员等不能通过政审+影响发展前途
保险影响	次年保费上浮+不能购买商业保险+保险行业黑名单
征信影响	银行信贷+购房贷款+出国+职业晋升+征信记录黑名单
犯罪成本	罚款+拘留+失去人生自由+留下案底+人生污点
行政处罚	公安机关处以15日以下拘留，5 000元以下罚款+经济赔偿
刑事处罚	个人涉案1万元以上，单位5万元以上属数额较大；处以五年以下有期徒刑或者拘役，并处一万元以上十万元以下罚金+经济赔偿 个人涉案5万元以上，单位25万元以上属数额巨大；处以五年以上十年以下有期徒刑，并处二万元以上二十万元以下罚金+经济赔偿 个人涉案20万元以上，单位100万元以上属数额特别巨大；处以十年以上有期徒刑，并处二万元以上二十万元以下罚金或者没收财产+经济赔偿
骗保类型	伪造、替驾、酒驾、毒驾、先出险后保险、包揽责任、碰瓷、伪造单证、提供虚假证明、谎报不明原因、假发票等

图6-6　汽车保险诈骗成本

车险欺诈的存在侵犯了保险消费者的合法权益，由于消费者对保险产品的价格变化不敏感，保险公司会将车险欺诈造成的额外成本，通过提高保险产品费率的方式转嫁给后来的消费者，导致保险公司增加的成本是由众多投保人承担的。

车险欺诈的存在也严重损害了保险行业的形象，伪造事故的大量存在，使得保险公司为了转嫁成本，而提高保费，同时严格审查投保条件和理赔条件，使保险公司与客户之间发生隔阂，加重了客户对保险行业的不信任，不利于保险行业的公信力建设。

在利益的驱使下，车险欺诈者以身试法使用各种手段骗保，这是对诚信道德底线的严重践踏，更破坏了社会风气和社会秩序，在引发巨大的经济损失的同时，也滋长了行骗获利的风气，不利于构建和谐社会。

三、汽车保险欺诈的手段方式

在汽车骗保案件中，不法分子经常采取的手段多样，包括编造事故、编造原因、制造事故、夸大损失、重复索赔、联合骗保、更换劣件、酒后换驾等。

1. 虚假告知

根据保险的最大诚信原则，如实告知是投保人必须履行的义务之一，包括与保险标的有关的所有有利与不利的事实，以便保险人确定是否承保该标的，以及保费保险金额的高低。

有的投保人出于某种目的或期望，在较低的缴费水平上获得更高的保障程度，往往采取虚报、漏报、错报、高报等手段提供假的证明材料，欺骗保险人，使不具备投保资格的标的车，混入被保险行列。在使用过程中，扩大了保险损失的发生概率，使客户缴纳的保险费与保险公司承担的保险责任不相符，增加了保险公司的经营风险，甚至有的客户会为在脱保期已经丢失的汽车投保，等保险合同生效后再以标的物丢失为由提出索赔。

例如，个别客户的汽车起初是按照非运营属性投保的，但在经过一段时间后，却改变了汽车的用途，开始从事营运，由于这一改变增大了汽车的使用风险，应该及时告知保险公司，并按照营运汽车的报废标准予以追加，但部分投保人基于不想增加保费标准的考虑，没有将这一变化及时告知保险公司。根据规定，假如汽车被车主擅自改变用途，一旦出险，保险公司是可以拒赔的。因此，规避此类风险的方法也比较简单，只要保险公司在查勘定损、核损过程中严格仔细，是完全可以发现。

2. 先险后保

先险后保是指汽车出险时尚未投保，出险后才予以投保，然后伪装成在合同期内出的险，以达到获得汽车保险赔款的目的。实施先险后保欺诈手段一般采用伪造出险日期或保险日期的手法。伪造出险日期时，一般是通过社会关系，由有关单位出具假证明或伪造、编造事故证明，但投保后，又按正常程序向保险人报案索赔。对于这类案件，保险人即使派人去现场复勘，若不深入调查，也很难察觉。伪造保险日期时，一般是串通保险公司签单人员内外勾结，利用导签单手法，把起保日期提前至出险日期之前。有的车辆在保险到期脱保后，要求保险人按上年保单终止日续保，也可能属于此类欺诈。

无论采取何种手段，先险后保案件有个明显的特点：投保时间与报案时间非常接近。因此，对这两个时间比较接近的案件，务必严查。

先险后保欺诈手段比较简单，虽然经常发生，但只要保险公司严格承保手续，及时进行查勘，是完全能够防止的。

3. 无中生有

无中生有是指投保人、被保险人或受益人在保险期限内通过骗取保险赔偿等实施欺诈手段。

这种案件常见有两种类型，一类是机动车趋于报废本身价值较低，而车辆损失保险的保额又较高，在被保险人期望获得高额赔款的欲望驱使下，故意制造汽车出险。这类案件往往具有出险时间、地点被精心选择的特点，所以查勘难度较大。另一类是由于汽车保险条款将一些特殊情况下的机动车损坏规定为责任，免除被保险人为了获得赔偿而故意制造保险责任范围内的事故。

这种手段通常需要采用收买他人提供虚假证明资料或其他证据、伪造或编造维修发票、伪造证明、篡改事故责任认定书等不法手段。

4. 隐瞒真相

在事故发生后，对于所造成的经济损失，依据保险合同属于免责范围或需要车主本人承担较高的比例时，保险人想方设法编造事故原因，隐瞒事故真相，以此欺骗交警，欺骗保险公司的查勘人员。例如，投保车辆出险时，驾驶人是酒后驾车，为了能够获得正常赔付，找一个合格的驾驶人顶替；对于未投保车辆发生事故，车主为了减少损失，会将以投保但未出事故的同型号、同颜色的车辆牌照与未投保车辆的牌照互换，向保险公司索赔等。这种手段往往需要采取篡改或伪造警方的事故责任认定书。

5. 夸大损失

夸大损失是指出险汽车事故发生后实际损失很小，被保险人却故意夸大损失的程度或增加损失的项目，以便骗取更多的赔款。例如，被保险人将事故机动车尚未损坏的零部件更换为损坏的零部件，再向保险公司报案，便属于此类情形。一些机动车修理厂为拉拢客户，有时会帮助被保险人夸大损失程度，骗取保险公司的高额赔款。在涉及人伤赔偿的时候，该现象更复杂，通过伪造收入来源获取更高误工费赔偿，通过修改病例获得更高医疗费用赔偿。因此，此类赔款案件很难识别，这就要求车辆定损人员有较强的专业知识和丰富的理赔经验。重视现场查勘工作和初次入院探视伤者信息的收集，在伤者恢复期必要时进行家访，通过伤者家中成员或邻居了解伤者实际工作情况及居住情况，重视首次鉴定的参与和鉴定所联建立良好关系，重点打击飞行鉴定，异地鉴定对于伤残有意义的案子和初次鉴定的鉴定所法医当面沟通，增加其造假的难度和成本，保险理赔人员应主动出击，而非守株待兔，后知后觉。

6. 一险多赔

一险多赔通常发生在投保人无责的事故中，一次事故先由事故责任方给予赔偿，然后投保人再到保险公司报案，谎称自己是事故责任方，以此骗取赔款。对于单方事故，只要现场查勘时尽到注意的义务，就可以有效防范此类案件。

四、汽车保险欺诈的预防

面对机动车保险欺诈日益增多的实际情况，保险公司要针对机动车保险欺诈骗赔的不同特点，在实践中，认真总结经验教训，采取有针对性的措施预防车险骗赔，从消费者、保险公司内部、行业内部、有关部门等方面着手。

在消费者方面，应该加强保险知识和法律知识的宣传普及，防止车险诈骗的决定因素是公众意识。因此，保险公司应该有意识地加大对保险知识和相关法律法规的宣传，增强公民的保险意识和法律意识，让广大公民充分认识到车险骗赔行为的错误性，利用正确的社会舆论导向遏制欺诈行为。这需要保险行业共同宣传，也需要社会舆论的大力支持。

针对保险公司应该加强内部制度建设。加大反车险骗赔工作的投入，为反车险欺诈工作配备必要的人力，注意对专业人才的培养。建立高水准的理赔队伍，高素质的从业人员是做好理赔工作、识别保险欺诈的基本保障，因此，要对员工进行经常性的新知识培训，保证拥有一支高水平的理赔队伍，加强查勘定损工作，实践教育，提高对索赔案件的反应速度。经验表明，很多汽车保险欺诈案件，如果被保险人事先未做特别充分的准备，一旦保险公司理赔人员能够做出迅速反应，可以被有效制止和揭穿。要完善内部监控制度，对员工加强思想教育，增强员工风险意识，强化员工职业道德培养，把防范和化解风险作为公司生存和发展的根本所在，保险公司内部要建立承保核审制度，对所要承揽的业务要按照程序对风险进行多次识别、评估和筛选，以便有效控制责任，确保承保质量。此外，保险公司还要建立规范的理赔制度，实行接案、查勘、定损、理算、审核分离制度和现场查勘双人制，人人把关，各司其职，互相监督，互相约束，严格防范与确保理赔质量。

在行业内部，应该加强行业监管，规范市场行为，共享行业内相关信息。在车险欺诈案例中，经过精心策划手段、狡猾隐蔽不易被发现的连续作案的欺诈惯犯，往往是威胁最大的。他们常常利用保险公司之间信息不互通的特点通过一险多赔等手段进行骗保，行业内在不泄露商业机密的前提下进行必要的信息共享，有利于规避此类风险。除此之外，各保险公司更应充分加强行业自律，树立良好的行业形象，建立保险公司与客户之间的信任关系。

与相关部门之间应加强合作，首先加强与政法部门的合作，充分发挥法律法规的作用。对应付行政责任的，应配合有关行政部门予以查办；对构成犯罪的，要积极配合政法部门将犯罪分子绳之以法。其次加强与司法鉴定部门的合作，保险公司应该加强与司法鉴定部门的联系，发挥各自的特长，长期从科学证据上充分打击车辆保险欺诈违法行为。再次加强与警方的合作，一些可疑的索赔案件可借助警方的刑事侦查优势，达到有效识别汽车保险欺诈的目的。最后加强行业间的合作，各保险公司应在不泄露商业机密的前提下进行反欺诈合作。

任务实施

步骤一：拟定任务实施计划（表 6-4）。

表 6-4　任务实施计划表

序号	工作流程	操作要点
1		

续表

序号	工作流程	操作要点
2		
3		
4		
5		
6		
计划审核	审核意见： 　　　　　　　　　　　　　　签字： 　　　　　　　　　　　　年　　　月　　　日	

步骤二：单证类审核，从系统中调取单证，并核验单证真伪，确认该赔案是否在保险责任范围内。

步骤三：赔款类审核，复核赔款计算是否正确。

步骤四：明确审核意见，根据复核结果给出审核意见，是否同意结案并赔付，是否需要退回补充材料后重新核算，是否拒赔。

步骤五：总结。填写本项目任务工单6"汽车保险核赔实训报告"及任务评价表。

 任务评价

任务评价表如表6-5所示。

表6-5　任务评价表

评分项	评分内容	评分细则	自我评价	小组评价	教师评价
纪律 （5分）	1. 不迟到； 2. 不早退； 3. 学习用品准备齐全； 4. 积极参与课程问题思考和回答； 5. 积极参与教学活动	未完成1项扣1分，扣分不得超过5分			
职业素养 （15分）	1. 积极与他人合作； 2. 积极帮助他人； 3. 遵守礼仪礼节； 4. 做事态度严谨认真； 5. 能有效提升客户满意度； 6. 具备劳动精神，能主动做到场地的6S管理	未完成1项扣5分，扣分不得超过15分			

续表

评分项	评分内容	评分细则	自我评价	小组评价	教师评价
专业技能 （40分）	1. 能正确调取理赔车辆检验报告； 2. 能正确调取理赔车辆检验照片； 3. 能正确调取理赔零部件检验报告； 4. 能正确查询理赔车辆维修费用； 5. 能正确审核交通事故车辆保险责任； 6. 能正确审核事故车辆损失金额； 7. 能正确审核事故车辆赔款金额； 8. 能正确将理赔数据整理成册	未完成1项扣5分，扣分不得超过40分			
工具及设备的使用 （20分）	1. 能正确使用平板电脑、智能手机上的一些图片处理和视频拍摄软件； 2. 能正确使用谈判桌等场地工具	未完成1项扣10分，扣分不得超过20分			
任务工单填写 （20分）	1. 字迹清晰； 2. 语句通顺； 3. 无错别字； 4. 无涂改； 5. 无抄袭； 6. 内容完整； 7. 回答准确； 8. 有独到的见解	未完成1项扣5分，扣分不得超过20分			

 思考提升

1. 投保了车轮单独损失险，可以多次赔付吗？
2. 车轮单独被盗，保险公司是否赔付？
3. 王某倒车时，不慎将自己父亲撞伤，同时又撞坏了自家的大门，保险公司是否能在商业险三者险项下赔付事故损失？

能力测验

一、单选题

1. 交强险有责任保险限额是（   ）万元。
   A. 12.2　　　　B. 12.3　　　　C. 19.2　　　　D. 20
2. 交强险无责任保险限额是（   ）万元。
   A. 1.22　　　　B. 1.23　　　　C. 1.92　　　　D. 2
3. 驾驶证过期开车不属于无证驾驶，可在（   ）内直接换证。
   A. 半年　　　　B. 一年　　　　C. 两年　　　　D. 三年

4. 交强险与商业险的补偿分摊原则遵循（   ）。

    A. 责任比例分摊   B. 按顺序分摊   C. 平均分摊   D. 协商分摊

5. 对不属于保险合同规定的赔偿项目但被保险人已自行承诺或支付的费用，保险人（   ）。

    A. 不予承担   B. 酌情承担   C. 按需承担   D. 全部承担

6. 车损险诉讼仲裁费用计入车损险（   ）。

    A. 维修费用   B. 工时费用   C. 配件费用   D. 施救费用

7. 下列情况中由保险公司负责赔偿的是（   ）。

    A. 零部件锈蚀   B. 机械损失   C. 制动失灵   D. 倾覆

8. 20座（含20座）以下客车、2吨（含2吨）以下货车属于（   ）。

    A. 一类车   B. 二类车   C. 三类车   D. 四类车

9. 40座以上客车（含32座以上卧铺车）、5 t 以上 10 t（含 10 t）以下货车属于（   ）。

    A. 一类车   B. 二类车   C. 三类车   D. 四类车

10.（   ）是保险合同履行过程中，最激烈的争议处理方式。

    A. 协商   B. 仲裁   C. 诉讼   D. 调解

二、多选题

1. 存在以下情形的，保险公司按约定责任免除。（   ）

    A. 未携带驾驶证

    B. 驾驶证被依法扣留、暂扣、吊销、注销期间

    C. 驾驶证扣分满 12 分

    D. 未按时年检（超期一年以上）

2. 下列情景能认定为"怠于请求"的有（   ）。

    A. 行政、司法机关证明被保险人拒绝向受害人赔偿或无力赔偿，受害人要求保险人就其应获得的赔偿部分直接给予赔偿

    B. 受害人作为利害关系人通过法院宣告被保险人失踪的，并提供未获得过被保险人赔偿的证明

    C. 被保险人被追究刑事责任，受害人提供未获得过被保险人赔偿证明

    D. 人民法院发出协助执行书，提供相应索赔单证的

3. "互碰自赔"应符合以下（   ）条件。

    A. 两车或多车互碰，各方均投保交强险

    B. 仅涉及车辆损失（包括车上财产和车上货物），不涉及人员伤亡和车外财产损失，且各方车损金额均在交强险有责任财产损失赔偿限额（2 000 元）内

    C. 由交通警察认定或当事人根据出险地交通事故快速处理相关规定自行协商确定各方均有责任

    D. 当事人均同意采用"互碰自赔"处理方式

4. 事故责任认定以（　　　）为准。

    A. 交警部门　　　　B. 事故当事人　　　C. 保险公司　　　　D. 法院判决

5. 下列情况正确的是（　　　）。

    A. 拖车服务的距离为被托车辆起拖点至就近高速公路出口的距离，高速公路出口以外的费用由双方协商

    B. 平板车里程按被托车辆起拖点至就近高速公路出口的距离，高速公路出口以外的费用由双方协商

    C. 起吊高速公路路基以外的车辆、货物或动用 50 t 以上吊车的，费用由双方协商

    D. 以吊车作业收费标准为基准价，允许上下浮动 20%

6. 附加绝对免赔率特约条款对（　　　）有效。

    A. 交强险　　　　　　　　　　　B. 车损险

    C. 第三者责任险　　　　　　　　D. 车上人员责任险

7. 下列属于第三者责任险保险合同中规定的赔偿项目的是（　　　）。

    A. 医疗费用　　　　　　　　　　B. 护理费用

    C. 精神损害抚慰金　　　　　　　D. 误工费

8. 第三者责任险（　　　）费用必须经保险人事先书面同意，在第三者责任险责任限额的 30% 以内计算赔偿。

    A. 诉讼　　　　　　B. 仲裁　　　　　　C. 医疗　　　　　　D. 护理

9. 在肇事机动车辆中的无责车辆，赔付（　　　）的损失。

    A. 其他无责车辆损失　　　　　　B. 其他无责车辆车外财产损失进行赔付

    C. 有责车辆损失　　　　　　　　D. 车外人员伤亡

10. 交强险这里的受害人不包括（　　　）。

    A. 本车人员　　　　　　　　　　B. 第三者车上人员

    C. 被保险人　　　　　　　　　　D. 车外人员

三、判断题

  1. 交强险赔付与事故责任比例相关。　　　　　　　　　　　　　　　（　　　）

  2. 在保险期间内，累计赔款金额达到保险金额，附加险保险责任终止。（　　　）

  3. 开车的时候没有带驾驶证，属于无证驾驶。　　　　　　　　　　　（　　　）

  4. 保险人对第三者责任事故赔偿后，对受害第三者的任何赔偿费用的增加不再负责。　　　　　　　　　　　　　　　　　　　　　　　　　　　　　　（　　　）

  5. 第三者责任险诉讼仲裁费用必须经保险人事先书面同意，在第三者责任险责任限额的 30% 以内计算赔偿。　　　　　　　　　　　　　　　　　　　（　　　）

  6. 挂车投保后与主车视为一体，发生保险事故时，挂车引起的赔偿责任视同主车引起的赔偿责任。主车与挂车，保险人按照保单上载明的第三者责任险赔偿限额比例分摊损失，在各自限额内赔付。　　　　　　　　　　　　　　　　　（　　　）

  7. 无责方车辆对有责方车辆损失承担的赔偿金额，由无责方保险公司代赔（部分省份实行"交不代商不扣"）。　　　　　　　　　　　　　　　　　　　（　　　）

8. 肇事车辆应投保而未投保交强险，在理算中视同投保机动车参与计算。

（　　）

9. 未经过相关部门责任认定的事故，交强险统一适用有责任限额计算方式。

（　　）

10. 各受害人只能在被保险机动车辆交强险的限额内获得赔偿，各受害人在各分项获得赔款总和只要超过交强险总限额即可。　　　　　　　　　　（　　）

11. 主责以上、损失金额 5 000 元以上 4S 定损的案件，4S 店定损必须提供保险公司抬头专票或《补充专票承诺书》，若不愿提供须机构备注原因。　　（　　）

项目一任务工单

任务工单1

风险与汽车保险实训报告

任务：车主风险评估		实训时长：30 min	
姓名		班级		学号	
实训日期		教师		评分	

实训内容　车主风险评估

1. 客户信息收集（以下信息为客户隐私资料，请注意保密）

姓名	性别	年龄	订购车型	主要特征				
				工作性质	家庭情况	车辆用途	用车环境	驾驶习惯
其他特征								

实训内容　车主风险评估		

2. 风险分析汇总

序号	相关案例概要	相关汽车保险推介

3. 风险管理建议

序号	车主风险因素识别	风险管理建议

4. 反思与总结

任务工单 2

汽车保险原则实训报告

任务：汽车保险原则			实训时长：30 min	
姓名		班级	学号	
实训日期		教师	评分	
实训内容　案件分析及客户解释				

1. 确定保险责任

事故是否属于保险责任	□是　□否
判断依据 1	
判断依据 2	
判断依据 3	
判断依据 4	
判断依据 5	

2. 确定赔偿金额

赔偿金额	_____ 元
判断依据 1	
判断依据 2	
判断依据 3	
判断依据 4	
判断依据 5	

3. 话术要点

1	
2	
3	
4	
5	
6	
7	
8	
9	
10	

续表

实训内容　案件分析及客户解释
4. 编写话术
5. 反思与总结

项目二 任务工单

任务工单 1

保险客户档案表及保险条款变化实训报告

任务：汽车保险险种				实训时长：30 min	
姓名		班级		学号	
实训日期		教师		评分	
实训内容　保险客户档案表及保险条款变化					

1. 保险客户档案收集

营销人员：		填表日期：	编号：
基本信息			
车主：	车牌号：	发动机号：	车架号：
购车日期：	车型：	驾龄：	
电话：			
用车区域：			
生活习惯：			
车辆用途：			
家庭成员（用车与乘车）	1.	2.	3.
	4.	5.	6.
是否有固定停车地点：	□有　　□无　　□地下停车场　　□路面停车场		

续表

实训内容 保险客户档案表及保险条款变化		

2. 第三次汽车保险综改变化

交强险责任限额：

赔偿项目		责任限额
死广伤残	有责	
	无责	
医疗费用	有责	
	无责	
财产损失	有责	
	无责	
合计	有责	
	无责	

商业险主险及附加险条款变化：

3 个主险分别包括：

11 个附加险分别包括：

3. 反思与总结

任务工单 2

投保途径实训报告

任务：汽车保险投保				实训时长：30 min	
姓名		班级		学号	
实训日期		教师		评分	

实训内容 投保途径选择分析					

1. 列出主流的几种投保途径，并分析其优缺点

投保途径	1.	2.	3.	4.	5.
优点					
缺点					

2. 推荐客户投保途径

推荐客户投保途径	

3. 推荐理由

续表

实训内容　投保途径选择分析
4. 客户意见
5. 反思与总结

任务工单 3

投保方案实训报告

任务：汽车保险投保			实训时长：30 min	
姓名		班级	学号	
实训日期		教师	评分	
实训内容　投保方案分析				

1. 讲解投保流程，绘制简易流程图

2. 客户用车情况汇总

3. 推荐险种和组合方案

实训内容　投保方案分析
4. 推荐理由
5. 客户意见
6. 反思与总结

项目三任务工单

任务工单1

汽车保险承保的工作流程实训报告

任务：汽车保险承保的工作流程			实训时长：30 min		
姓名		班级		学号	
实训日期		教师		评分	
实训内容　汽车保险承保的工作流程					

1. 确认汽车保险承保工作的内容

2. 确认汽车保险承保流程中保险人及投保人的义务

续表

实训内容　汽车保险承保的工作流程
3. 确认填写投保单所需的客户信息
4. 绘制汽车保险承保工作流程图

续表

机动车商业保险／机动车交通事故责任强制保险投保单

欢迎您选择××××财产保险股份有限公司的保险服务产品！您的选择与信任，是我们的责任和荣誉。为充分保障合同履行，根据《保险法》特作如下说明：我公司就保险标的或者被保险人的有关情况提出询问的，您应当如实告知。在您填写本投保单前，请先详细阅读《机动车交通事故责任强制保险条款》及我公司的机动车商业保险条款，阅读条款时请您特别注意各个条款中的保险责任、责任免除、免赔率与免赔额、赔偿处理等内容，并听取保险人就条款（包括免除保险人责任的条款）所作的明确说明。您在充分理解条款后，再填写本投保单各项内容（请在需要选择的项目前的"□"内划√表示）。为合理确定投保机动车的保险费，确认您已按《中华人民共和国保险法》的相关要求履行如实告知义务，保证您获得合同约定的风险保障，请您认真填写每个项目，确保内容的真实可靠。您所填写的内容我公司将为您保密。本投保单所填内容如有变动，请您及时到我公司办理变更手续。

投保人	投保人名称／姓名			电子邮箱	
	联系人姓名		移动电话		固定电话
	投保人住所地址				
	投保人职业（自然人）	□国家机关、党群组织、企业、事业单位负责人　□教育科研、医疗机构 □金融保险 □商业、服务业人员、销售类、中介、代理 □生产、运输设备操作人员及交通运输业有关人员　□军队警察 □不便分类的其他从业人员　□无业			
被保险人	☑自然人姓名：		证件类型	□身份证　□护照　□港澳通行证　□军人证件　□统一社会信用代码　□其他	
	证件号码				
	被保险人学历（自然人）	□高中及以下　□大专　□大学本科　□研究生　□博士及以上			
	被保险人职业（自然人）	□国家机关、党群组织、企业、事业单位负责人　□教育科研、医疗机构 □金融保险 □商业、服务业人员、销售类、中介、代理 □生产、运输设备操作人员及交通运输业有关人员 □军队警察　□不便分类的其他从业人员　□无业			
	□法人或其他组织名称：			统一社会信用代码\组织机构代码	
	纳税人识别号		完税／减免税凭证号		
	被保险人单位性质	□党政机关、团体　□事业单位　□军队（武警）　□使（领）馆 □个体、私营企业　□其他企业　□其他			

续表

被保险人	联系人姓名		移动电话		固定电话	
	被保险人住所				电子邮箱	
投保车辆情况	被保险人与机动车的关系	□所有　□使用　□管理		车主名称/姓名		诸撄宁
	号牌号码		号牌底色	□蓝　□黄　□渐变绿　□黄绿双拼 □白蓝　□白　□黑　□其他		
	厂牌型号			发动机号		
	VIN码/车架号					
	核定载客		核定载质量	排量/功率	整备质量	
	初次登记日期			新车购置价		
	能源种类	□燃油　□纯电动　□燃料电池　□插电式混合动力　□其他混合动力				
	机动车种类	□客车　□货车　□自卸车　□客货两用车　□挂车　□低速货车和三轮汽车　□特种车（请填用途）　□摩托车（不含侧三轮）　□侧三轮　□兼用型拖拉机　□运输型拖拉机				
	机动车使用性质	□家庭自用　□非营业用（不含家庭自用）　□出租/租赁　□预约出租客运　□旅游客运　□城市公交　□公路客运　□营业性货运				
	行驶区域	□省内行驶　□全国（港澳台除外）行驶　□场内行驶　□固定线路　具体线路：_____				
	平均年行驶里程	□6 000 km以下　□6 000至1.2万km　□1.2万至2万km　□2万至3万km □3万至5万km　□5万km及以上				
	上年投保公司	□平安　□太保　□其他				
	上年赔款次数	☑交强险赔偿次数__次 ☑商业机动车保险赔偿次数__次			是否使用车联网	
投保主险条款名称		机动车损失保险 机动车第三者责任保险 机动车车上人员责任保险 机动车交通事故责任强制保险条款				
机动车损失保险的每次事故绝对免赔额						

商业险保险期间					
交强险保险期间					

投保险种		绝对免赔率	保险金额／责任限额（元）	保险费（元）	备注
☑机动车交通事故责任强制保险					
☑机动车车辆损失险					
☑机动车第三者责任险					
☑机动车车上人员责任险	驾驶人				
	乘客__人				
□附加绝对免赔率特约条款					
□附加车轮单独损失险					
□附加新增加设备损失险					
□附加车身划痕损失险					
□附加修理期间费用补偿险					
□附加发动机进水损坏除外特约条款					
□附加车上货物责任险					
□附加法定节假日限额翻倍险					
□附加精神损害抚慰金责任险	□机动车第三者责任险				
	□车上人员责任保险（司机）				
	□车上人员责任保险（乘客）				
□附加医保外医疗费用责任险	□机动车第三者责任险				
	□车上人员责任保险（司机）				
	□车上人员责任保险（乘客）				
☑附加机动车增值服务特约条款	☑道路救援服务特约条款（7次）				
	☑车辆安全检测特约条款（1次）				
	☑代为驾驶服务特约条款（1次）				
	☑代为送检服务特约条款（1次）				

续表

保险费合计（人民币大写）：		（¥：　　元）
代收车船税合计¥：　　元，当年缴纳车船税期间 20__-01-01 至 20__-12-31		
本年车船税 （¥：360.00 元）	往年补缴（¥：0.00　元）	滞纳金（¥：0.00　元）
保险费合计＋车船税合计（人民币大写）：		（¥：　　元）
特别约定	1. 保险期间内，如发生本保险合同约定的保险事故造成被保险车辆损失或第三者财产损失，保险人可采取实物赔付或现金赔付方式进行保险赔付。选择采取实物赔付方式的，由保险人和被保险人在事故车辆修理前签订《实物赔付确认书》。 2. 保险期间内，如发生本保险合同约定的保险事故造成被保险车辆损失或第三者财产损失，保险人可采取实物赔付或现金赔付方式进行保险赔付。选择采取实物赔付方式的，由保险人和被保险人在事故车辆修理前签订《实物赔付确认书》。 3. 本人已知晓交强险费率浮动办法，不申领交强险费率浮动告知单。投保人签章：	
保险合同争议 解决方式	√诉讼　　　□提交_____仲裁委员会仲裁	

5. 反思与总结

任务工单 2

汽车保险的核保工作流程实训报告

任务：汽车保险核保的工作流程			实训时长：30 min	
姓名		班级		学号	
实训日期		教师		评分	
实训内容　汽车保险的核保的工作流程				

1. 确认汽车保险的核保工作流程内容

2. 确认汽车保险的核保流程中保险人义务

续表

实训内容　汽车保险的核保的工作流程
3. 绘制汽车核保工作流程图
4. 反思与总结

任务工单 3

机动车辆商业保险 / 机动车辆交通事故责任强制保险批单实训报告

任务：向投保人解释机动车商业保险 / 机动车交通事故责任强制保险批单情况		实训时长：30 min		
姓名		班级	学号	
实训日期		教师	评分	
实训内容　机动车辆商业保险 / 机动车辆交通事故责任强制保险批单				

1. 列举保险车辆在保险有效期内，凡涉及哪些变更事项的，应立即批改保险单证的手续

实训内容　机动车辆商业保险 / 机动车辆交通事故责任强制保险批单
2. 撰写向投保人解释机动车商业保险 / 机动车交通事故责任强制保险批单情况的话术
3. 反思与总结

项目四任务工单

任务工单 1

机动车辆保险报案记录实训报告

任务：机动车辆保险报案记录		实训时长：30 min	
姓名		班级		学号	
实训日期		教师		评分	

实训内容　机动车辆保险报案记录

1. 记录内容　　　　　保险单号：　　　　　　　报案编号：

报案信息					
报案人		报案时间		报案人电话	
报案方式		驾驶人		出险地点	
出险时间		出险原因			
出险经过					
事故处理类型		事故责任类型		事故原因	
备注					
保险单信息					
车主姓名		证件号		出险次数	
被保险人		车牌号码		厂牌型号	
VIN 码		发动机号		车架号	
新车购置价 / 元		车辆初次登记日期		车辆种类	
车辆使用性质		保费 / 元		保费是否付清	
保险期间			至		

续表

险别情况				
序号	险别名称	保险金额 / 元	绝对免赔额 / 元	免赔约定
1				
2				
3				
4				
5				
6				

特别约定：	
事故经过：	
保险单批改信息：	
保险车辆出险信息：	
涉及损失类别	□本车车损　□本车车上财产损失　□本车车上人员伤亡　□第三者其他财产损失 □第三者车辆损失　□第三者人员伤亡　□第三者车上财产损失　□其他

本单批改次数：	车辆出险次数：	赔款次数：		赔款总计：
被保险人住址：		邮政编码：		
联系人：		固定电话：		移动电话：

签单人：　　　　　　　经办人：　　　　　　　核保人：

抄单人：　　　　　　　抄单日期：　　　年　　月　　日

2. 反思与总结

任务工单 2

机动车辆保险事故现场查勘记录实训报告

任务：机动车辆保险事故现场查勘记录			实训时长：30 min	
姓名		班级	学号	
实训日期		教师	评分	

实训内容　机动车辆保险事故现场查勘记录

1. 记录内容　　　　　　被保险人：　　　　　　报案号：

序号	保险车辆（A）	第三者车（B）	第三者车（C）
车牌号码			
交强险保险单号			
厂牌型号			
行驶证车主名称			
车架号			
驾驶人姓名			
驾驶人联系电话			
驾驶人与被保险人关系		被保险人联系电话	
保险车辆证件信息	行驶证：检验有效期至		驾驶证：（准驾车型）

出险时间：　年　月　日　时　分　　出险地点：

查勘时间：　年　月　日　时　分　　查勘时标的有无移动：□无 □有 移至何处：

有无报交警（公安）处理：□有 具体交警（公安）部门：_____ □无 原因：_____

出险经过描述：　　　　　　　　绘制现场草图：

经查勘出险经过是否与客户报案时出险经过相符：□相符 □不相符 原因：_____

初步责任认定：A：_____责任；B：_____责任；C：_____责任。

保险车辆受损项目：　　　　　　第三者车（财产）受损项目：

您对本次服务的意见（由保险车辆驾驶人填写）：

时效性：□ 30 min 内　□ 30 min 至 45 min　□ 45 min 至 1 h　□ 1 h 以上

满意度：□满意　　　□一般　　　□不满意

您的建议：_____

查勘人员签名		查勘人员联系电话	

续表

实训内容　　机动车辆保险事故现场查勘记录
2. 反思与总结

任务工单 3

机动车辆保险事故现场查勘询问笔录实训报告

任务：机动车辆保险事故现场查勘询问笔录				实训时长：30 min	
姓名		班级		学号	
实训日期		教师		评分	
实训内容　机动车辆保险事故现场查勘询问笔录					

1.事故现场查勘

询问地点：_____　时间：自____时____分开始至____时____分结束

询问人姓名：_____　单位：_____

被询问人：姓名：_____　性别：_____　年龄：_____　民族：____

　　　　　文化程度：_____　工作单位：_____　职业：_____

　　　　　家庭住址：_____

　　兹将询问内容记录如下：依照《保险法》和机动车辆保险条款的规定，我们就您所报案件的真实性进行调查询问，希望您能理解和配合，回答情况要属实，因为任何虚假的证词都可能导致保险人依照法律和保险条款的规定行使拒赔权，或付诸法律。

（问）_____

（答）_____

_____

_____

_____

_____

_____

_____

_____

_____

　　　　　　　　　　　　　　　　　被询问人（签字、手印）：

　　　　　　　　　　　　　　　　　被询问人身份证号：

注：若询问内容填写不下，可接附页。

　　　　　　　　　　　　　　　　　　　　　共　页　第　页

2.反思与总结

任务工单 4

机动车辆保险索赔须知实训报告

任务：机动车辆保险索赔须知			实训时长：30 min	
姓名		班级	学号	
实训日期		教师	评分	

实训内容　机动车辆保险索赔须知

1. 须知内容

被保险人名称 / 姓名：

　　由于您投保的机动车辆发生了事故，请您在向我公司提交《机动车辆保险索赔申请书》的同时，依照我公司的要求，提供以下有关单证。如果您遇到困难，请随时拨打保险公司的服务专线电话，我公司将竭诚为您提供优质、高效的保险服务。谢谢您的合作

机动车辆索赔材料手续明细如下：

（1）□《机动车辆保险索赔申请书》

（2）□ 机动车辆保险单正本　□保险车辆互碰卡

（3）事故处理部门出具的：□交通事故责任认定书　□调解书　□简易事故处理书　□其他事故证明

（4）法院、仲裁机构出具的：□裁定书　□裁决书　□调解书　□判决书　□仲裁书

（5）涉及车辆损失还需提供：□《机动车辆保险车辆损失情况确认书》及《修理项目清单》和《零部件更换项目清单》　□车辆修理的正式发票（即"汽车维修业专用发票"）　□修理材料清单　□结算清单

（6）涉及财产损失还需提供：□《机动车辆保险财产损失确认书》　□设备总体造价及损失程度证明　□设备恢复的工程预算　□财产损失清单　□购置、修复受损财产的有关费用单据

（7）涉及人身伤、残、亡损失还需提供：□县级以上医院诊断证明　□出院通知书　□需要护理人员证明　□医疗费报销凭证（须附处方及治疗、用药明细单据）　□残者需提供法医伤残鉴定书　□亡者需提供死亡证明　□被抚养人证明材料　□户籍派出所出具的受害者家庭情况证明　□户口　□丧失劳动能力证明　□交通费报销凭证　□住宿费报销凭证　□参加事故处理人员工资证明　□伤、残、亡人员误工证明及收入情况证明（收入超过纳税金额的应提交纳税证明）　□护理人员误工证明及收入情况证明（收入超过纳税金额的应提交纳税证明）　□向第三方支付赔偿费用的付款凭证（须由事故处理部门签章确认）

（8）涉及车辆盗抢案件还需提供：□机动车行驶证（原件）　□出险地县级以上公安刑侦部门出具的盗抢案件立案证明　□已登报声明的证明　□车辆购置附加费凭证和收据（原件）或车辆购置税完税证明和代征车辆购置税缴税收据（原件）或免税证明（原件）　□机动车登记证明（原件）　□车辆停驶手续证明　□机动车来历证明　□全套车钥匙

（9）被保险人索赔时，还须提供以下证件原件，经保险公司验证后留存复印件：□保险车辆《机动车行驶证》　□肇事驾驶人员的《机动车驾驶证》

（10）被保险人领取赔款时，须提供以下材料和证件，经保险公司验证后留存复印件：□领取赔款授权书　□被保险人身份证明　□领取赔款人员身份证明

（11）需要提供的其他索赔证明和单据：

①　＿＿＿＿＿＿＿＿＿＿＿＿＿＿＿＿＿

②　＿＿＿＿＿＿＿＿＿＿＿＿＿＿＿＿＿

实训内容　机动车辆保险索赔须知			
③ _____			
④ _____			
⑤ _____			
⑥ _____			
敬请注意：为确保您能够获得更全面、合理的保险赔偿，我公司在理赔过程中，可能需要您进一步提供上述所列单证以外的其他证明材料。届时，我公司将及时通知您。感谢您对我们工作的理解与支持			
被保险人：		保险公司：	
领到《索赔须知》日期：　年　月　日		交付《索赔须知》日期：　年　月　日	
确认签字：		经办人签字：	
提交索赔材料日期：　年　月　日		收到索赔材料日期：　年　月　日	
确认签字：		经办人签字：	

2. 反思与总结

任务工单 5

机动车辆保险索赔申请书实训报告

任务：机动车辆保险索赔申请书		实训时长：30 min	
姓名	班级	学号	
实训日期	教师	评分	

实训内容　机动车辆保险索赔申请书

1. 申请书内容　　　　保险单号：　　　　　报案编号：

被保险人		联系电话	
地址		邮政编码	
车牌号码		厂牌型号	
发动机号		车架号	
交强险保险单号		承保公司	
商业险保险单号		承保公司	

报案人		联系电话		出险驾驶人		联系电话	
出险时间			出险地点				
开户名称		账户			开户银行		

其他交通事故方交强险信息					
车牌号码	厂牌型号	被保险人	交强险保险单号	承保公司	定损公司

出险经过及损失情况：

本被保险人声明：

　　兹声明本被保险人报案时所陈述及现在所填写和提供的资料均为真实情况，没有任何虚假或隐瞒，否则，愿放弃本保险单之一切权利并承担相应的法律责任。现就本次事故向贵司提出正式索赔。

被保险人（索赔权益人）签章：
年　月　日

特别声明：

（1）本索赔申请书是被保险人就所投保险种向保险人提出索赔的书面凭证。

（2）保险人受理报案、现场查勘、估损核损、参与诉讼、进行抗辩、向被保险人提供专业建议等行为，均不构成保险人对赔偿责任的承诺

实训内容　机动车辆保险索赔申请书
2. 反思与总结

项目五任务工单

任务工单 1

机动车辆事故信息确认实训报告

任务：机动车辆事故信息确认			实训时长：30 min	
姓名		班级	学号	
实训日期		教师	评分	
实训内容　机动车辆事故信息确认				

1. 标的车辆基本信息：　　　　　　　　　报案编号：

车牌号码：	车架号码 VIN：		
车辆类型：	厂牌型号：		初次登记年月：
行驶证车主：	驱动形式：□前驱　□后驱　□四驱		行驶里程：
出险时车辆状态：□静止　□运动　□其他（　　　）			
发动机类型	□汽油：□化油器　□电喷　□单点喷射　□多点喷射 □柴油：□增压　　□非增压		变速器类型： □手动　□自动　□手自一体 □ CVT
电控动力转向（EPS）： □有　□无	防抱死装置（ABS）：□有　□无		驱动防滑（ASR）：□有　□无
电控悬架：□有　□无	安全气囊：□无　□有　□单气囊　□双气囊　□多气囊		
倒车镜种类： □电动　□手动 □一手一电	电动座椅：□是　□否		真皮座椅：□是　□否
油漆种类： 是否受损：□是　□否	内饰：□真皮　□桃木　□ CD　□ DVD　□ GPS　□车载电话		

实训内容　机动车辆事故信息确认

2. 碰撞情况确认

碰撞情况描述：	碰撞位置示意图：

3. 水灾车辆基本情况

水质情况：□海水　□淡水　□泥水　□污水　□油水
水浸高度：□1级　□2级　□3级　□4级　□5级　□6级　□其他（　　　）
水淹时间：□$T{\leqslant}1\,h$　□$1{<}T{\leqslant}4\,h$　□$4{<}T{\leqslant}12\,h$　□$12{<}T{\leqslant}24\,h$　□$24{<}T{\leqslant}48\,h$　□$48\,h{<}T$
出险原因：□暴雨　□洪水　□其他

4. 火灾车辆基本情况

起火部位：
过火程度：□表面过火　□局部过火　□整体过火
出险原因： □装配质量问题　□油液泄漏　□电路故障　□外来火源引燃　□车辆引燃车外可燃物　□过热自燃 □其他

5. 受损零件确认

部件（附照片存档）	损伤程度	维修建议	备注
钣金塑料			
发动机舱			
乘员舱			
行李舱			
底盘系统			
电子元件			
易耗材料			

经办人：　　　　　　　　　　审核人：

抄单人：　　　　　　　　　　抄单日期：　　年　月　日

6. 反思与总结

任务工单 2

事故车辆定损实训报告

任务：事故车辆定损			实训时长：30 min		
姓名		班级		学号	
实训日期		教师		评分	
实训内容　事故车辆定损					

1. 换件定损信息

零件号	名称	零件单价/元	数量	工时数	工时费率

2. 维修定损信息

工位	维修项目	工时	维修工时费（元）

3. 辅料定损信息

辅料名称	用量	辅料总价/元	备注

续表

实训内容 事故车辆定损				

4. 确定人伤费用

项目	赔付建议	建议金额	凭据	备注
医疗费				
误工费				
护理费				
交通费				
住宿费				
住院伙食补助费				
营养费				
残疾补偿金				
残疾辅助器具费				
被扶养人生活费				
后续治疗费				
死亡赔偿金				
丧葬费				

5. 施救费用确定

施救项目	金额	凭据	备注

经办人：　　　　　　　　　　审核人：

抄单人：　　　　　　　　　　抄单日期：　　年　月　日

6. 反思与总结

任务工单 3

事故车辆核损实训报告

任务：事故车辆核损			实训时长：30 min	
姓名		班级	学号	
实训日期		教师	评分	
实训内容　事故车辆核损				

1. 查看报案信息

报案信息：客户张先生在长江大道被追尾，随后车辆失控坠河

核损意见：

核损员签名：　　　　　　　　　　　　　　　　　　　年　月　日

2. 查看保单信息，核实车辆信息

号牌号码：	车架号码 VIN：	
车辆类型：	厂牌型号：	初次登记年月：
行驶证车主：	驱动形式：□前驱　□后驱　□四驱	行驶里程：
出险时车辆状态：□静止　□运动　□其他（　　　）		

发动机类型	□汽油：□化油器　□电喷　□单点喷射　□多点喷射 □柴油：□增压　□非增压	变速器类型： □手动　□自动　□手自一体 □ CVT
电控动力转向（EPS）：□有　□无	防抱死装置（ABS）：□有　□无	驱动防滑（ASR）：□有　□无
电控悬架：□有　□无	安全气囊：□有　□无　□单气囊　□双气囊　□多气囊	
倒车镜种类： □电动　□手动　□一手一电	电动座椅：□是　□否	真皮座椅：□是　□否
油漆种类： 是否受损：□是　□否	内饰：□真皮　□桃木　□ CD　□ DVD　□ GPS　□车载电话	

核损意见：

核损员签名：　　　　　　　　　　　　　　　　　　　年　月　日

续表

实训内容 事故车辆核损			

核实承保信息

是否足额投保	□是 □否	指定驾驶人	
是否属于投保险种范围	□是 □否	是否有骗赔可能	□是 □否

核损意见：（标明潜在保险风险）

核损员签名：　　　　　　　　　　　　　　　　　年　月　日

3. 查看图片信息

行驶证年检是否合格	□是 □否
基本信息保单是否一致	□是 □否
与报案驾驶人姓名是否相符	□是 □否
准驾车型与实际驾驶车辆是否相符	□是 □否
驾驶证是否在有效期内	□是 □否
车辆信息与保险单信息是否吻合	□是 □否
碰撞痕迹与客户描述是否相符	□是 □否
损坏部位与本次事故是否关联	□是 □否
车损照片与换修项目是否符合标准	□是 □否

4. 查看定损损失录入

定损录入：

核损意见：

核损员签名：　　　　　　　　　　　　　　　　　年　月　日

5. 反思与总结

项目六任务工单

任务工单1

交强险赔款理算实训报告

任务：交强险赔款理算			实训时长：30 min	
姓名		班级	学号	
实训日期		教师	评分	
实训内容　交强险赔款理算				

1. 确认损失

财产损失	□有　□无	医疗费用	□有　□无	死亡伤残	□有　□无

2. 确认需赔款金额

财产损失		医疗费用		死亡伤残	
计算过程					

实训内容　交强险赔款理算					

3. 是否超过赔款限额

财损限额		医疗限额		伤亡限额	
财产损失	□超过 □未超过	医疗费用	□超过 □未超过	死亡伤残	□超过 □未超过

4. 分摊后所需赔款金额

财产损失		医疗费用		死亡伤残	
赔款方法	（　　　　　）应向（　　　　　）赔款（　　　）元				

5. 反思与总结

任务工单2

车辆损失险赔款理算实训报告

任务：商业险赔款理算		实训时长：30 min	
姓名		班级		学号	
实训日期		教师		评分	

实训内容　车辆损失险赔款理算

1. 确认本车交强险已赔款金额

财产损失		医疗费用		死亡伤残	

2. 计算不计免赔的车辆损失赔款

是否全损：　□是　□否

适用公式	
计算过程	

3. 计算不计免赔的施救费用

适用公式	
计算过程	

实训内容	车辆损失险赔款理算				

4. 最终赔款金额计算

第二项与第三项之和		保险金额		是否超过	□是　□否
处理方法					
不计免赔的赔款金额		是否投附加绝对免赔率	□是　□否	绝对免赔率	％
含免赔率的计算过程					
最终的赔款金额是（　　　　　）元					

5. 反思与总结

任务工单 3

第三者责任险赔款理算实训报告

任务：商业险赔款理算		实训时长：30 min	
姓名		班级	学号	
实训日期		教师	评分	

<table>
<tr><td colspan="4" align="center">实训内容　第三者责任险赔款理算</td></tr>
</table>

1. 确认赔偿金额

	财产损失	医疗费用	死亡伤残
核定金额			
交强险赔款金额			
商业险承担金额			

2. 最终赔款金额计算

各项承担金额之和		责任限额	是否超过	□是　□否
处理方法				
不计免赔的赔款金额		是否投附加绝对免赔率	□是　□否　绝对免赔率	％
含免赔率的计算过程				
最终的赔款金额是（　　）元				

3. 反思与总结

任务工单 4

车上人员责任险赔款理算实训报告

任务：商业险赔款理算				实训时长：30 min	
姓名		班级		学号	
实训日期		教师		评分	
实训内容　车上人员责任险赔款理算					

1. 确认赔偿金额

	驾驶人	座位 1	座位 2	座位 3	座位 4	座位 5
核定金额						
交强险赔款金额						
商业险承担金额						

2. 最终赔款金额计算

各项承担金额之和		责任限额		是否超过	□是　□否
处理方法					
不计免赔的赔款金额		是否投附加绝对免赔率	□是　□否	绝对免赔率	%
含免赔率的计算过程					
最终的赔款金额是（　　　　）元					

3. 反思与总结

任务工单 5

机动车辆保险赔款计算书

保险单号：				报案编号：		
立案编号：				赔款计算书号：		
被保险人		事故类型			条款类别	
厂牌型号		车辆购置价			车牌号	
车损险保险金额		责任比例				
三者险责任限额		免赔比例				
出险日期		年 月 日	出险地点			
保险期限	自 年 月 日零时起至 年 月 日 24 时止					
分险别赔款计算公式						

交强险

医疗费用赔偿

死亡伤残赔偿

财产损失赔偿

支付抢救费用（人民币大写）：	元（¥： 元）
垫付抢救费用（人民币大写）：	元（¥： 元）
交强险赔款合计（人民币大写）：	元（¥： 元）

车损险

三者险

续表

分险别赔款计算公式			
车上人员责任险			
附加险			
鉴定费：　　　　　元	代查勘费：　　　　　元	诉讼、仲裁费：　　　　　元	
其他费用：　　　　　元	预赔付款：　　　　　元	损失物资 / 残值金额：　　　　　元	
商业险赔款合计（人民币大写）：　　　　　元（￥：　　　　元）			
赔款总计（人民币大写）：　　　　　元（￥：　　　　元）			
经理签名： 　　年　月　日	主管签名： 　　年　月　日	理赔师签名： 　　年　月　日	经办人签名： 　　年　月　日
上级审批意见： 　　年　月　日			

任务工单 6

汽车保险核赔实训报告

任务：汽车保险核赔			实训时长：30 min	
姓名		班级	学号	
实训日期		教师	评分	
实训内容　汽车保险核赔				

1. 单证类审核

单证清单	单证1：＿＿＿＿＿＿；□合规 □因＿＿＿＿，不合规。 单证2：＿＿＿＿＿＿；□合规 □因＿＿＿＿，不合规。 单证3：＿＿＿＿＿＿；□合规 □因＿＿＿＿，不合规。 单证4：＿＿＿＿＿＿；□合规 □因＿＿＿＿，不合规。 单证5：＿＿＿＿＿＿；□合规 □因＿＿＿＿，不合规。 单证6：＿＿＿＿＿＿；□合规 □因＿＿＿＿，不合规。 单证7：＿＿＿＿＿＿；□合规 □因＿＿＿＿，不合规。 单证8：＿＿＿＿＿＿；□合规 □因＿＿＿＿，不合规。 单证9：＿＿＿＿＿＿；□合规 □因＿＿＿＿，不合规。 单证10：＿＿＿＿＿；□合规 □因＿＿＿＿，不合规
总结	单证是否齐全：□是　□否，若否，缺＿＿＿＿＿＿＿＿证件。 单证是否合规：□是　□否，若否，＿＿＿＿＿＿＿＿不合规
备注	

2. 赔款类审核

损失核定	损失1：＿＿＿＿＿＿；□通过 □因＿＿＿＿，不通过。 损失2：＿＿＿＿＿＿；□通过 □因＿＿＿＿，不通过。 损失3：＿＿＿＿＿＿；□通过 □因＿＿＿＿，不通过。 损失4：＿＿＿＿＿＿；□通过 □因＿＿＿＿，不通过。 损失5：＿＿＿＿＿＿；□通过 □因＿＿＿＿，不通过。 损失6：＿＿＿＿＿＿；□通过 □因＿＿＿＿，不通过。 损失7：＿＿＿＿＿＿；□通过 □因＿＿＿＿，不通过。 损失8：＿＿＿＿＿＿；□通过 □因＿＿＿＿，不通过。 损失9：＿＿＿＿＿＿；□通过 □因＿＿＿＿，不通过。 损失10：＿＿＿＿＿；□通过 □因＿＿＿＿，不通过
备注	

续表

实训内容　汽车保险核赔

3. 审核意见

□同意结案　　　　□退回补充　　　□拒赔　　　　□其他_____

4. 反思与总结

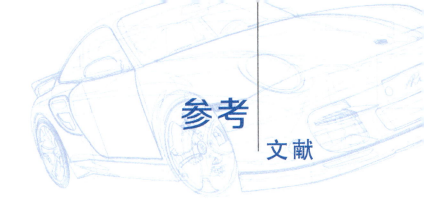

参考 文献

［1］ 常兴华. 汽车保险与理赔一体化教程［M］. 北京：机械工业出版社，2020.

［2］ 周燕. 汽车保险与理赔实务［M］. 2 版. 北京：机械工业出版社，2019.

［3］ 赵长利，李景芝. 汽车保险与理赔［M］. 北京：机械工业出版社，2021.

［4］ 曾鑫. 汽车保险与理赔［M］. 北京：人民邮电出版社，2012.

［5］ 王俊喜，郑瑞娜. 汽车保险与理赔［M］. 北京：机械工业出版社，2022.

［6］ 韩风. 机动车辆保险与理赔［M］. 北京：人民交通出版社，2019.

［7］ 曾鑫，李建明. 汽车保险与理赔［M］. 北京：人民邮电出版社，2021.

［8］ 金加龙. 机动车辆保险与理赔实务［M］. 西安：西安电子科技大学出版社，
2008.

［9］ 王俊喜，马骊歌，周明. 汽车保险与理赔［M］. 北京：北京理工大学出版社，
2010.

［10］ 金加龙. 机动车辆保险与理赔［M］. 北京：电子工业出版社，2012.

［11］ 党晓旭. 机动车辆保险与理赔实务［M］. 4 版. 北京：电子工业出版社，
2014.

［12］ 王红. 机动车辆保险与理赔［M］. 北京：北京交通大学出版社，2017.

［13］ 常兴华，杨丰泽，李琼. 汽车保险与理赔［M］. 成都：电子科技大学出版
社，2019.

［14］ 杨帅，宋丹，詹慧贞. 汽车保险与理赔［M］. 北京：航空工业出版社，2017.

［15］ 刘振革. 汽车保险与理赔［M］. 北京：机械工业出版社，2017.

［16］ 李文涛. 汽车保险与理赔［M］. 北京：北京理工大学出版社，2017.

［17］ 鲁玺. 汽车保险与理赔［M］. 北京：北京理工大学出版社，2017.

［18］ 中保研汽车技术研究院有限公司新能源汽车研究课题组. 新能源汽车保险事
故查勘定损指南［M］. 北京：机械工业出版社，2020.

郑重声明

高等教育出版社依法对本书享有专有出版权。任何未经许可的复制、销售行为均违反《中华人民共和国著作权法》，其行为人将承担相应的民事责任和行政责任；构成犯罪的，将被依法追究刑事责任。为了维护市场秩序，保护读者的合法权益，避免读者误用盗版书造成不良后果，我社将配合行政执法部门和司法机关对违法犯罪的单位和个人进行严厉打击。社会各界人士如发现上述侵权行为，希望及时举报，我社将奖励举报有功人员。

反盗版举报电话　（010）58581999　58582371

反盗版举报邮箱　dd@hep.com.cn

通信地址　北京市西城区德外大街4号　高等教育出版社法律事务部

邮政编码　100120

读者意见反馈

为收集对教材的意见建议，进一步完善教材编写并做好服务工作，读者可将对本教材的意见建议通过如下渠道反馈至我社。

咨询电话　400-810-0598

反馈邮箱　gjdzfwb@pub.hep.cn

通信地址　北京市朝阳区惠新东街4号富盛大厦1座

　　　　　高等教育出版社总编辑办公室

邮政编码　100029